KB071353

백만장자의
아주 작은 성공 습관

MILLIONAIRE SUCCESS HABITS

Copyright © 2019 by Dean Graziosi
Korean-language edition copyright © 2020 by Woongjin Think Big
Published by agreement with Folio Literary Management, LLC
and Danny Hong Agency

백만장자의
아주 작은 성공 습관

무일푼에서 막대한 부를 만든
자수성가 부자들의 비밀

딘 그라지오시 지음 | 권은현 옮김

갤리온
GALLEON

일상을 바꾸기 전에는 삶을 변화시킬 수 없다.
성공의 비밀은 자기 일상에 있다.

존 맥스웰

억만장자가 된
어느 노숙자 이야기

85만 원을 1조원으로 만든 남자

"애들이랑 놀지 마라. 나중에 인생의 낙오자가 될 애들이야."

수업 시간에 쪽지를 돌리며 장난치던 J.P.와 미셸을 교단 앞에 세워놓고 선생님이 말했다. J.P.는 학교에서 '문제아'나 다름없었다. 형편없는 성적에다 나쁜 무리와 어울려 다니며 폭력서클에 들어갔다. 그의 일탈은 불우했던 가정환경의 영향이 컸다. 이민자 가정에서 태어나 두 살이 채 되기 전에 부모님이 이혼했다. 아버지가 떠난 이후로 아이들을 혼자 키우게 된 어머니는 경제적으로 매우 궁핍했다. 닥치는 대로 일을 하며 아등거려봤지만 살림은 좀처럼 나아지지 않았다. 어머니는 아이들을 결국 위탁가정으로 보냈다.

'내 인생은 망했어.' J.P.는 얼마든지 이렇게 생각할 수 있었다. 실제로 많은 사람이 절망적인 상황에서 이와 같은 생각을 한다. 그러나 그는 달랐다. 인생의 낙오자가 될 것이라는 선생님의 말에 낙담하기보다 오히려 '내가 나중에 성공할지 누가 알아. 선생님이 틀렸다는 걸 증명해 보이겠어!'라고 다짐했다. 이런 작은 순간들이 삶의 습관을 만드는 계기가 된다. 어떻게 생각하느냐에 따라 성공 습관을 기를 수도 있고 나쁜 습관을 기를 수도 있다. '내 인생은 망했어.'라고 생각하면 자신도 모르게 나쁜 습관이 자리 잡고, 이는 자신의 잠재력을 충분히 발휘하지 못하도록 발목을 잡는다. 반면 올바른 성공 습관은 자신의 한계를 뛰어넘고 한 단계 더 나아가게 만든다.

첫 번째로 J.P.가 기른 성공 습관은 자신이 맡은 일에 최선을 다하는 자세다. 학창 시절 세탁소에서 아르바이트를 했을 때였다.

"세탁소에서 바닥 청소와 심부름을 했어요. 주인이 얼마나 짠돌이인지 그가 걸어가면 옆에서 짠 내가 날 정도였어요! 시간당 1달러 25센트밖에 안 되는 돈을 벌려고 정말 열심히 일했어요. 하루는 세탁소 사장님에게서 전화가 왔어요. '구석구석까지 청소를 아주 잘했더라. 내가 없다고 놀거나 대충 하지 않고 열심히 했네!'라고 칭찬을 했어요. '청소가 제 일이잖아요. 해야 할 일에 최선을 다했을 뿐이에요.'라고 대답했죠. 사장님은 시급을 1달러 50센트로 올려주었어요. 그때 저는 고작 25센트로 중요한 교훈을 하나 얻었어요. 남을 위한 일이든 자신을 위한 일이든 가리지 않고 최선을 다해 일해야 성공할 수 있다는 깨달음이었어요. 마치 상사가 매 순간 나를 지켜보는 것처럼 일하는 거죠."

생활고에 시달리던 그는 고등학교를 졸업한 뒤 대학에 가지 않고 해군으로 입대했다. 전역 이후에는 저임금 일자리를 전전했다. 건물 관리인, 주유원, 보험판매원, 백과사전 방문판매원 등 안 해본 일이 없었다. 힘든 나날이었지만, 이때도 배운 바가 많았다. 특히 백과사전 방문판매 일을 통하여 그는 인생에서 두 번째 성공 습관을 배울 수 있었다.

"50가구를 방문하며 문을 두드리면, 50번 모두 문전박대를 당했어요. 계속 일을 하려면 51번째 집이든 151번째 집이든 매번 첫 번째 집을 방문할 때처럼 꿋꿋하게 문을 두드릴 수 있어야 했어요."

방문판매 일은 판매 수수료가 벌이의 전부인지라 대부분 평균 3일을 넘기지 못하고 그만둔다. 하지만 J.P.는 무려 3년 6개월 동안 일했다. 그 결과 그는 냉담한 거절에도 상처 받지 않고 계속 도전하는 법을 배웠다. 사람들의 말에 귀 기울이며 소통하는 법을 배웠으며, 다른 사람의 마음을 움직여 설득하는 법도 터득했다. 비록 꿈의 직장은 아니었지만 훗날 자신의 인생에 큰 변화를 가져올 성공 습관을 기를 수 있었다. 악조건 속에서도 성공 습관을 기르며(당시에는 이 습관들이 성공의 밑바탕이 될 줄 몰랐지만) 누구보다 열심히 살았다. 그러나 야속하게도 또 한번 일생일대의 고비를 맞는다.

"아내가 더 이상 엄마 노릇을 못하겠다며 아이를 떠맡긴 채 전 재산을 가지고 떠났어요. 그런데 며칠 후 충격적인 소식을 들었어요. 아내가 지난 석 달 동안 집세를 내지 않았다는 사실이었죠. 돈이 한 푼도 없었던 저는 결국 집에서 쫓겨났고, 겨우 두 살짜리 아들을 안은 채 노숙자 신세가 되었어요. 처음에는 제 낡은 차에서 지냈어요. 그때 아들에게 이런 말을 했어요. '우리는 함께 이 상황을 벗어날 거야.'

공터를 돌아다니면서 빈 콜라병을 줍기 시작했어요. 작은 병은 20원, 큰 병은 50원을 쳐주었죠. 살면서 그때가 가장 힘들었어요. 하지만 빈털터리가 되어 바닥으로 떨어졌을 때 유일하게 할 수 있는 일은 다시 올라갈 생각뿐이더라고요."

가난은 끝없이 이어졌다. 하지만 그는 시련이 찾아올 때마다 그 속에서 깨달음을 얻었다. 비록 노숙자가 되어 인생이 바닥까지 곤두박질쳐도 훨씬 더 좋은 환경에 있는 사람보다 자신에게 이점이 하나 있다고 생각했다. 더 이상 내려갈 바닥이 없기 때문에 앞으로는 올라갈 일밖에 남지 않았다는 것. 그가 20대에 어린 아들과 길거리에 나앉았을 때 희망을 가질 수 있었던 이유다. 아무리 큰 시련이 닥쳐도 그는 좌절하거나 포기하지 않았다. 이겨낼 수 있다는 희망을 갖고 삶의 비전을 키우는 것이 그의 세 번째 성공 습관이다.

남을 위한 일만 해서는 한계가 있었다. 그래서 그는 회사를 차리겠다는 원대한 목표를 세웠다. 당시 그의 전 재산은 겨우 85만 원이었다. 사람들은 하나같이 그가 절대 창업할 수 없다며 터무니없어했다. 그는 돈뿐만 아니라 학력, 경험, 지식까지 어느 것 하나 부족하지 않은 게 없었으니. 게다가 불경기였다. 상식적으로 창업은 너무나 무모한 짓이었다. 하지만 그는 자신이 성공할 수 있다고 믿었다. 주변 사람들의 부정적인 말보다 자신의 목소리에 귀를 기울였고, 실제로 성공한 사람들이 하는 대로 따라 했다. 누구보다 자신을 가장 잘 아는 사람은 자기 자신이라고 믿었다. 불가능해 보여도 끝까지 자신을 믿고 도전한 그는 마침내 보란 듯이 창업에 성공했다.

고작 85만 원으로 시작한 그 회사가 바로 연 매출 1조 원을 달성하는 세계 1위 헤어 제품 브랜드 폴미첼(Paul Mitchell)이다. 그뿐 아니라 세계에서 가장 잘 팔리는 최고급 테킬라인 패트론(Patron)을 비롯해 의약품, 태양광 사업 등 다양한 십여 개의 사업을 번창시켰다. J.P.의 이름은 존 폴 디조리아(John Paul DeJoria). 폴미첼의 CEO인 그는 빈털터리에서 30억 달러(약 3조 3000억 원) 갑부로 거듭나며 포브스 100대 부자의 성공 신화를 썼다. 존 폴과 함께 인생의 낙오자로 취급받던 친구 미셸은 어떻게 되었을까? 그는 4천만 장의 앨범을 판매한 전설의 록밴드 마마스 앤드 파파스의 보컬 미셸 필립스(Michelle Phillips)로 이름을 날렸다.

존 폴은 50번째 생일을 맞아 미셸과 함께 그 선생님을 찾았다. 선생님은 두 사람이 성공한 모습을 보고 "제기랄!"이라는 말밖에 하지 못했다.

당신이 성공할 수 있는 가장 빠른 방법

존 폴과 같은 인생 역전 성공담을 들으면 많은 사람들이 이렇게 생각한다. '난 존 폴이 아니야. 나는 그 사람처럼 할 수 없어.' 지금까지 당신이 어떤 사람이었는지는 중요하지 않다. 중요한 것은 당신이 지금 어디에 서 있고, 앞으로 어디로 나아가고 싶은가이다.

옳은 길이라면 빨리 가는 것이 좋다. 하지만 잘못된 길을 빨리 가고 있다면 더 오래 길을 헤매고 목적지와는 멀어질 뿐이다. 어떻게 옳은 길을 찾을 수 있을까? 당신이 스마트폰으로 길을 찾을 때를 떠올려보자. 가장 먼저 무엇을 하는가? 가려고 하는 목적지를 먼저 검색할 것이다. 삶의 방향을 찾는 일도 마찬가지다. 나아가고자 하는 목적지 혹은 이루고자 하는 목표를 정확히 알고 있어야만 옳은 길을 탐색할 수 있다. 그러나 실제로 삶의 목적지를 명확하게 알고 사는 사람은 많지 않다. 목적지를 모르겠을 때 올바른 길을 찾는 최선의 방법은 올바른 성공 습관을 갖는 것이다. 그것은 당신을 방해하는 모든 것을 없애고, 한 단계 성장할 수 있는 길을 명확히 안내해줄 것이다.

당신이 가장 좋아하는 이탈리안 레스토랑의 파스타를 가족이나 친구들에게 셰프의 맛 그대로, 직접 만들어주고 싶다면 어떻게 해야 할까? 방법은 여러 가지다. 이탈리아에 가서 정통 이탈리아 요리를 배울 수도 있고, 국내에서 이탈리아 요리 자격증을 취득할 수도 있다. 또는 셰프의 레시피를 알아내기 위해 여러 가지 방법을 시도해볼 수 있다. 과연 가장 빨리 목적을 달성하는 방법은 무엇일까? 바로 셰프에게 직접 배우는 것이다. 몇 년씩 이탈리아 요리를 공부할 필요도 없고 실패를 수없이 거듭할 필요도 없다.

성공에 도움이 되는 것은 수없이 많다. 당신은 성공하기 위해 다양한 책을 읽고, 성공한 사람들의 강연을 보러 다녔을 수도 있다. 하지만 어떤 이유에서든 아직 성공하지 못했기 때문에 이 책을 읽고 있을 것이다. 성공은 그렇게 어려운 것일까? 아니다! 길만 알면 누구나 빨리 원하는 곳에 도달할 수 있다. 나는 가장 빠른 시간 내에 원하는 결과를 얻을 수 있는 법을 소개할 것이다. 여러분에게 약속한다. 당신은 삶을

180도 바꾸게 될 것이다. 그것은 아주 작은 습관의 변화로 가능하다.

작게 시작해서 크게 성공하라

나는 억만장자, 최고의 운동선수, 기업 CEO, 세계적으로 유명한 연설가에 이르기까지, 다양한 영역에서 최고의 위치에 오른 이들의 습관과 변화를 분석함으로써 그들의 성공 비법을 알아낼 수 있었다. 이들 중 상당수는 바닥부터 시작했다. 상상조차 하기 힘든 시간을 보낸 사람도 있다. 그럼에도 불구하고 그들에게서 공통적으로 발견할 수 있었던 것은 삶을 바꿔놓은 작은 변화들이었다. 나 또한 그랬듯, 오랜 습관의 작은 변화가 우리 인생에 아주 큰 영향을 미친다. 비록 이 책에서는 경제적 성공을 중점적으로 이야기하지만, 가정생활, 양육, 우정, 인간관계, 종교, 건강, 다이어트, 사랑 등 인생의 다른 분야에도 도움이 된다.

당신이 지금까지 성공하기 위해 시도했던 방법들이 모두 틀렸던 것은 아니다. 다만 꾸준히 하지 못하고 매번 포기했기 때문에 실패를 거듭했던 것이다. 하루아침에 새로운 습관을 들이려고 하면 결국 포기하게 된다. 현재의 삶을 완전히 뒤집으려고 애쓰지 마라. 나는 당신이 거의 차이를 못 느낄 정도로 아주 조금씩 일상을 바꾸게 만들 것이다. 하루하루 바빠서 새로운 뭔가를 시작할 시간 여유가 없다고? 당신이 해야 할 일은 마치 오래된 건전지를 새 건전지로 교체하는 것만큼 간단한 일이다. 기존에 갖고 있던 해로운 습관들을 조금씩만 바꾸면 된다.

당신은 삶의 모든 부분에서 행복감과 성취감, 그리고 풍요로움을 누릴 자격이 있고 누릴 수 있는 능력도 충분하다. 단, 이러한 것들을 가능한 빨리 누리고 싶다면 성공 습관이 반드시 필요하다. 성공으로 가는 수많은 길이 있지만 가장 빨리 도착할 수 있는 지름길이 바로 성공 습관이다. 『백만장자의 아주 작은 성공 습관』에는 자신감 회복, 내 마음에 집중하는 자세, 고난을 기회로 삼는 태도, 두려움 극복 등 성공하려면 반드시 갖춰야 할 기본적인 마음가짐부터 상대방의 마음을 끌어당기는 방법과 오늘부터 바로 활용할 수 있는 실전 기술까지 담겨 있다. 이 습관들이 일상에 새롭게 자리 잡을 때 당신의 인생은 극적인 변화를 맞을 것이다.

더 이상 기약 없는 기적을 마냥 기다리지 말자. 당신은 스스로 행운을 만들어낼 수 있다. 심지어 생각보다 빨리 만들 수 있다. 이제부터 '왜 지금' 행운을 만들어야 하는지 이해하고 '어떻게' 만들 수 있을지 알아보자.

차례

부자로
태어나지 않았다면
반드시 알아야 할 것들

1장

우리는 본능적으로 무엇을 해야 하는지 안다.
자신의 마음에 귀를 기울이는 순간 용기를 가지고
자신감 있게 행동할 수 있을 것이다.

−마리 폴레오(Marie Forleo), 미국의 라이프 코치 겸 작가

당신이 상위 1퍼센트가 되지 못한 진짜 이유

역사상 기술적으로 가장 발달한 시대에서 우리는 이전보다 훨씬 더 빠른 속도로 일하고 있다. 그리고 돈을 더 많이 벌기 위해, 더 높은 위치로 올라가기 위해, 더 행복해지기 위해 열심히 일한다. 하지만 정작 결과는 그만큼 따라주지 않는다. 성공하기 위해 죽도록 애를 쓰는데도 왜 항상 제자리걸음인 걸까?

다행스럽게도 당신이 뭔가를 잘못해서가 아니다. 노력과 결과가 반비례하는 진짜 이유는 따로 있다. 많은 사람들이 이를 모르기 때문에 노력이 결과로 이어지지 못하고 헛수고가 되고 만다.

진짜 이유를 알아보기 위해 먼저 생산성에 관한 한 통계를 주목하자.

다음 그래프를 살펴보면, 지난 몇 년간 생산성과 임금은 45도의 기울기로 가파른 곡선을 그리며 상승했다. 그러나 1973년부터는 상황이 달라졌다. 임금은 더 이상 오르지 않았지만, 생산성은 계속해서 같은 기울기를 유지하면서 상승했다. 이러한 임금과 생산성의 거대한 격차는 어떻게 설명할까? 처리하는 일의 양은 많아졌지만 소득이 생산성 증대를 반영하지 못했다는 것을 의미한다. 즉 우리가 더 많은 결과

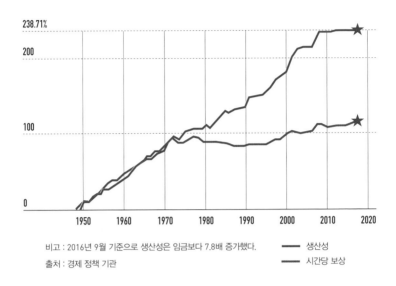

생산성과 임금 사이의 불일치　　　　　기간 범위 : 1950년부터 2016년까지

비고 : 2016년 9월 기준으로 생산성은 임금보다 7.8배 증가했다.　　── 생산성

출처 : 경제 정책 기관　　　　　　　　　　　　　　　　　　　　── 시간당 보상

를 내기 위해 현대 기술을 사용해 예전보다 더 빨리, 더 열심히 일한다는 생각은 틀리지 않았다. 그러나 임금 상승률이 생산성 증가율의 속도를 따라가지 못하고 있다.

심지어 소득과 생산성의 격차는 점점 더 벌어지고 있다. 1981년까지 모든 계층의 소득은 같은 비율로 증가했다. 그러나 1981년쯤부터 계층에 따라 다른 증가세를 보이기 시작했다. 상위 1퍼센트의 소득은 138퍼센트나 증가했지만 하위 90퍼센트는 불과 15퍼센트 증가하는 데 그쳤다.

다음 실제 그래프를 함께 보자.

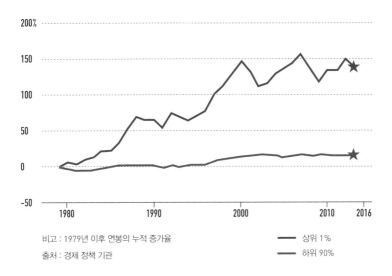

상위 1퍼센트 VS 하위 90퍼센트　　　　　　　기간 범위 : 1980년부터 2016년까지

비고 : 1979년 이후 연봉의 누적 증가율　　　　　━━ 상위 1%

출처 : 경제 정책 기관　　　　　　　　　　　　━━ 하위 90%

　이 그래프에 따르면 두 곡선의 격차가 갈수록 크게 벌어지고 있다. 양극화 사회로 진입하면서 중간층이 줄어드는 것처럼 보인다. 그래서 대다수의 사람들은 아무리 일을 열심히 해도 부자가 되지 못한다고 생각한다. 실제로 틀린 것은 아니다. 이 그래프를 보면 누구나 걱정이 될 것이다. 만약 우리가 부를 축적하고 그토록 동경하던 상류층이 될 수 있는 방법을 알고 있다면 어떻겠는가? 부자가 되는 방법만 정확히 알고 있다면, 빈익빈 부익부 현상은 여러분의 성공에 아무런 영향을 미치지 않는다.

성공에 대한 오해들

진정한 성공이란 무엇인가

앞에서 우리가 노력을 하면서도 늘 제자리인 이유는 성공할 수 있는 방법을 모른 채 다람쥐 쳇바퀴 돌듯 일만 하기 때문이라고 말했다. 그러면 성공할 수 있는 진짜 비법은 무엇일까? 우선 성공할 수 있는 비법을 알려면 자신이 어떤 성공을 바라는지 이루고자 하는 목표가 명확해야 한다. 성공의 기준은 사람마다 다르다. 누구에게는 성공이 부자가 되는 것일 수 있고, 다른 누구에게는 명성을 얻는 것일 수 있고, 또 다른 누구에게는 워라밸이 지켜지는 여유로운 삶일 수 있다. 예를 들어 당신과 배우자의 연봉이 매우 높다고 할 때, 그만큼의 소득을 위해 남편은 퇴근 후에 대리 운전을 나가고, 아내는 주말에도 출근하며 초과 근무를 한다고 하자. 이들은 성공했다고 할 수 있는가? 좋은 차와 대궐 같은 집, 온갖 명품들에 가치를 두는 사람들에게는 성공한 삶이다. 대신 일하느라 바빠서 아이들과 함께 보낼 시간조차 없고 가족여행 한번 가는 일이 하늘에 별 따기라면 어떻겠는가? 돈보다 저녁과 주말이 있는 삶이 중요한 이들에게 이런 삶은 성공과 거리가 멀다.

많은 사람들이 엄청난 부자가 되지는 못해도 최소한 중산층 대열에 들어가고 싶어 한다. 여기서 중산층이란 어떤 사람들을 말하는가? 경제적으로 풍족하면 모두가 중산층인 것인가? 그렇다면 돈은 많지만 매일같이 일 속에 파묻혀 산다고 느낄지 모르는 이들의 삶이 정말 당신이 바라는 중산층의 삶인가? 이제는 중산층을 다시 정의내릴 때이다. 중산층 중에서도 상류 중산층과 하류 중산층으로 나눠서 생각해야 한다. 경제적으로 부족하진 않지만 삶의 질이 끔찍할 정도로 낮다면, 또는 성취감을 전혀 느끼지 못하는 삶이라면 진짜 인생을 사는 것이 아닐 수 있다. 쉽게 말하자면 돈은 있지만 삶이 없다면 좋을 것이 없고, 반대로 삶은 있지만 돈이 없어도 좋은 것이 없다. 따라서 자신이 원하는 성공이 무엇인지 목표점을 명확히 설정하는 것부터 시작해야 한다.

시장의 경기도, 타고난 경제적 배경도, 당신이 대통령이든 누구든 이러한 것들은 중요하지 않다. 자신의 신념과 올바른 성공 습관만 가지고 있으면 어떤 조건에서든 충분히 자신의 성공을 이룰 수 있다. 중요한 것은 목표를 향해 자신의 속도로 나아가는 것이다.

돈이란 무엇인가

성공의 기준이 다양한 것으로 볼 때 잠시 짚고 넘어갈 문제가 있다. 우리는 종종 돈에 대해 오해를 한다. 간혹 돈을 쫓는 사람들을 속물처럼 취급하거나 부 자체를 사치와 동일시하는 경우가 있다. 세상에 돈을 싫어하는 사람이 있는가? 개인에 따라 가치의 차이는 있겠지만 아마 싫다고 말하는 사람은 없을 것이다. 돈으로 모든 걸 얻을 수는 없지만 상당히 많은 것들을 손에 쥘 수 있는 것은 분명하기 때문이다. 가정 형편이 좋으면 가족끼리 외식을 자주 할 수 있고, 운전기사를 둘 수 있고, 더 큰 집으로 이사를 가고, 가정부를 써서 집 청소나 각종 심부름을 시킬 수 있고, 돈 걱정 없이 좋은 곳으로 휴가를 떠날 수 있고, 심지어 기부도 선뜻 할 수 있다. 게다가 부부 중 어느 한 사람이 언제든지 일을 그만둘 수 있고, 그것보다 더 부자가 되면 돈을 더 이상 벌지 않아도 될 수 있다. 돈을 싫어할 이유는 어디에도 없다.

그런데 모순적이게도 우리 사회는 돈을 부정적으로 인식하는 경향이 있다. 기업가는 자본주의 사회에서 종종 필수적인 존재로 인식되기보다 탐욕스럽고 부도덕한 존재로 여겨지지 않는가? 여기저기 강연을 다니면서 만난 수천 명의 학생들 중에서도 많은 학생들이 돈을 나쁘게 말하며 스스로를 제약했다. 경우에 따라 이러한 생각의 바탕에는 물질주의를 비판하는 부모님이 있거나, 정치적 이념이나 종교적인 원칙 때문일 수 있다.

이유가 무엇이든 간에 세상을 살아가는 데 있어 무엇보다 돈이 부족하면 가장 큰 어려움을 겪게 된다. 전문가들은 이혼도, 자녀와의 관계가 좋지 않은 것도, 불안증을 앓는 것도, 싫어하는 일을 하는 것도 모두 돈 걱정 때문이라고 말한다. 돈 때문에 스트레스 받거나 걱정해본 적이 있는가? 돈이 충분히 있는가? 이 질문에 그렇다고 대답할 수 없는 사람은 적어도 한 번쯤 돈 걱정을 해봤을 것이다. '수표를 발행할 수 있으면 문제는 사라진다.' 이 말을 주문처럼 되뇌어보자. 이 말은 나의 멘토의 말이다. 스트레스를 받는 청구서가 있든, 자녀의 대학 교육비가 걱정되든, 부모님의 노후 자금과 당신의 미래가 걱정이든 모든 돈 걱정은 수표 하나면 단번에 해결되는 문제다. 사업이 잘 안 굴러가도 수표만 있으면 되지 않는가?

'돈이 문제를 해결할 수는 없어요.'라는 말은 내게 하지 마라. 최소한 돈 걱정이 사라진다면 당신은 당신 본연의 모습을 찾을 기회가 생긴다. 이렇게 생각해보자. 내가 바로 옆에 앉아서 당신의 목을 조르고 있다면 당신이 바라는 건 산소 단 하나일 것이다. 우리는 매일 어느 곳에 가도 산소가 있다는 것을 알면서 살고 있다. 하지만 내가 목을 조르기 전까지는 당신이 산소를 마시고 있다는 것을 의식조차 해본 적 없을 것이다. 이처럼 사람들이 돈 때문에 스트레스를 받는 이유도 원하는 만큼의 돈이 당장 수중에 없기 때문이다. 자신의 수입과 자신이 원하는 삶을 사는 데 필요한 돈 사이의 괴리로 인해 압박을 받는 것이다.

비록 우리 사회가 자본주의, 기업가 정신과 돈벌이를 부정적으로 평가하지만 윤리적으로 벌어들인 돈은 오히려 순기능을 한다. 흔히 말하는 부자는 회사를 운영하기 위해 수천 명의 직원을 고용한다. 학교가 없는 곳엔 학교를 지어주고, 물이 없는 곳엔 물을 공급해주고, 자선단체를 만들어 기부도 한다. 이처럼 부자들은 세상에 지대한 영향을 미치고 있다. 부자들로 인해 친구, 가족, 세상에 혜택이 돌아가는 선순환이 이루어진다. 이 책을 읽는 독자들은 성공하고 싶고 부자가 되고 싶은 사람들일 것이다. 그렇다면 부자가 되어 안정적인 삶을 살게 되면 세상에 얼마나 많은 것들을 베풀 수 있을지 생각해보자.

버튼을 누르면 수표가 나오는 돈 자판기는 이 책 어디에도 없다. 대신 지금은 불가능해 보이는 부와 풍요로움을 불러올 최고의 비법을 알면 돈 걱정에서 벗어날 수 있다. 당신이 인생에서 특정한 습관만 바꾼다면 최소한 돈 때문에 전전긍긍하는 일은 없을 것이다. 이 비법이 현재 삶의 모든 걱정과 혼란을 잠재우고 곧바로 목표에 도달할 수 있도록 안내해줄 것이다.

아무것도 하지 않으면
아무 일도 일어나지 않는다

직장에서 꽤 높은 연봉을 받으며 안정적으로 일을 다니던 사람이 갑자기 퇴사하고 자기 사업을 시작했다고 하면 주변 사람들 대부분은 이렇게 말할 것이다. "사업은 아무나 하나?" "지금은 경기가 안 좋아서 안 돼." 그런데 이들이 우리 생각과는 완전히 다른 결과를 얻게 된다면? 과연 그 이유가 무엇일까? 이처럼 자신의 삶을 한 단계 끌어올린 사람과 가만히 앉아서 부자가 되길 바라는 사람 사이의 결정적 차이는 바로 평상시 습관이다. 비슷한 환경에서 자라 같은 일을 하는 두 사람이 있다고 하자. 그중 한 사람이 다른 사람보다 돈을 두 배로 번다. 과연 두 사람의 습관은 어떻게 달랐기에 이토록 소득이 차이가 날까? 이 책에서는 이런 이야기를 할 것이다. 앞서 말했듯 당신이 어디에서 시작하든 현재 위치는 중요하지 않다. 중요한 것은 앞으로 조금씩 나아가 당신이 도달하고자 하는 미래다.

매일 아침 농부가 일어나서 소에게 먹이를 주기 위해 트랙터 뒤에 곡식을 싣고 목초지까지 1마일을 가면 소들이 한달음에 달려오는 모습을 상상해보자. 농부는 먹이를 던져주고 나면 다시 농장으로 돌아온다. 그가 10년, 15년, 20년을 매일 아침에 일어나 트랙터를 몰고 같은 목초지로 나간다면 어떤 일이 생길까? 농부의 집에서 소들이 있는 목초지로 가는 바퀴 자국의 길이 만들어질 것이다. 만약 그가 트랙터를 운전하다가 핸들에서 손을 떼도 바퀴 자국을 따라 트랙터가 알아서 그를 목초지로 데려다줄 것이다.

이 이야기를 당신의 인생에 적용해보자. 우리의 삶 전체에 바퀴 자국 같은 길이 있는 것은 아니다. 하지만 매일 같은 일을 같은 방식으로 하고 있지 않은가? 하루하루가 같을 수밖에 없는 습관을 갖고 있지 않은가? 그러면서 한편으로 외부적 요인에 의해 다른 결과를 얻길 바란다. 경기가 좋아지거나, 다른 누군가의 도움을 바라거나, 복권에 당첨되길 그저 간절히 기다리며 어느 날 갑자기 하늘에서 돈이 뚝 떨어지길 바란다.

좋고 나쁨의 가치 판단을 하려는 것이 아니다. 대부분의 사람들은 핸들에서 손을 떼고서 아무것도 하지 않는다. 가만히 있어도 늘 하던 일을 하는 데 아무런 문제가 없기 때문이다. 그러나 다른 결과를 바라면서 아무것도 하지 않으면 결과는 똑같을 수밖에 없다. 농부가 항상 가던 길을 바꾸거나 가려는 목적지를 바꾸려면 어떻게 해야 할까? 내일 아침에 일어나 완전히 새로운 일상을 시작할 필요는 없다. 핸들을 아주 살짝만 돌리면 된다. 당신도 마찬가지다. 갑자기 자신의 삶을 급격히 바꾸지 않아도 된다. 예를 들어 아침 일찍 일어나 평소에 안 하던 요가를 하고 명상을 할 필요 없다. 이는 마치 자신의 삶을 송두리째 바꿔놓겠다는 거창한 새해 다짐과 다름없다. 매년 새해 다짐을 하고서 지킨 적이 얼마나 있는가? 물론 전부 가치 있는 일이지만 내일 당장 할 일은 농부가 핸들을 돌리는 것처럼 아주 작은 변화면 충분하다.

내일 농부가 항상 가던 길에서 핸들만 조금 돌린다면 1마일을 갔을 때 도착한 곳은 새로운 곳일 것이다. 예전의 목초지는 전혀 찾아볼 수 없을 정도로 멀리 떨어진 곳일 수도 있다. 그리고 이제는 홈이 파인 바퀴 자국의 길이 나지 않을 것이다. 농부가 매일 아주 조금씩 새로운 길을 향하고 있기 때문이다.

지금 이 책을 읽는 것 외에도 할 수 있는 일은 얼마든지 많다. 텔레비전을 보거나, 운동경기를 보러 가거나, 집안일을 할 수도 있다. 하지만 그런 일들은 당신을 아무데도 데려가주지 않는다. 부자가 된다는 것은 아무것도 안 하고 통장에 돈이 쌓이는 마법으로 되는 일이 아니다. 당신이 그토록 바라는 복권 당첨도 아니고 누군가의 호의를 기다린다고 해서 가능한 일도 아니다. 오로지 당신의 생각과 습관을 바꾸는 일만이 당신을 성공의 길로 이끌 것이다. 그리고 그 일은 오늘부터 당장 시작할 수 있다.

'성공한 사람과 성공하지 못한 사람의 차이는 성공한 사람은 성공하지 않은 사람들이 원하지 않는 일을 했다는 것이다.'라고 존 폴 디조리아가 말했다. 나는 그의 말에 덧붙여 성공한 사람은 그들을 끌어준 핵심적인 성공 습관을 지니고 있다고 말하고 싶다. 대부분의 사람들이 흔히 성공과 행운을 헷갈린다. 행운은 성공과 아무런 상관이 없다. 성공을 만드는 것은 행운이 아니라 성공 습관이다. 이제 당신의 인생에서 지금 어디에 있고 어디로 가고 싶은지 살펴보자.

백만장자의 첫 번째 습관:
인생에서 가장 중요한
목표 찾기

2장

현대 사회는 선택지가 너무 많다.
그러므로 우리가 삶을 제대로 통제하지 못하면
삶이 우리를 통제하게 될 것이다.
삶을 통제하는 한 가지 방법은 나에게 중요한 것을 선택한 다음,
본능에 충실한 행동을 하는 것이다.

−조 폴리시(Joe Polish), 지니어스 네트워크(Genius Network) 설립자

목적지 없이 여행하는 방랑자들

당신은 지금 인생에서 어디를 향해 가고 있는가? 많은 사람들이 이 질문에 선뜻 답하지 못한다. 주변 사람들 중에 다섯 명을 골라 그들이 자신의 삶에서 원치 않는 것이 무엇인지 한번 질문해보자. 확신하건대 거의 대부분이 하나를 콕 집어 말하지 못할 것이다. 마치 일생일대의 중대한 선언을 하는 것처럼 진지하게 생각하며 이것저것 나열할 것이다.

"지금 받는 연봉이 마음에 안 들어."

"돈 때문에 이 일을 계속 하고 싶지 않아."

"배우자가 돈 가지고 잔소리 좀 안 하고, 가족과 함께 보내는 시간이 적다고 투정 좀 안 부렸으면 좋겠어."

"이 똥차 그만 타고 새 차 사고 싶어."

사람들은 미리 생각했던 것처럼 싫은 것들을 술술 내뱉는다. 실제로 우리는 싫어하는 것들을 늘 생각한다. 이번에는 인생에서 없어졌으면 하는 것이 무엇인지 주변 사람들에게 물어본 다음, 그들이 다섯 번째나 여섯 번째의 답을 말하고 있을 때쯤 말을 가로채고 다시 질문해보자. "좋아, 네가 뭘 싫어하는지는 알겠어. 그럼 네가 인생에서 바라는 건 뭐야?" 이제부터 당신은 사람들의 반응이 흥미로워질 것이다. 일단 질문을 받은 이들은 어리둥절한 표정을 지으며 미간에 주름이 잡힐 것이다. 당신의 질문을 곰곰이 생각하고 나서 '그건 생각 좀 해봐야겠는데.'라고 말할 것이다. 차이를 느꼈는가?

이건 마치 '나는 지금 시속 100마일로 빨리 달리는 차를 타고 있어. 그런데 내가 어디로 가고 싶은 건지 모르겠어. 하나 확실한 건 플로리다, 텍사스, 애리조나는 안 갈 거라는 거야.'라고 말하는 것과 같다. 그러면 어떤 일이 벌어질까? 당신은 결국 아무데도 못 가게 된다. 자신이 가고 싶지 않은 곳만 피해 다니며 이곳저곳 방황하다보면 차의 기름만 떨어진다. 처음부터 자신이 원하는 목적지가 없는데 어떻게 도달할 수 있겠는가? 이쯤 되면 당신은 이렇게 말할지도 모른다. "세상에, 딘! 이렇게 간단한 사실이 우리에게 알려주려는 엄청난 지혜인가요?" 그렇다. 이것이 내가 알려줄 지혜의 큰 부분을 차지한다. 당신이 다음 단계로 올라서지 못하는 이유가 바로 이것이기 때문이다.

그럼 이제 내가 질문을 하나 하겠다. 자신이 원하는 것보다 원치 않는 것을 말하는 게 더 쉬운 사람이 주변에 있는가? 당신의 친구나 친척, 혹은 더 가까이에 있는 배우자가 이런 삶을 살고 있는가? 어쩌면 그런 사람이 당신일지도 모른다. 현대인들의 문제는 '페라리급 뇌'를 가지고 바쁘게 돌아다니지만 어느 누구도 GPS를 장착하고 있지 않다는 것이다. 자신이 어디를 향해 가고 있는지 전혀 모르는 채 전속력으로 달리고 있다. 당신은 페라리를 탄 것처럼 세계에서 가장 빨리 달리고 있을 수 있지만, 도착하려는 목적지를 모른다면 아무런 의미가 없는 곳에 그냥 일찍 도착할 뿐이다. 페라리를 타고 시간당 200마일의 속도로 달리다 절벽 아래로 떨어지는 것과 프리우스를 타고 원하던 장소에 무사히 도착하는 것 중 무엇을 원하는가?

얼마나 빨리 달리는지 속도는 중요하지 않다. 어떤 일을 할 때 얼마나 열정적이고 얼마만큼의 에너지를 쏟는지도 중요하지 않다. 아무리 빨리 움직이고 최대한 많은 에너지를 쏟아 붓는다 해도 도달하고자 하는 목표가 명확하지 않다면, 목표에 도달하는 일은 절대로 일어날 수가 없다.

잠시 후에 백만장자의 성공 습관 중 가장 중요한 습관을 공유할 것이다. 지난 20년 동안 많은 학생들에게 강조했던 것으로 나는 죽을 때까지 이 습관에 대해 말할 것이다. 이 책을 처음부터 끝까지 읽기를 바란다. 당신은 이 책의 2장만 읽어도 세계 98퍼센트의 사람들보다 앞서나갈 수 있다. 98퍼센트의 사람들은 자신이 원하는 곳에 도달하지 못하는 이유를 늘 궁금해 하면서 여전히 제자리달리기를 한다. 그리고 GPS도 없이 페라리를 타고 전속력으로 달리다 호수에 빠져도 자신이 왜 빠졌는지 알지 못한다.

이런 말을 자주 듣는다. "하루가 24시간보다 더 길면 좋겠어요. 내 사업을 하고, 사업을 한 단계 성장시키고, 승진을 하고, 돈을 더 많이 벌고 싶은데 그러기에는 몸이 열 개라도 모자라요." 많은 사람이 하루를 정신없이 바쁘게 보내며 시간이 늘 부족하다고 말한다. 빌 게이츠나 마크 저커버그의 하루는 36시간이었나? 정작 자신의 목표도 모르는 채 살아가는 사람들이 시간이 부족하다는 불평불만만 늘어놓는다. 그들에게 만약 36시간의 하루가 주어진다 해도 달라지는 것은 없을 것이다.

시간이 부족해서, 주의가 산만해서, 일을 미루고 있어서 매일 쩔쩔맨다는 생각이 든다면, 나는 당신이 인생의 목표를 정확히 모르고 있다고 확신한다. 내 말을 믿자. 내가 학생들에게 가장 먼저 이 질문을 하면 대부분은 당황해하며 머리를 긁적인다. 목표를 모른다면 돈을 더 많이 벌지도, 승진하지도, 가족과 더 많은 시간을 보내지도, 최고의 인생을 누리지도 못하게 방해하는 일에만 몰두하며 시간을 허비하게 된다. 당신의 미래에 결코 도움이 되지 않는 일을 하느라 사업을 키우고, 돈을 더 많이 벌고, 더 행복해질 수 있는 일은 못하게 된다.

반면 인생의 목표가 뚜렷하면 자신의 꿈, 목표, 소망을 이루는 데 도움이 안 되는 일에 허비하는 시간을 없앨 수 있다. 목표를 달성하기 위한 일에 시간을 쓰며 항상 목적을 갖고 행동하게 된다. 목표가 뚜렷한 사람은 자신이 한 단계 발전하기 위해 무엇을 해야 하고, 미루지 않고 오늘 당장 해야 하는 일이 무엇인지 명확하게 안다. 그렇기 때문에 한없이 미루고 질질 끄는 행동을 하지 않는다. 비전을 세우는 순간 자신이 가고 있는 삶의 방향을 명확하게 알 수 있을 것이다. 마치 새 안경을 맞추고 나서야 그동안 자신의 눈에 맞지 않는 안경을 쓰고 있었다는 것을 알게 되는 것처럼 말이다.

성공하는 데 목표 설정이 매우 중요하다는 것은 이제 누구나 다 아는 사실이다. 하지만 살면서 가끔 주변이 너무 시끄럽고, 정신없이 흘러가고, 두렵게 느껴질 때면 목표를 설정하기가 힘들다. 그래서 2장에서는 가장 먼저 우리가 지금 어떤 삶을 살고 있는지 자신의 현재 위치에 솔직해지는 것부터 시작할 것이다. 그러면 나는 당신에게 당신의 길을 발견할 수 있도록 미래를 내다보는 비밀의 도구를 알려줄 것이다. 지금의 내 위치에서 꿈꾸는 목표를 설정한 후에는 자신의 진짜 이유를 찾아야 한다. 왜 당신은 그 목표를 향해 가야 하는가? 이 질문에 대해 당신이 최종적으로 내리는 답이 목표에 대한 진짜 이유이고 그 이유가 목표 지점에 도달할 수 있는 원동력이 된다. 이제 남은 일은 그 방법을 배우는 일이다. 이 책이 당신에게 그 방법을 배울 수 있도록 여덟 가지 습관을 알려줄 것이다.

당신의 현재 위치는 어디인가

현재 당신의 삶을 진단하기에 앞서, 먼저 부탁이 있다. 자기 자신에게 솔직해지자. 이 책을 읽는 동안 나는 계속해서 어려운 질문을 할 것이다. 내가 듣고 싶을 것 같은 대답을 할 필요 없다. 자신의 모습을 인정하고 싶지 않아서 스스로를 속이는 대답이라면 더더욱 피해야 한다. 물론 반사적으로 튀어나오는 속마음을 이해 못하는 것은 아니지만 자기 자신에게 솔직해지는 순간 꿈과 열망과 욕망을 향해 계속 나아갈 수 있다. 그럼 이제 솔직하게 대답해보자. 지금 이 순간 당신은 인생에서 어디에 있는가? 이 질문은 '소파에서 이 책을 읽고 있어요.' '화장실에 있어요.' 혹은 '휴가를 보내고 있어요.'와 같이 자신의 실시간 상황을 말해주는 대답을 기대하는 것이 아니다. 물리적으로 있는 장소가 아니라 인생에서 어떤 상황에 놓여 있는지를 물어보는 것이다. 당신은 어떤 삶을 살고 있으며 왜 이 책을 읽고 있는가? 이것이 내 질문의 의도이다.

당신은 그저 그런 인생을 사는 것에 두려움을 느끼고 있는가? 아니면 자신에게 미지의 잠재력이 있다는 믿음에 기대며 현재를 견뎌내고 있는가? 학자금 대출, 주택 담보 대출 등 끝이 없는 대출의 늪에서 빠져나갈 방법을 찾고 있을 수도 있다. 또는 더 나은 인생을 위해 환기가 될 만한 새로운 일을 시작하고 싶을 수 있다. 이제 막 대학을 졸업했든 아직 학교를 다니는 중이든 간에 미래가 혼란스러운 상황, 자신을 새롭게 변화시킬 때라는 생각이 드는 시점, 지난 10년간 다니던 지겨운 직장이 질리는 시기, 사업이 한 단계 성장하려고 하는 순간, 돈을 더 많이 벌려고 이제 막 준비를 시작한 사람 그 어떤 상황에 처한 사람이라도 괜찮다.

내가 이런 예를 드는 이유는 당신이 처한 상황을 생각하는 데 도움을 주기 위해서다. 그리고 어떤 상황에 처해 있든지 간에 비단 당신만 그런 것은 아니라고 안심시키기 위해서이기도 하다. 사람들은 거의 대부분 자신이 꿈꾸는 인생을 완벽하게 살지 못한다. 그러니 두려워하지 말고 더 깊숙이 들여다보자. 우리는 자신 혹은 타인에게 아무런 문제가 없는 척 가면을 쓰곤 한다. '다 괜찮아.'라는 가면을 찢어버리고 반드시 당신의 마음속에 있는 진짜 생각에 집중하기 위해 노력해야 한다.

이제 책을 잠시 내려놓고, 메모지나 스마트폰 또는 컴퓨터에 내가 지금 인생에서 어디에 놓여 있는지 기록하자. 경제적인 상황뿐 아니라 사랑, 우정, 가족, 건강, 경력 등 삶의 다양한 영역에서 자신이 놓인 상황에 대해 생각해볼 수 있다. 인생의 각 영역을 쓰고 그 옆에 자신의 상황을 써보자. 이때 절대로 다른 사람이 자신에 대해 어떻게 생각하는지 신경 쓰지 마라. 거울을 보듯 자기 자신의 모습을 솔직하게 써보자. 당신이 진정 원하는 삶으로 나아가기 위해서는 이상적인 목표를 세우기 전에 출발점부터 알아야 한다.

목표가 뚜렷한 사람이
장애물에 대처하는 놀라운 방법

출발점을 알았다면 이제 목표를 설정할 차례다. 내 친한 친구는 주일학교 학생들 18명을 데리고 콜로라도 듀랑고에 가서 화이트워터 급류타기를 했다. 가이드는 최근 들어 물살이 가장 높다고 말했다. 급류에는 1부터 5까지 등급이 나눠져 있는데 학생들이 체험할 급류는 대부분 4등급이었다. 아이들의 안전이 걱정된 가이드는 급류타기를 시작한 후 몇 마일 동안 계속해서 여러 번 연습을 시켰다. 가이드는 '포지티브 포인트(positive point)'라는 개념을 강조했다. "여러분, 내가 손가락으로 가리키면 항상 우리가 가야 할 방향을 가리키는 거예요. 나는 절대 우리 보트가 끼일 수 있는 쓰러진 나무나 보트에 구멍을 낼 수 있는 날카로운 바위 같은 장애물을 가리키지 않을 거예요. 왜냐하면 확신하건대, 내가 피해야 할 장애물을 가리키는 순간 여러분은 모두 그 장애물에 집중하다가 결국 정면으로 돌진하게 될 겁니다. 바위가 바로 근처에 있어도 걱정하지 마세요. 오직 포지티브 포인트에만 집중하면 안전할 거예요. 내가 가리키는 포지티브 포인트까지 가기 위해 모든 에너지와 집중력을 쏟아야 합니다." 포지티브 포인트가 그들이 나아가야 할 방향을 가리키는 지시등이 되었고 그들은 장애물(바위에 부딪히는 것)이 아닌 해결책(장애물이 없는 안전한 공간으로 향하는 것)에만 집중했다. 그 결과, 실제로 위험한 상황에 처할 확률이 크게 줄어들었다.

이는 사실 말이 쉽지 실제 행동하기란 무척 어렵다. 그러나 자신이 원치 않는 것이 아니라 원하는 것에 집중하면 인생에서 아주 많은 것들을 바꿀 수 있다. 살면서 때때로 일이 잘못되었을 때 처음에 잠시 날카로운 바위를 쳐다봤다가도 곧바로 장애물을 피해 나아가야 할 곳인 포지티브 포인트를 찾게 될 것이다. 이 연습을 많이 할수록 인생에 어려움이 닥칠 때 당신은 안전한 곳만 바라보며 나아갈 수 있다. 나는 수년간 이 진실을 사람들에게 가르쳤다. 장애물이 아니라 목표에 집중할 때 당신의 인생은 예전과 달라져 있을 것이다.

존 폴 디조리아를 포함해 세계에서 가장 부유한 사람들이 어떻게 성공할 수 있었을까? 그들은 자신이 어디로 가고 싶은지 명확한 비전을 갖고 그 비전을 향해 행동했다. 우리는 인생에서 더 많은 것을 얻고자 한다. 그러나 목적이 분명하지 않기 때문에 어떻게 목표에 도달할 수 있는지도 알 수가 없다. 전화나 이메일을 주고받다 보면 옆길로 새어 중요한 것은 놓쳐버리기 일쑤다. 갈피를 잃고서 다음 단계로 올라갈 기회가 없다고 좌절한다. 완전히 잘못된 생각이다. 목적지를 확실히

정하고 다음 단계로 나아가는 데 필요한 지도만 잘 만든다면 기회는 얼마든지 있다. 진실하고 명확한 비전이 당신을 가로막거나 목표 달성을 방해하는 훼방으로부터 막아줄 것이다.

잊을 수 없는 내 인생 최고의 1년

목표 설정은 성공을 위한 과정에서 가장 중요한 단계다. 그러나 1년 후, 2년 후, 심지어 5년 후를 내다보는 전통적인 방법으로는 목표를 설정하기 어려울 때가 있다. 정신없이 바쁠 때면 고개를 들고 미래를 내다보지 못한다. 사업, 가족, 일이 너무나도 빠르게 움직이고 있어서 앞으로 나아가는 일에 집중하기가 어렵다. 당신이 지금 볼 수 있고 충분히 도달할 수 있는 것에 너무 많은 시간을 할애하기 때문이다.

판에 박힌 일상을 넘어 앞을 내다볼 수 있는 방법이 있다. 나의 멘토 중 한 분인 댄 설리번이 게임 하나를 가르쳐주셨다. 나를 비롯해 수천 명의 사람에게 즉각적인 변화를 일으킨 매우 영향력 있는 방법이다.

지금으로부터 당신의 1년이 지났다고 하자. 시간이 흐르고 나서 돌이켜보니 지난 한 해는 당신의 인생에서 최고의 1년이었다. 어떤 한 해였을까? 당신이 가진 잠재력을 최대한 발휘하고 있다는 확신이 드는 일이 어떤 일일까? 이 질문을 던지면서 나의 1년 후를 생각해봤다. 내가 상상한 미래에 소름이 돋았다. 당신도 이 질문에 대한 답을 생각하며 나와 같은 흥분을 느껴보길 바란다. 무엇이 당신의 한 해를 최고로 만들었는지 자세하게 하나하나 머릿속에 그려보자.

최고의 한 해를 들여다보면서 아래와 같이 구체적인 질문을 던져보자.

- 돈은 얼마나 벌고 있는가? 가정의 안정을 위해 돈을 얼마나 저축하고 있는가? 경제적으로 돌보는 사람이 있는가?
- 매일 어디에서 일하는가? 재택근무를 하는가? 아니면 사무실로 출근하는가?
- 당신은 회사를 한 단계 성장시키고 있는가? 창업을 하고 있는가? 직장에서 승진하며 발전하고 있는가? 상사와의 관계가 더 좋아졌는가? 아니면 당신이 상사인가?
- 당신의 배우자나 파트너는 아침에 또는 잠자리에 들기 전 당신을 어떻게 보는가?
- 아이들이나 가족과의 관계가 어떤가?
- 앞으로 1년 후 당신의 인생은 정확히 어떤 모습인가? 그리고 더 긴 시간이 흘러 지나온 1년을 돌이켜봤을 때 최고의 한 해를 보냈다고 생각하는가?

'건강한 몸을 만들고 싶었는데 너무 바빠서 운동을 못했다거나 회사를 창업하려고 했지만 집세를 내기 위해서는 일을 계속 다녀야 한다는 식의 변명은 하지 마라. 그것은 마치 현재에 발목 잡힌 채로 미래를 내다보는 것과 같다. 아직 이 연습을 하지 않았다면 잠시 책을 내려놓고 빨리 적어보자. 인생에서 최고의 한 해는 어떤 모습인가? 삶의 다양한 영역에서 구체적으로 적어보자. 생각나는 대로 다 써보자.

현재 위치를 깨달으면 진정한 출발점에 서게 된다. 가고자 하는 인생의 목적지를 정하기 위해 1년 후의 모습을 상상해보는 연습만으로도 당신은 한 곳에 머물러 있는 대부분의 사람들보다 더 많은 것을 이룬 것이다. 비록 간단한 연습으로 만들어지는 습관이라고 해서 무시해서는 안 된다. 성공한 사람들은 결코 이 습관과 연습을 사소하다고 무시하지 않는다.

자신이 어디로 가고 싶은지 목적지가 있다면 당신에게 필터가 생기는 것과 다름없다. 중요하지 않은 친구들과의 약속이나 이메일 연락, 쓸데없는 일 등을 단호하게 거절할 수 있기 때문이다. 이런 것들이 당신의 비전에 도움이 안 된다는 것을 단번에 알아차릴 수 있다. 그러므로 일단 목적지를 알면 당신의 인생에서 최고의 1년을 만들기 위해 행동하게 된다. 최고의 1년이 모여서 최고의 10년을 만들 것이고 어느새 최고의 인생으로 향하고 있을 것이다.

이 연습을 하면서 그동안 버겁다고 느껴왔던 육체적, 정신적 무게로부터 벗어날 수 있다. 그렇게 되면 당신의 시간은 늘어나고 스트레스는 사라질 것이다. 내가 지금까지 만난 성공한 모든 사람은 자신의 인생 방향과 궁극적인 목표를 분명하게 알고 살아간다. 그들의 마음속에는 진정 소중하게 여기는 자신만의 비전이 있다. 이제 당신도 자신의 비전을 만들고 다음 단계로 성장할 시간이다. 자신의 현재 위치를 알고 앞으로 나갈 방향을 안다면 다른 성공 습관들도 쉽게 습득할 수 있다.

폭풍우 속에서도 쓰러지지 않는 힘

다음 중요한 요소로 넘어가보자. 이 요소는 당신의 비전을 현실로 만들어줄 것이다. 목표에 대한 자신의 진짜 이유를 찾는 것이다. 비전을 그저 꿈으로 마음속에 간직하길 바라지 않는다면 당신은 현실화하기 위해 반드시 이 단계를 끝까지 마쳐야 한다. 아래에 이유에 관한 중요한 질문들이 몇 가지 있다. 이 질문들에 꼭 대답해보자.

- 현재 소득 수준에서 더 높은 수준으로 올라가고 싶은 이유가 무엇인가?
- 창업하고 싶은 이유는 무엇인가?
- 회사가 발전하기를 바라거나 현재 직장에서 승진하고 싶은 이유는 무엇인가?
- 왜 직장을 그만두고 싶은가?
- 당신의 부모님이나 배우자가 은퇴하길 바라는 이유는 무엇인가?
- 왜 다이어트를 하는가?
- 인생에서 더 친밀한 관계를 원하는 이유는 무엇인가?
- 왜 인생을 즐겁고 열정적으로 살고 싶은가?
- 인상 쓰기보다 미소 짓는 인생을 살고 싶은 이유는 무엇인가?

자신이 원하는 모든 것을 다 가질 수 있으면 꿈에 그리던 최고의 삶이라고 생각할 것이다. 그런데 정말 그것들을 원하는 이유는 무엇일

백만장자의 아주 작은 성공 습관

까? 사실 당신이 생각하는 것보다 더 진정한 이유는 따로 있다. 진정한 이유는 마음속 깊은 곳에 숨겨져 있다. 지금부터 그 이유를 끄집어내는 방법을 알려주고자 한다. 한번 끄집어내는 순간 절대로 멈출 수 없으니 마음의 준비를 단단히 하자. 나는 이 단계를 밟으면서 눈물을 흘렸다. 어쩌면 당신도 나와 같은 경험을 할 수 있다.

대부분의 사람들이 가진 문제점은 그들이 마음속 깊이 들여다보며 무언가를 그토록 원하는 진정한 이유를 찾으려고 하지 않는다는 데 있다. 안타깝게도 우리의 뇌는 너무나도 강력하기 때문에 마음속에 있는 진정한 이유를 지워버릴 수 있다. 수천 명의 학생들에게 성공하길 바라는 각자의 이유를 물어본 결과 대부분 "경제적 자유를 얻기 위해서 돈이 더 많이 필요해요." "빚을 갚으려면 돈이 더 많아야 해요." "살을 빼서 예뻐 보이고 싶어요."와 같이 대답했다. 실제로 보통 사람들 대부분이 이와 비슷한 대답을 한다. 어떤 대답이든 다 좋은 대답이다. 하지만 깊이 있는 대답이 아니다. 깊은 목적의식 없이는 가장 힘든 시기를 견뎌낼 수 없다. 언젠가 인생에 마치 폭풍우 같은 고통이 찾아왔을 때 자신이 원하는 것을 얻기 위해서는 그 어떤 고통이라도 이겨낼 수 있는 강력한 동기가 필요하다. 과연 '새집을 갖고 싶어.'와 같은 목적이 몰아치는 폭풍우도 무시할 수 있을 만큼 충분한 동기가 될까? '복근을 갖고 싶어'와 같은 동기가 퇴근 후에 몹시 피곤한 몸을 이끌고 헬스장으로 발걸음을 옮기게 할 강력한 이유가 될까? 아마 아닐 것이다! 당신이 쉽게 떠올리는 얕은 수준의 이유보다 훨씬 더 깊은 의미를 부여하면 모든 것이 바뀐다.

나는 깊이 있는 이유의 중요성을 강조하고 싶다. 이 책에서 당신이 빨리 실천하고 싶도록 열망의 불씨를 지필 성공 습관을 알려줄 것이다. 다만 시작하기 전에 기본적인 성공 습관을 갖고 있지 않으면 내가 앞으로 가르쳐줄 모든 것들이 무의미하다. 이제 전보다 훨씬 더 자기 자신에게 솔직해질 준비를 하자. 지금부터 당신의 진정한 이유를 찾아 파헤칠 것이다.

잠재력을 최대치로 폭발시켜라

어떤 사람들은 10달러로 20달러를 버는 법을 알려주어도 성공하지 못한다. 이렇게 아주 간단한 것조차 하지 못하고 기회를 스스로 차버리는 사람들이 있다. 심지어 기회를 날려버렸다는 생각도 하지 못한다. 왜냐하면 두려움이 브레이크로 작동해서 지나치게 자주 속도를 줄이다가 완전히 멈춰 서기 때문이다. 그래서 그들은 모든 난관을 뛰어넘을 수 있는 습관을 기르기 위해 도움이 되는 도구나 전략과 방법을 찾는 데 항상 혈안이 되어 있다. 그러나 이 방법으로는 성공의 문턱에 설 수 없다. 성공을 바로 코앞에 두고서 결국 포기하고 뒤돌아서게 된다. 만일 여러분이 자신의 삶에 100퍼센트 만족한다면 원래 있던 자리에서 삶을 이어나가려고 할 것이다. 그러나 여러분은 자신의 현재 삶에 만족하지 못하고 있지 않은가? 그리고 더 많은 잠재력을 발휘할 수 있고, 타인이 원하거나 지시하는 대로 살 필요가 없다는 사실을 이미 깨달았거나 깨닫는 중이다. 지금 이대로라면 5년, 10년, 25년 뒤에 과거를 되돌아보았을 때 지금껏 매일 똑같이 지루한 일상을 반복하며 살아왔다고 생각할 것이다. 더 이상은 되돌릴 수 없는 소중한 시간을 낭비하고 싶지 않을 것이다.

나는 여러분이 이 책을 읽으면서 영감을 얻길 바란다. 만일 여러분이 일주일 동안 반짝 영감을 얻고 흥분했다가 다시 이전처럼 돌아간다면 내가 제 역할을 하지 못했다는 의미일 것이다. 하지만 무엇이든 철썩 달라붙게 만드는 초강력 접착제처럼 성공 습관이 여러분에게 철썩 달라붙어서 계속 남아 있길 바란다. 그러면 이 책을 마지막으로 더는 성공하는 방법을 찾아 헤매지 않아도 될 것이다.

이같은 성공 습관을 적용해 여러분이 2년 뒤에 모든 잠재력을 남김없이 발휘한 모습으로 지금을 돌이켜봤을 때 못 알아볼 만큼 변화시키는 것이 내가 할 일이다. 그리고 여러분은 모든 잠재력을 남김없이 발휘하는 것이 이번 생에서 해야 할 일이다. 하루하루 자신이 가진 최대한의 잠재력에 도달하는 것이다. 여러분은 나 또는 빌 게이츠, 페이턴 매닝(Peyton Manning, 유일한 NFL MVP 4회 수상한 미식축구 선수-역자), 오프라 윈프리 등 어떤 위대한 사람과도 같을 필요 없다. 그냥 여러분이 될 수 있는 최고의 모습으로 정상에 오르면 된다.

이쯤 되면 용기가 충분히 생겼을 것이다! 이제 여러분은 내가 세상에서 가장 좋아하는 연습에 돌입할 것이다. 가장 힘든 시간을 견디게 해주고 좋은 날을 더욱 더 좋게 만들 수 있는 진정한 이유를 찾는 연습을 시작해보자.

강력한 동기부여를 위한 질문 7가지

최소한 일곱 번 고민하기

8년 전쯤 일을 매우 잘하기로 유명한 컨설턴트 조 스톰프(Joe Stump)를 고용했다. 더 많은 학생들과 독자들이 나처럼 깨달음을 얻고 크게 성장하기를 바랐다. 비록 그를 고용하는 데 적지 않은 비용이 들었지만 그는 나의 제자들과 독자들에게 그만한 가치가 충분한 사람이었다. 그래서 나는 나를 성심성의껏 도와준 그에게 사례를 하고 싶었다. 그러자 그가 이런 말을 했다. "오전에는 내가 당신이 가진 질문과 목표에 대해 상담해주고, 오후에는 반대로 당신이 나를 상담해주면 어떨까요?" 나는 그의 제안에 전적으로 찬성했다. 이미 조로부터 새로운 지식과 지혜를 받아들일 준비가 되어 있었기 때문이다. 한참이 지난 지금도 아직 그와의 첫 만남을 마치 어제 있었던 일처럼 생생하게 기억한다. 우리는 애리조나주 스카츠데일에 있는 오래된 나의 집에서 처음 만났다. 조 스톰프를 소개해주었던 친구 조 폴리시와 팀원 몇 명과 함께 야외 테이블에 둘러앉아 있었다. 나는 이곳을 너무 좋아한다. 여기에는 커다란 수공예품 나무 의자가 있는데 내가 앉으면 등받이가 머리 위로 60센티미터는 더 올라갈 정도로 키가 높다. 의자에 놓여 있는 쿠션은 노란색에 부드러웠고, 커다랗고 아름다운 기다란 토스카나 탁자를 둘러싸고 있었다. 기온이 23도 정도 되는 따뜻한 오후로 야외에서 만나기 딱 좋은 날씨였다. 갑자기 내가 왜 이렇게 재미없는 장면을 설명하는지 의아할 수도 있지만, 아직도 생생하게 기억나는 조와의 만남을 묘사하는 데는 그만한 이유가 있다. 그 만남을 계기로 내 삶이 완전히 달라졌기 때문이다.

테이블 주위에 둘러앉아 있을 때 조가 나에게 이런 말을 한 기억이 난다. "딘, 저를 왜 고용하신 건가요?" 나는 이렇게 대답했다. "저는 사람들에게 성공과 부를 손에 넣을 수 있는 이미 검증된 전략을 가르쳐 줘요. 그런데 정작 행동으로 옮기는 사람들이 많지 않아요. 나는 사람들이 내 책을 읽고 알게 된 내용을 직접 실천하고 그것이 그들의 습관으로 굳어졌으면 좋겠어요. 그래서 모두가 결실을 맺고 이익을 누렸으면 좋겠어요. 수년간 제자들을 위해서 매주 도움이 될 정보를 공유하는 '위클리 위즈덤(Weekly Wisdom)'이라는 프로그램도 운영하고 있어요. 제자들이 나에게 배운 것들을 행동으로 옮길 수 있도록 내가 할 수 있는 일은 다 해봤죠. 하지만 여전히 많은 제자들이 과거의 습관으로 다시 돌아가버려요. 대부분 자신의 힘으로 바꾸려고 하기보다는 상황이 운 좋게 바뀌길 바라죠. 제가 가르치는 것들이 오랫동안 사람들의 습관이 되어서 그들이 조금씩 변화하고 성장하는 자신을 보며 목표에 대한 열정을 잃지 않았으면 좋겠어요. 누구라도 한번 맛을 보면 예전으로 돌아가지 않을 것이라고 확신하거든요. 그럴 수 있도록 당신에게 조언을 구하고 싶어요. 방법이 없을까요?"

"와, 딘! 정말 훌륭해요. 혹시 '7단계 질문법'이라고 들어본 적 있어요?"라고 그는 물었다. 그때 내가 이렇게 말한 기억이 난다. "그게 뭔데요?" 그가 대답했다. "이건 내가 지금까지 한 일 중 가장 원대한 일 같아요. 당신이 사람들을 계속 행동하게 만들고, 전보다 오래 지속할 수 있도록 그들의 동기를 강화해서 많은 이들의 삶을 크게 변화시킬 수 있는 일이에요. 어쩌면 평생 실천하게 만들 수도 있어요." 그 말을 듣고 나는 말했다. "굉장하네요! 지금 바로 알고 싶어요. 당장 알려주세요!"

그러자 조가 말했다. "딘, 미안하지만 그냥 알려줄 수는 없어요. 나는 당신이 처음부터 끝까지 전부 직접 경험해보고 깨달았으면 좋겠어요." 나는 말했다. "조, 그러지 말고 말해줘요. 빨리 알고 싶어요. 전 뭐든 빨리 배우는 편이라 곧장 잘 따라 할 수 있을 거예요. 7단계 질문법이 뭔지 얼른 배워서 나의 제자들과 독자들에게도 알려주고 싶어요." 그러자 그는 더 확고하게 말했다. "안 돼요, 그걸 배우는 방법은 단 한 가지뿐이에요. 직접 해봐야 알아요." 마침내 나는 그의 말에 따르기로 하고 대답했다. "좋아요."

나는 조가 시키는 대로 차근차근 따라 했다. 지금부터 여러분도 친구 또는 동료와 함께 훈련하는 모습을 머릿속에 그려보자. 방법은 아주 간단하다. 먼저 조는 나에게 질문을 했다. 나는 그 질문에 답을 했고 조는 또다시 내가 한 대답에 대해 꼬리질문을 이어갔다. 예를 들어 그는 이렇게 질문했다. "왜 나를 초빙했나요?" 나는 대답했다. "제 학생들을 도울 방법을 배우고 싶어서에요." 내 대답을 듣고 그가 물었다. "당신은 왜 학생들을 도와주려고 하는 거죠?"

이런 식으로 '왜'를 일곱 번 묻고 답하는 훈련을 '7단계 질문법'이라고 부른다. '왜'라는 질문을 일곱 번 하면 단순히 겉으로 드러나는 표면적인 목적에 그치지 않고 자신도 인식하지 못했던 내면의 진정한 목적을 찾을 수 있다. 이 방법이 어떻게 여러분을 원하는 곳으로 데려다 줄 수 있는지 정확히는 모른다. 그러나 확실한 것은 일곱 번 파헤치면 여러분이 원하는 삶이 무엇이든 전부 가능하다는 것이다.

조는 내 앞에 종이 한 장을 들고 앉은 후에 말했다. "아까 왜 나를 불렀냐고 질문했었죠. 당신은 제자들과 독자들이 당신의 가르침에 더 적극적인 태도를 취하며 스스로 인생을 바꿀 수 있도록 도움을 주고 싶어서라고 대답했고요. 훌륭한 대답이에요. 딘, 그러면 이제 다음 질문을 할게요. 제자들이 더 적극적으로 동참하고, 더 잘 이해하고, 시련을 극복하고, 끝까지 행동으로 옮겨서 마침내 성공하는 것이 왜 당신에게 중요한 일인가요?"

잠시 생각하고 대답했다. "왜냐하면 너무나도 많은 사람들이 평범한 일상의 틀에 갇혀 있어요. 그들에게 분명 도움이 되는 인생의 전략을 알려주고 있지만 모두가 그 전략을 활용하지는 않죠. 내가 하고 싶은 일은 단순히 영업사원처럼 책이나 팔거나 아무렇게나 정보를 흘려 돈을 벌고자 하는 일이 아니에요. 내가 발견한 좋은 방법으로 사람들이 새로운 삶의 방식에 눈을 뜰 수 있게 하고 싶어요. 그래서 나중에 우리 가족에게 자랑스러운 업적을 남기고 싶어요."

"정말 훌륭한 생각을 갖고 있네요, 딘. 처음에는 제가 딘에게 저를 고용한 이유에 대해 물었고 당신은 제자들이 성공할 수 있는 기술을 실천할 수 있게 돕고 싶다고 했어요. 제자들이 성공하는 일이 중요한 이유는 위대한 업적을 남기고 싶기 때문이었고요. 맞나요? 그러면 딘, 왜 업적을 남기고 싶어요?" 나는 또 잠시 생각한 후에 말했다. "여러 강연이나 책을 보면 터무니없는 내용을 가르치는 경우가 많아요. 저는 강연을 하고 책을 내는 사람들이 쓸모없는 것을 대단한 비법인 것처럼 말할 수 없도록 업계 수준을 아주 높이고 싶어요. 노력해서 자신들의 수준을 높이거나 그렇게 하지 않는 이상 이 일에 발도 못 붙이도록 말이에요. 그렇다고 오해하지는 마세요. 제 친한 친구이자 강사로 일하는 토니 로빈스(Tony Robbins), 웨인 다이어(Wayne Dyer), 에크하르트 톨레(Eckhart Tolle), 브렌든 버처드(Brendon Burchard), 데이비드 바크(David Bach) 등 많은 강사들이 저와 수백만 명의 삶에 아주 긍정적인 영향을 미쳤어요. 하지만 말만 번지르르한 경우도 엄청 많다는 사실을 알죠. 나는 그런 이야기를 하는 사람들이 스스로 공부해서 수준을 높이지 않을 것이라면 차라리 업계에서 퇴출당했으면 좋겠어요."

내 대답을 가만히 듣던 조가 말했다. "이번에도 정말 훌륭한 대답이었어요. 지금까지 한 대답 중 잘못되었거나 틀린 답은 없어요. 전부 다 좋았어요." 당시 이 말에서 내가 깨닫지 못한 것이 있었다. 내가 한 모든 대답들이 좋은 대답이었지만 여전히 내 머리에서 나온 답일 뿐이라는 것이었다. 즉, 내가 왜 그 일을 중요하게 생각하고 왜 그 일을 하고 싶어 하는지 진정한 이유를 아직 발견하지 못했던 것이다. 조가 원하는 것은 가슴 속 깊이 숨어있는 진정한 이유이다. 조는 내가 스스로 그 이유를 발견할 때까지 묻고 또 물었지만 나는 그에게 계속 머릿속에 들어있는 답만 준 것이다. 그렇다고 내가 깊이 고민하지도 않고 생각나는 대로 불쑥 대답한 것은 아니다. 나름대로 매 질문마다 신중하게 고민해서 대답했다. 그러나 아직 진정한 이유에 근접하지는 못했다.

네 번의 질문에 답을 한 후 3단계를 남겨두고부터는 기억이 또렷하게 나지 않는다. 하지만 그가 그 다음에도 내가 한 대답에 대해 "그게 딘에게 왜 중요해요?"라고 질문한 것은 확실하다. 그리고 나는 또 대답했다. 그런데 이번 질문에 대한 답을 말하는 순간 깜짝 놀랐다. 나의 대답이 "절대로 과거로 돌아가고 싶지 않아요."였기 때문이다. 지금까지 했던 대답들과의 차이를 발견했는가? 다섯 번째 대답에서 나는 마침내 보다 근본적인 이유를 말했다. '왜'라는 질문을 자기 자신에게 일곱 번 던질 때 벌어지는 가장 놀라운 점은 머리에서 나오던 이유가 비로소 마음 속 깊은 곳에서 나오게 된다는 것이다. 내 머리가 아니라 내 마음이 말을 하고 있다는 것을 느낄 수 있었다. 나도 모르게 자세를 고쳐 앉았고 대답하는 목소리 톤도 달라졌다. 마음이 말을 하기 시작하자 몸에 큰 변화들이 생기면서 차이를 깨달을 수 있었다. 눈물이 차올라 흘러내리려고 했지만 직원들이 옆에서 지켜보고 있었기 때문에 참으려고 애썼다. 오늘 처음 만난 조가 이번에는 내 코앞으로 바짝 다가와서 눈을 똑바로 쳐다보며 물었다. "과거로 돌아가지 않는 것이 왜 중요한가요?"

나는 파산하고 돈 한 푼 없이 산다는 것이 어떤 일인지 너무도 잘 안다. 남이 입던 헌옷을 입을 때 어떤 기분인지, 냉장고가 텅 비어 있을 때면 어떤 심정인지, 노숙자 생활이 어떤 것인지 누구보다 잘 안다. 왜냐하면 어릴 때 모두 경험했기 때문이다. 내가 기억하기로 열한 살이었을 때였다. 아버지와 함께 살게 되면서부터 작은 화장실에서 잠을 자며 살았다. 아버지가 고쳐 살려고 했던 이 집은 난방이 되지 않아 집에서 가장 작은 공간인 화장실이 가장 덜 추웠기 때문이다. 난방 없이 보내는 뉴욕 주 북부 지역의 겨울은 혹독했다. 하나 남아 있던 전기 히터라도 켜기 위해 화장실 손잡이를 떼어내고는 그 구멍으로 전선을 연결해 코드를 꽂았다. 그리고 화장실 안에 들어놓은 작은 매트리스 위에서 아버지와 함께 잠을 잤다. 아침에 등교할 때 탔던 차도 히터가 고장나서 몸이 꽁꽁 언 채로 학교에 갔다. 심지어 차 문짝은 떨어지지 않도록 밧줄로 단단히 묶어놓고 달렸다. 나는 학교 친구들에게 이 모습을 절대 들키고 싶지 않았다. 그래서 내가 얼마나 가난한지 친구들이 모르게 하려고 항상 학교에서 멀찍이 떨어진 곳에 내렸던 기억이 난다. 나는 심리적으로 항상 불안한 상태였고 친구들과도 잘 어울리지 못했다. 다시는 그때로 돌아가고 싶지 않다.

여러분보다 내가 더 힘들었다는 말을 하고 싶은 것이 아니다. 내가 어머니와 아버지가 은퇴하시도록 도와드리기 전까지 두 분은 항상 힘들어하셨다. 힘들어하시는 부모님을 보면서 내가 다른 사람에게 도움을 주기는커녕 나 자신조차 도울 수 없다는 것이 얼마나 비참한지 생생하게 기억한다. 그렇기 때문에 너무나도 가난했던 어린 시절로 절대 돌아가고 싶지 않았다.

이 모든 이야기를 하며 감정이 벅차오른 나를 조가 바라보았다. '드디어 나의 진정한 이유를 찾았어!' 나는 마음속으로 생각했다. 하지만 질문은 아직 두 개가 남아 있었다. "딘, 당신은 왜 과거로 돌아가고 싶지 않은 거죠?" 조가 여섯 번째 질문을 던졌다.

더 이상 눈물을 참을 수 없었다. 눈물이 빗물처럼 내 뺨을 타고 흘러

백만장자의 아주 작은 성공 습관

내렸다. 사랑하는 내 아이들이 가장 먼저 떠올랐다. "이제 알 것 같아요. 내 진정한 이유가 무엇인지 알겠어요. 내가 어릴 적 갖지 못했던 선택의 기회를 내 아이들에게는 꼭 주고 싶어요."라고 대답했다.

나는 아들딸이 인생에서 자신이 가고 싶은 길을 선택할 수 있고 최고의 사람으로 성장할 수 있는 능력을 갖추기를 바랐다. 아이들만큼은 나처럼 돈 걱정에 시달리지 않길 원했다. 안정적인 기반 위에서 교사든 우주 비행사든 록 밴드 가수든 요가 강사든 아이들이 하고 싶은 일이라면 무엇이든지 할 수 있기를 바랐다. 나는 내가 자라면서 단 한 번도 느끼지 못했던 자유를 아이들만큼은 마음껏 누리게 해주고 싶었다. 부잣집에서 부족한 것 없이 풍족하게 자라 버릇없는 아이들로 키우고 싶다는 말이 아니다. 최소한 자신이 원하는 모습이 될 수 있는 선택권을 주고 싶다는 말이다. 혹여나 의도치 않게 부유한 가정환경 속에서 자라다 보면 아이들의 버릇이 망가질 수 있고 스스로 어떠한 판단이나 결정도 내리지 못하게 될까 봐 최선을 다해 경계하고 있다. 나는 아이들에 대한 마음을 입 밖으로 꺼낼수록 점점 감정이 벅차올랐다. 조에게 말했다. "내가 이 일에 이토록 열정을 가지고 있는 이유를 찾았어요. 바로 아이들이에요!" "그런데 나는 딘이 아이들이 생기기 전에도 정말 열심히 일했을 것 같은데, 아닌가요?" 조가 말했다. 그의 반문은 내 허를 찔렀다. 맞는 말이었다. 난 아이가 생기기 전에도 이 일에 정말 열심이었다. 나는 한 번 더 답을 찾기 위해 잠시 고민에 빠졌다.

그러는 동안 조가 말을 이어갔다. "딘, 이야기를 들려줘서 고마워요. 하지만 아직 진정한 이유를 확실하게 찾지는 못했어요. 다시 물어볼게요. 당신의 아이들이 선택권을 가지는 게 왜 중요한가요?" 그러자 그가 내 마음속 깊은 곳에서 끄집어내려고 했던 진정한 이유가 기적처럼 드러났다. 마침내 내 입에서 툭하고 튀어나왔다. "내가 상황을 통제하고 싶어서요."

나는 그전까지 통제하고 싶다는 생각이나 말을 단 한 번도 한 적이 없었다. 놀랍게도 이 말을 하는 순간 내 안의 열정이 마구 솟아오르는 듯한 느낌을 받았다. 이제야 내 삶의 근본적인 목적을 깨달았다. 내가 성공의 사다리에서 한 단계 더 올라가고 싶어 하는 이유, 내가 사업을 시작한 이유, 내가 청소년기에 땔감을 만들고 부서진 차를 고친 이유, 수백만 가구의 대문을 두드리면서 스무 살이 되기 전에 첫 부동산 거래를 성사시킨 이유를 드디어 찾은 것이다. 이제 모든 것이 이해가 되었다. 나는 내 인생을 통제하고 싶었던 것이다. 내 삶을 내가 원하는 대로 통제하고 싶었다.

내 부모님은 이혼 후 각자 네 번의 재혼을 해 합치면 총 아홉 번의 결혼을 했다. 사실 내가 이 책을 쓰는 지금 아버지는 또 다른 여성과 약혼을 했기 때문에 머지않아 열 번으로 바뀌게 될 것이다. 그로 인해 나는 자라면서 이사를 수없이 많이 다녔다. 열아홉 살 때까지 다닌 이사만 해도 스무 번이다. 어린 시절 내 의지와는 무관하게 계속 새로운 이복형제들과 조부모님이 생겼고, 내 의견은 무시된 채 항상 이사를 다녀야 했다. 살면서 내가 할 수 있는 일은 없다고 생각했다. 내가 좋아하는 아파트에서는 집세를 못 내서 쫓겨난 후 할머니 집으로 들어갔고, 그곳이 좋아지려고 하자 일 년도 안 되어서 새아버지 또는 새어머니와 살기 위해, 때로는 침입자라고 나를 싫어하던 새 이복형제자매와 살기 위해 다른 곳으로 떠나야 했다. 그때마다 집만 옮긴 것이 아니라 매번 전학도 가야 했고, 새 학교에서 새로운 친구를 사귀고, 다시 짐을 싸서 다른 곳으로 이사를 가는 일의 무한반복이었다.

일곱 번째 '왜'는 깨달음의 순간이었다. 나는 다른 사람이 나에게 옷 입는 방식과, 사는 곳, 자녀 양육 방식까지 간섭하길 원치 않는다. 밥 먹는 장소, 나의 역할, 나의 시간 사용법, 나의 수입에 대해 어느 것 하나도 간섭하길 원치 않는다. 내가 내 인생을 원하는 대로 통제함으로써 나에게 힘을 주고, 기쁨을 주고, 내가 살아 있다는 느낌을 주는 결정을 내리고 싶다. 이렇게 내 삶의 어떤 부분도 타인에게 빼앗기고 싶지 않다는 사실을 마지막 '왜'에 대한 답을 찾는 순간에 깨달은 것이다. 일곱 번 '왜'를 고민하고 답을 한 결과 비로소 나의 진정한 이유를 찾았고, 나의 비전은 그 어느 때보다 분명해졌다.

선행을 베푸는 한 남자의 이유

나는 매년 달에 한 번 꼴로 강연을 해왔다. 강연을 위해 무대에 설 때마다 거의 빼놓지 않고 7단계 질문법을 가르쳤다. 무작위로 청중 중 한 명을 선택해 무대 위로 불러올려 이 훈련에 참여시켰다. 지금까지도 이렇게 참여한 사람들의 이야기를 모두 기억한다. 그중에 무척 인상적이었던 한 사람이 떠오른다.

그는 나보다 거의 두 배나 큰 몸집에다 레게 머리를 한 키 크고 멋진 남성이었다. 무대 위로 올라와서는 나를 감싸 안으며 번쩍 들어 올렸다. 나는 공중에 떠 있는 채로 그를 내려다보며 말했다. "무대 위로 모시게 되어 기뻐요." 이 말을 하면서 그에게 마이크를 넘겼다. 청중들은 가만히 앉아서 그를 쳐다보았고, 다음에 무슨 일이 벌어질지 기다리고 있었다. "당신은 왜 이 강연에 왔나요? 왜 돈을 쓰면서까지 인생을 한 단계 발전시키는 방법을 배우려고 하는 건가요?"라고 그에게 계속해서 질문을 던졌다.

그의 첫 대답은 대다수가 그렇듯 지극히 전형적인 대답이었다. 말하자면 경제적 자유를 얻고 싶다는 식의 답변이었다. 그래서 경제적 자유가 그에게 왜 중요한지 다시 질문을 했다. 그리고 예상치 못하게 그의 두 번째 대답은 꽤 깊이 있는 대답이었다. "딘, 내가 사는 동네에는 아버지들이 많이 없어요. 대부분 교도소에 수감 중이거나 아이들을 버리고 떠나버렸죠." 그는 이어서 말했다. "아이들에게 아버지 같은 사람이 되려고 노력하고 있어요." 세상에 이보다 더 훌륭한 이유가 있을 수 있을까? 정말 놀라운 이유였고, 놀라운 동기였다. 이러한 목적이 뚜렷하다면 어떻게 힘이 안 나고 영감을 얻지 않을 수 있겠는가! 그는 그의 꿈을 현실로 만들기 위해 그 강연에서 힘을 얻고, 빨리 성공할 수 있는 방법을 배워서 돈을 더 많이 벌 생각이었다.

그러나 나는 경험해보았기 때문에 이것보다 더 깊이 파헤칠 수 있다는 것을 알았다. 그래서 그에게 왜 그것이 중요한지 또 이유를 물었다. 그러자 그는 이번에도 좋은 답을 말했다. 그리고 나는 계속해서 그에게 대답의 이유를 묻고 또 물었고, 그가 내놓은 모든 대답은 훌륭했다. 그렇지만 아직은 모두 그의 머릿속에서 나온 대답이었다. 이제 마지막 두 번의 질문을 남겨두었을 때 나는 그의 마음의 변화를 알아챘다. 그의 얼굴에서는 미소가 점차 사라졌고, 손과 입술이 떨리기 시작했다. 그가 마음에서 우러나온 진심을 말하기 시작했다. 나의 눈을 정면으로 쳐다보면서 말했다. "딘, 이 이야기를 여기 모인 많은 사람들 앞에서 공유한다니 믿을 수가 없어요. 몇 년 전에 어머니가 돌아가셨고, 당시 저는 마약 중독자였어요. 아들로서 어머니에게 엄청난 실망감을 안겨드렸다고 생각했죠. 어머니는 저를 착하게 기르기 위해 애를 정말 많이 쓰셨어요. 그럼에도 불구하고 불효자인 저는 끝내 실망스러운 모습으로 어머니의 마지막을 지켜드렸어요. 어머니가 돌아가신 후에야 마약을 끊고 정신을 차렸어요. 그리고 이 목표를 향해 열심히 일하고 있어요."

그러고 나서 그는 말했다. "하늘나라에 계신 어머니께 지금이라도 세상에 긍정적인 영향을 미치는 훌륭한 아들을 기르셨다는 걸 보여드릴 거예요." 청중들은 눈물을 흘리면서 열광적으로 응원의 박수를 보냈다. 그가 마침내 진정한 이유를 찾은 것이다! 엄청난 이유였다! 그는 인생에서 가장 힘든 나날들을 보내게 되더라도 그 이유 하나로 묵묵히 버텨낼 수 있을 것이다. 이제는 자신의 현재 위치를 알고 있을 뿐만 아니라 앞으로 자신이 향할 목적지와 그 목적지에 도달하려는 이유까지도 명확하게 알게 되었기 때문이다.

여러분이 행동에 이유를 달면, 단지 하나의 좋은 생각으로 그치는 것이 아니라 마음이 움직이게 되고 인생과 목표로 연결된다. 그 결과, 여러분의 목표가 영혼의 일부이자 마음의 일부가 된다. 힘겨운 하루를 보내는 그가 자기 자신과 대화하는 모습을 상상해보자. 더 이상 "사람들에게 좋은 본보기가 되려면 열심히 일해야 해."라고는 말하지 않을 것이다. 물론 그것도 좋은 이유이지만, 가장 힘겨운 날 그가 계속 전진하게 할 만큼 충분한 에너지를 주지는 못할 것이다. 그의 대화는 이렇게 전개될 것이다. "나는 사무실에 가서 정말 열심히 일할 거야. 왜냐하면 하늘나라에 계신 아름다운 내 어머니에게 이 땅에서 훌륭한 아들을 키웠다는 것을 꼭 보여드리고 싶기 때문이야." 정말 강력한 동기부여가 되지 않겠는가! 이러한 그의 이유가 그의 성공에 미칠 영향을 생각해보자. 그러고 나서 여러분의 이유가 여러분의 인생에 얼마나 큰 영향을 미칠지 생각해보자.

삶의 진정한 목표를 찾아라

여러분은 어떠한가? 아마도 아직 잘 모를 것이다. 장담컨대 여러분도 자기만의 이유를 찾을 필요가 있다. 힘든 하루를 보낼 때, 원하는 대로 일이 풀리지 않을 때, 새로 시작한 사업이 실패했을 때, 인간관계가 틀어질 때, 자녀에게 실망했을 때, 여러분을 계속 살아가게 하는 것은 무엇인가? 경제적 자유인가? 그것만으로는 충분한 이유가 되지 않는다. 여러분은 표면적인 이유가 아니라 이유의 뿌리를 찾아 자신의 마음속 깊은 곳을 들여다봐야 한다. 그곳에 있을 삶의 근본적인 목적과 가치를 찾아야 한다. 이 책을 읽는 이유는 무엇인가? 만약 부자가 되고 싶어서 이 책을 읽는다면 당신은 왜 부자가 되고 싶은가?

그 이유를 찾게 되면 절대로 길을 잘못 들지 않는다. 그리고 앞으로

갈 수 있는 엄청난 추진력을 얻게 될 것이다. 내 말을 들어보자. 현재 소득, 일상, 안정감 등 지금의 삶을 누리고 있는 나는 축복받은 사람이라고 생각한다. 과연 나라고 힘든 날이 없었겠는가? 나 역시 처음부터 지금과 같은 행복과 성공을 이루지는 못했다. 누구든 마찬가지일 것이다. 자신의 현재 소득이 얼마이고 어느 정도의 경제적 수준을 갖고 있는지는 중요하지 않다. 궁극적인 나만의 이유가 힘든 시기에 나를 옳은 길로 인도했고 쓰러지지 않도록 지탱시켰다. 힘든 하루를 보낼 때, 다 포기하고 싶은 생각이 들 때, 내 삶의 '진정한 이유'를 마음에 새기면 절대 그만두지 않을 것이다. 왜냐하면, 나는 절대로 과거로 돌아가지 않으리라는 것, 나의 아이들에게 안정감을 주고 싶다는 것, 그리고 항상 나의 인생을 내 마음대로 통제하고 싶다와 같은 나만의 강한 열망을 깨달았기 때문이다.

7단계 질문법을 통해 이유를 찾아가는 훈련은 백만장자에게 제일 중요한 성공 습관이자 모든 성공의 근간이 된다. 이 훈련은 일 년에 네 번씩 주기적으로 하는 것이 좋다. 여러분이 자신의 이유를 알게 되면 행동으로 이어질 수 있도록 이 이유를 최소한 100가지 방식으로 유용하게 사용할 것이다. 그리고 이것이 일상적인 성공 습관의 하나로 자리 잡을 것이다.

혼자서 이 과정을 진행해도 문제는 없지만 다른 사람과 하는 것이 좋다고 생각한다. 동료와 함께 할 때 훨씬 더 효과적이기 때문이다. 왜냐하면 연습을 게을리 하지 않을 수 있다. 그 연습을 진지하게 생각하면서 당신이 말한 내용을 메모하겠다는 의지가 있는 파트너를 찾으면 더욱 좋다. 당신이 『백만장자의 아주 작은 성공 습관』과 같은 책을 읽는 이유를 간단히 물어보고 상대방이 대답하는 것으로 연습을 시작해 보자. 그다음 내가 제시한 순서대로 일곱 가지 이유를 계속 물어보자. 다섯 번도 아니고 아홉 번도 아니고 정확히 일곱 번이다. 나는 지금까지 수년 동안 이 연습을 하고 있다. 놀랍게도 할 때마다 항상 효과가 있다. 내가 이 연습을 청중과 함께 하면, 그 자리에 있는 사람 중 절반은 훈련이 끝날 때쯤 눈물을 흘린다. 그들이 왜 그 자리에 있는지, 나의 강연을 듣는 마음속 깊숙이 숨겨진 이유가 무엇인지 깨달았기 때문이다. 이 연습을 끝낼 때 이 책을 읽는 이유와 더 많은 것을 갈망하는 이유, 그리고 여러분이 진정한 잠재력을 발휘하고 싶어 하는 이유를 알게 될 것이다.

여러분은 여기까지 왔다. 이제 진정한 부와 번영에 필요한 가장 중요한 성공 습관 한 가지를 가지게 되었다. 여러분이 어디에 있는지, 어디로 가고 싶은지, 왜 가고 싶은지를 알면, 이제 남은 일은 하나뿐이다. 어떻게 그곳에 도달할 수 있을까? 좋은 소식은 내가 지난 1년간 그 방법을 여러분에게 알려주기 위해 이 책을 썼다는 사실이다. 내가 여러분의 인생이 다음 단계로 나아갈 수 있는 로드맵을 제시해줄 것이다.

먼저 여러분의 내면에는 악인이 숨어 있는데 그 악인은 여러분의 목표 달성을 막기 위해 노력하고 있다는 것을 알고 있어야 한다. 이 악인은 자기 의심과 내적 저항에 의해 만들어졌으며 줄곧 여러분의 발목을 잡아왔다. 그리고 앞으로도 계속 그대로 둔다면 여러분이 앞으로 나아가지 못하게 막을 것이다. 지금부터는 외부 세계에 의해 이 악인이 어떻게 만들어졌으며, 악인을 어떻게 감별할지, 궁극적으로 악인을 어떻게 없앨지 보여줄 것이다. 그리고 이를 위해 우리는 내면의 영웅을 깨울 것이다.

●

당신은 왜 성공하고 싶은가? 인생에서 무엇이 중요한지 생각해보자.
마지막에 대답한 것이 당신이 성공하고 싶은 진짜 이유다.

| 7단계 질문법 |

1 딘, 이 책을 왜 쓴 건가요?

▶ 성공을 향한 좋은 길을 발견하고 더 좋은 습관을 발견할 수 있게
   도움을 줘서 백만 명의 사람들의 인생을 바꾸기 위해서죠.

2 왜 당신은 백만 명의 삶을 바꾸고 싶어 하죠?

▶ 다른 사람을 위해 봉사하고 도움을 주는 것은 정말 엄청난 기분이
   들거든요.

3 다른 사람들을 위해 봉사하고 도울 때 왜 엄청난 기분을 느낄까요?

▶ 더 많은 성공한 기업들이 탄탄한 원칙과 가치를 기반으로 하게 돼
   서요.

**4 원칙과 가치를 토대로 한 비즈니스 운영이 당신에게 왜 중요한가
    요?**

▶ 우리 가족이 자랑스러워할 업적을 남기고 싶기 때문이에요.

5 가족을 위해 업적을 남기는 게 당신에게 왜 중요한가요?

▶ 나는 절대로 과거로 돌아가고 싶지 않아요. – 어린 시절 가난이
   너무 싫었어요.

6 왜 절대로 어린 시절로 돌아가고 싶지 않은가요?

▶ 나에게는 그 어떤 것도 선택할 기회가 없었어요. 하지만 내 아이

들에게는 뭐든 선택할 수 있는 삶을 주고 싶어요.

7 당신이 결코 가져보지 못한 선택권을 당신의 자녀들이 가지는 것이 당신에게 왜 중요한가요?

▶ 내 인생이니까 내가 원하는 대로 통제하고 싶기 때문이에요. 내가 정한 조건으로 나의 삶을 살고 싶어요. 그리고 내 선택에 따라 자유로워지고 싶어요.

| 7단계 질문법 연습 |

1 당신이 성공하는 데 무엇이 중요한가? 왜 성공하고 싶은가?

▶

2 1번에서 답한 것이 왜 중요한가?

▶

3 2번에서 답한 것이 왜 중요한가?

▶

4 3번에서 답한 것이 왜 중요한가?

▶

5 4번에서 답한 것이 왜 중요한가?

▶

6 5번에서 답한 것이 왜 중요한가?

▶

7 6번에서 답한 것이 왜 중요한가?

▶

백만장자의 두 번째 습관:
기회를 만드는
긍정의 힘

3장

기차를 타고 있다고 상상해보자.

그 기차에는 여러분의 가족과 가까운 친구들이 함께 타고 있다.

고개를 돌려 주변을 둘러보니 여러분에게 독이 되는 사람 몇 명을

발견했다. 여러분의 열정과 의지를 갉아먹는 그들과

같은 칸을 타고 있다. 이제 어떻게 해야 할까?

여러분이 할 수 있는 일은 오직 한 가지뿐이다.

바로 다음 역에서 정중히 그들을 내리게 하는 것이다.

—아리아나 허핑턴(Arianna Huffington), 허핑턴 포스트의 설립자

불행한 삶으로 이끄는 악마의 속삭임

부정적인 목소리의 실체

대부분의 삶 속에는 내면의 악인이 존재한다. 그들은 다양한 형태로 모습을 숨기고 있다. 사실 어떤 형태를 취하고 있는지는 그다지 중요하지 않다. 주목해야 할 점은 누구나 내면의 악인을 품고 있다는 점이다. 그렇다면 내면의 악인이란 정확히 누구를 가리키는 것인가? 그들은 대부분 자기 의심을 하는 형태로 존재한다. '넌 할 수 없어.' 또는 '네가 그럴 자격이 있다고 생각해?' 이와 같은 부정적인 내면의 목소리가 우리로 하여금 자신의 인생을 더 나은 방향으로 움직이지 못하도록 막는다. 행복한 인생을 위해 행동하지 않도록 설득하며 자주 내 발목을 잡는다. 이렇게 내면에서 나오는 부정적인 목소리를 나는 내면의 악인이라고 부른다.

그들은 아주 은밀하게 나쁜 일을 계획한다. 우리의 마음속 깊은 곳에 숨어 있기 때문에 평소에 관심을 갖고 들여다보지 않으면 알아차리기 어렵다. 그래서 존재조차 모르는 경우가 일반적이다. 내면의 악인은 처음에는 인생에 해로운 영향을 끼치지 않을 것처럼 보이던 몇몇 외부 요인들에 의해 만들어진다. 그래서 자신도 모르는 사이에 마음속에 자리를 잡고 몸집을 키워가기 때문에 더욱 위험한 존재이다. 잠시후에 이러한 외부 요인을 해결할 방법을 알아볼 것이다.

비록 여러분은 아직 깨닫지 못했겠지만 내면의 악인은 우리 마음속에 투명한 벽을 만들어낸다. 나도 모르는 사이에 어느새 내가 성취하고 성장할 수 있는 한계가 정해져 있다. 심지어 내면의 악인은 마음속에 한번 자리를 잡는 순간 다양한 내부적 요인으로 인해 깊이 뿌리를 내리고 나가지 않는다. 이런 의문이 들었던 적 있는가? 왜 전보다 더 바쁘게 일하고, 삶은 더 빨리 돌아가고, 지금 더 열심히 사는데도 인생은 한 단계 더 발전하지 못했을까? 내면의 악인이 당신에게 해가 되는 행동을 하고 있는데 당신은 그 사실을 모르고 있기 때문이다. 이제부터 우리는 내면의 악인을 완전히 수면 위로 끌어올려서 그들의 존재를 확인할 것이다.

당신은 어떤 늑대에게 먹이를 주는가?

어느 나바호족 할머니가 매일 서로 싸우는 늑대 두 마리의 이야기를 손자에게 들려준 우화를 들은 적이 있다. 할머니가 손자를 불러놓고 이야기를 시작한다. "늑대 한 마리는 질투심이 넘쳤고 아주 사악하고 궁핍한 마음을 가졌어. 그 늑대는 세상의 모든 일을 다 불만스럽게 생각했지. 사람은 대부분 나쁘고, 좋은 일 따위 하나 없는 삭막하고 차가운 존재라고 생각했어. 보다시피 매우 부정적이고 회의적인 동물이었어. 항상 물컵이 반은 비어 있다는 식의 비관적인 생각을 가졌지. 이러한 점을 미루어 볼 때 그 늑대에게 좋은 일이란 단 한 번도 없었다는 점을 충분히 짐작할 수 있을 것이다." 할머니가 손자에게 말했다." 하지만 너의 마음속에는 또 다른 늑대가 살고 있단다. 첫 번째 늑대와 다르게 공감을 잘하며 사랑과 온정이 넘치고, 긍정적인 마음을 가지고 있어. 그래서 온 마음을 다해 노력하면 못할 일이 없다고 생각했단다. 이 늑대는 물컵이 반이나 찼다는 식으로 늘 모든 사물의 밝은 면을 보며 긍정적으로 생각했지. 손자가 할머니를 바라보면서 말했다. "할머니, 그럼 어느 늑대가 싸움에서 이기나요?" 할머니가 대답했다. "네가 먹이를 주는 늑대가 이긴단다. 네가 준 먹이를 먹는 늑대가 이기게 돼."

이 우화는 모든 사람에게 적용되는 보편적인 이야기다. 우리는 모두 마음속에 나쁜 늑대, 즉 내가 말한 악인이 살고 있으면서도 다른 한편으로는 악인의 구속으로부터 구해줄 영웅도 함께 존재한다. 이 책에서 나는 내면에 숨겨진 악인을 밖으로 들춰내는 방법과 내면에 악인이 생기는 과정, 그리고 악인을 없애는 방법까지 모두 알려줄 것이다. 내면의 악인이 사라지면 일과 가정에서 얼마나 많은 것들을 성취할 수 있을지 당신은 상상도 못할 것이다.

당신의 에너지를 빨아먹는 기생충

몇 년 전, 한 남성이 불쌍한 사람들을 돕는 자원봉사 활동에 참여하기 위해 남미에 있는 제3세계 국가로 여행을 떠났다. 감동적인 여행을 마친 그는 자신의 삶에서 누리는 것들이 얼마나 감사한 일인지 뼈저리게 깨달았다. 앞으로는 열정적인 마음으로 열심히 살겠다는 결심을 하며 미국으로 귀국했다. 그런데 돌아오자마자 기운이 없고 아프기 시작했다. 50대였던 그는 나이 탓이라고 생각하며 어쩔 수 없다고 생각했다. 몇 주 후에는 결국 자신이 좋아하는 활동들을 그만두었다. 취미로 하던 농구와 활발하게 하던 사회활동도 모두 중단했다. 그렇게 그는 과도한 열정을 자제하고 나이에 맞게 살자고 마음먹었다.

사실 그는 여행 중 남미 정글을 방문했을 때 위험한 기생충에 감염되었다는 사실을 전혀 모르고 있었다. 그때부터 이 기생충은 그의 몸속에서 자라면서 영양분을 빨아먹고 있었다. 매일 그의 에너지를 갉아먹고, 삶의 질을 떨어뜨렸다. 그는 자신의 몸속에 자신을 해치는 기생충이 살고 있다고는 꿈에도 생각하지 못했다. 결국 병원에 가서야 기생충을 발견해 약을 먹고 없앨 수 있었다. 그는 다시금 삶에 감사한 마음을 가지게 되었다. 이 경험을 통해 그는 인생을 기존과 다른 시각으로 바라볼 수 있게 되었다. 앞으로는 무슨 일이든 해낼 수 있을 것만 같았다!

3장에서 앞서 말한 내면의 악인은 바로 당신의 몸속에 사는 기생충과도 같다. 기생충처럼 몸에서 직접적으로 영양분을 빼앗지는 않지만 당신이 마땅히 누려야 할 삶의 질을 도둑질하기 때문이다. 열정적인 에너지와, 자신감, 즐거움 등 긍정적이고 활기찬 기운을 빼앗아감으로써 인생에 대한 당신의 열정을 식게 만든다. 우리는 내면의 악인이 만들어지게 된 원인과 악인을 없앨 방법을 반드시 알고 그로부터 벗어나야 한다. 지금부터 내가 그것에 대해 간단명료하게 보여주고자 한다. 여기에서 다루는 내용은 성공의 기회를 놓치게 만드는 주범인 자기 의심과 비관적 목소리라는 병을 없애기 위해 약을 처방받는 것과 같다.

지금이라도 악인을 몰아내지 못한다면 이 악인은 당신에게 계속해서 피해를 줄 것이다. 당신의 자신감을 끊임없이 갉아먹을 것이다. 자신감이 떨어지면 발전할 수 있는 능력에도 해를 끼친다. 자신감이 바닥일 때 뛰어난 행동을 했거나, 매상을 올렸거나, 멋진 데이트를 했거나, 승진을 했거나, 새로운 일에 도전한 적이 있는가? 아마 한 번도 없을 것이다. 최고의 하루, 최고의 매출, 최고의 데이트를 떠올려보자. 그런 일들은 자신감이 넘치고 모든 일이 다 가능해 보일 때 실현되었다. 당신의 내면에 있는 독소를 찾아내어 깨끗이 씻어버리면, 자신감은 다시 회복될 것이다.

현대인 90퍼센트가 앓는 후유증

성공을 앗아가는 기생충을 키우는 외부 요인이 무엇인지 알아보자. 첫 번째 요인은 뉴스를 보는 것이다. 생각해보자. 우리는 백해무익한 뉴스를 계속 보고 들으면서 자란 세대이다. 매일 매 순간 우리의 뇌는 전쟁, 가난, 경제위기, 재난, 사건사고, 범죄, 질병으로 인한 고통에 대한 뉴스 폭격을 받고 있다.

1950년대에는 〈타임〉 표지의 90퍼센트는 긍정적인 어조와 긍정적인 내용이었다. 그런데 〈타임〉은 부정적인 내용일수록 판매 부수가 올라간다는 놀라운 사실을 알게 된다. 긍정적인 기사보다 부정적인 기사가 독자의 관심을 끄는 데 30퍼센트 더 효과적이라는 것이다. 매우 부정적으로 느껴지는 문구의 경우 긍정적인 문구보다 무려 63퍼센트나 평균 클릭률이 더 높았다. 부정적인 콘텐츠는 단순히 편집장의 결정으로 이루어지는 어조나 표현의 결과물만은 아니다. 많은 경우 테러의 피해, 생태계의 재난이나 전염병 혹은 경제위기 등 보편적으로 두려움을 자아내는 세계적인 이슈를 기반으로 만들어진다. 그렇기 때문에 사람들은 이러한 뉴스를 접하면 세상이 살기 힘들어진다는 생각을 하게 된다.

부정적인 뉴스를 전달하는 매체가 〈타임〉지뿐일까? 물론 아니다. 세상에는 셀 수 없을 만큼 많은 언론 매체가 있기 때문에 긍정적인 뉴스만 다루는 언론사는 독자층을 확보하거나 수익을 내기 힘들다. 그래서 〈타임〉지를 비롯한 수많은 매체들이 수익을 창출해야 하는 한 기업으로서, 경쟁력을 갖추기 위해 파괴적인 허리케인이든 도시의 폭동 사태이든 자극적인 사건사고에 대해 무조건반사의 반응을 보인다. 부정적인 뉴스를 집중적으로 취재함으로써 마치 세상의 종말이 멀지 않은 것 같은 분위기를 만들어내는 것이다. 어떤 냉소적인 TV 뉴스 프로듀서는 이런 말을 했다. "피를 흘리면 헤드라인이 된다."

그 결과, 우리가 소화하는 대다수의 일상적인 뉴스는 지극히 부정적인 뉴스 일색이다. 어디를 보든지 우울한 소식들로 가득한 세상에서 우리는 긍정적인 생각을 하고 성공을 향해 한 단계 올라가는 데 집중하기가 어렵다. 부정적 정보가 긍정적으로 사고하는 뇌를 압도한다. 이처럼 뉴스는 우리에게 생각보다 많은 영향을 미칠 수 있다. 여러분이 '나는 외부 변화의 영향을 받지 않는 보온병 같은 사람이 될 거야'라는 생각을 하는 사람일지라도, 머지않아 주변 상황에 따라 변하는 온도계 같은 사람이 될 수 있다.

미국 캘리포니아 로스앤젤레스 대학교(UCLA)의 연구 결과에 따르면, 평균적으로 사람은 하루에 약 7만 가지 생각을 한다. 그중 80퍼센트는 부정적인 생각이며 대다수는 다음날까지 계속 이어진다. 내가 지금까지 읽고 관찰한 내용을 종합해봤을 때, 사람들이 긍정적인 뉴스보다 부정적인 뉴스에 더 관심을 갖고 읽는 것이 연구 결과의 주된 원인이다.

역사상 전쟁과 경제 문제 그리고 자연재해는 항상 있었다. 그러나 이전에는 이 모든 정보를 실시간으로 즉시 알 수 있었던 적이 없었다. 반면 지금은 스마트폰, 소셜미디어, 컴퓨터, TV 등 각종 전자 매체를 통해서 세상에 일어나는 모든 정보를 빠르게 전해 듣는다. 우리는 더이상 우리의 의사와 상관없이 뉴스로부터 일방적인 영향을 받으며 살아간다. 이렇게 홍수처럼 쏟아지는 부정적인 소식이 내면의 악인을 더 키우는 촉매제가 된다. '경제가 곧 폭락할 건데 창업해서 뭐해? 유명한 영화배우들도 다들 이혼하는데 내가 사랑받을 수 있을까? 세계 역사상 비만 인구가 제일 많은 시대에 내가 살을 뺄 수 있을까?'와 같은 부정적인 생각들을 부추긴다. 우리는 의식적으로 또는 무의식적으로 세상의 부정적인 소식을 받아들일 때 서서히 자신감을 잃게 되고, 원하는 목표를 향해 나아가라고 스스로 부추기기보다 현재 있는 자리에 가만히 안주하게 된다.

이런 악마의 속삭임을 없애기 위해서는 다음과 같이 하자. 먼저 30일 동안 뉴스를 보지 않는 것이다. 쏟아지는 뉴스로부터 멀어져서 생활할 것을 권장한다. 뉴스를 찾아보지 않는 것은 물론 친구에게 뉴스에 관해서 물어보지도 않아야 한다. 대신에 뉴스를 보는 데 쓰는 시간과 에너지를 자신의 내면을 들여다보는 데 사용하자. 쉽게 말해 자신감을 떨어뜨리는 일이 아닌 자신감을 키워줄 수 있는 일을 하며 시간을 보내자. 예를 들면 사랑하는 사람과 관계를 쌓는 데 시간을 보내거나 이 책에서 논의한 대로 자신의 힘을 키울 수 있는 것들을 해보자. 뉴스를 멀리하는 습관 하나로 시간을 얼마나 많이 절약할 수 있을지는 모르지만, 하루에 고작 30분이라도 진정 자신을 위한 일에 사용하자.

기억해야 할 것은 여러분은 뉴스를 읽는 동안 시간만 낭비하는 것이 아니라, 머릿속을 부정적인 생각으로 가득 차게 만드는 후유증을 얻는다는 것이다. 30일간 뉴스 끊기에 도전하면서 뉴스를 보는 대신 그 시간에 어떤 일을 할지 목록을 작성해보자. 명상을 할 것인지, 건강을 위한 식단을 짤 것인지, 아니면 헬스장에서 운동할 것인지. 새로운 아이디어를 위한 비즈니스 계획을 세우거나 현재 당신의 생각을 키우는 일은 어떤가? 이 책을 끝까지 다 읽는 것도 좋고 당신의 자녀 혹은 배우자나 부모님과 시간을 보내는 것도 좋다. 무엇이든 간에 뉴스를 끊고 다른 활동에 몰입하게 되면 인지를 정화하는 작용이 될 것이다. 더 이상 부정적인 소식 때문에 스스로 부정적인 생각의 띠에 갇히지 않고 긍정적인 방향으로 나아갈 수 있다. 여러분의 삶을 부정적으로 이끄는 손을 뿌리치자.

왜 잘하는 것을 두고
못하는 것에 집중하는가

잘할 때까지 노력해야 한다는 강박

두 번째로 내면의 악인은 자신이 잘 못하는 것에 시간과 노력을 쏟아 부을 때도 자란다. 어려서부터 우리는 취약한 부분에 시간과 에너지를 쏟아 보완해야 지금보다 발전할 수 있다고 배웠다. 부족한 기술과 능력을 최선을 다해 끌어올리라는 가르침 때문에 평생 약점을 보완하기 위해 노력한다. 이는 분명 지금까지 들은 거짓말 중 최고의 거짓말일 것이다. 놀랍게도 오히려 자신감을 떨어뜨리는 결과를 낳기 때문이다. 아마도 이 말을 처음 듣는 당신은 말도 안 된다고 생각할 것이다. '넌 미적분을 못하니까 더 연습해. 넌 역사를 잘 모르니까 가서 역사 공부 좀 더 해.'와 같은 말을 어릴 때부터 계속해서 들었기 때문이다. 하지만 당신은 약점에 집중하면 할수록 무의식적으로 열등감을 느끼게 된다. 게다가 약점에 집중하다 보면 당신의 뛰어난 능력과 강점은 무시하는 일까지 동반된다.

아직 여러분이 나와 생각이 다를 수 있지만, 머지않아 '내 약점이 어때서! 내가 이미 잘하는 것에 놀라게 될 거야!'라고 말하게 되길 바란다.

교육자, 부모, 관리자와 그 외의 여러 권위자 등 많은 사람들이 약점은 개선해야 한다는 잘못된 생각을 하고 있다. 내가 항상 꿈꾸던 인생을 위해 도와주려는 의도는 좋지만 잘못된 방법이다. 나는 이러한 가르침 때문에 내가 혐오하던 현실에 안주하는 삶을 살 뻔한 위험에 빠졌었다.

사회의 원칙대로라면 나는 성공할 수 없었다. 고등학교를 간신히 졸업했고, 10학년이 될 때까지 읽기 도움 반에서 수업을 받았고, 돈도 없었고, 멘토도 없었고, 주변에 부자도 없었고, 여러분처럼 성공에 관한 책을 읽을 만큼 똑똑하지도 않았다. 하지만 나는 이러한 약점들을 보완하려고 하지 않았기 때문에 지금의 나를 만날 수 있었다. 오히려 성공하지 못하고 패배적인 삶을 살 것이라는 선고가 내려진 때는 약점을 보완하라는 말을 들은 순간이다.

약 10년 전쯤 나는 『완전한 성공(Totally Fulfilled)』이라는 제목으로 첫 번째 책을 썼다. 그 책을 쓰기로 결심한 이유는 사람들이 더 나은 삶을 살 수 있도록 돕고 싶었기 때문이다. 책을 쓰려고 책상 앞에 앉았을 때, 글쓰기 실력이 부족하다는 생각이 내 머리를 꽉 채우기 시작했다. 이미 눈치 챘겠지만, 내가 글을 쓰는 방식은 내가 말하는 방식과 똑같다. 문법이나 구조가 완벽하지 않고 때로는 이야기를 풀어놓듯 주제에서 벗어나 다른 이야기로 새기도 한다. 그래서 '너는 고등학교도 간신히 졸업했는 걸. 절대로 책을 쓸 수 없어.'와 같은 생각을 하기 시작했다. '너는 주의력 결핍 장애(ADD) 때문에 오랫동안 집중할 수 없어. 불가능해.'라고 스스로에게 말했다. 그럼에도 불구하고 내가 계속해서 글을 쓸 수 있었던 이유는 나에게는 세상에 공유하고 싶은 메시지가 있다는 열정과 확신이 있었기 때문이다.

글을 쓰는 동안 힘들지 않았거나, 회의적인 생각을 안 해본 건 아니지만 나는 그 과정을 견뎌냈다. 그리고 마침내 집필을 마쳤을 때, 엉망

진창으로 썼을 글이 책으로 완성되기 위해서는 편집자의 손을 거쳐야 한다고 생각했다. 그래서 나는 미국 최고의 편집자가 있다는 이야기를 듣고 그녀를 만나러 갔다. 그녀와의 만남은 긍정적이었다. 그녀에게 내가 원하는 것과 나의 열정을 설명했고 그것을 담아 쓴 원고를 조금 다듬을 필요가 있다고 말했다. 이제 그녀로부터 수정된 원고를 받아서 출판할 생각에 정말 흥분해 있었다. 그러나 이틀이 지난 후, 그녀로부터 연락을 받았다. 그 전화통화에서 들은 내용을 아직도 기억한다. "딘, 이건 책이 아니에요. 이건 200쪽짜리 대화에요. 편집자가 다듬을 수 있는 수준이 아니라 글을 완전히 다시 써야 해요."라고 그녀가 말했다.

나는 정말 낙담했다. 전화를 끊고 나서 마치 댐이 무너지듯 나를 무능력하게 만드는 과거의 생각들이 머릿속을 또다시 가득 채웠다. 이런 생각들이 빠르게 나를 잠식한 이유는 나 역시 평생 약점을 개선하라는 가르침을 받으며 살아왔기 때문이다. 나의 무의식은 약점 따위 무시할 수 있다고 생각한 나를 참으로 무능력하게 느끼도록 만들려 했다. 선생님들이 학교에서 나에게 했던 비난들을 곱씹기 시작했고 온갖 부정적인 생각이 맴돌았다. '문법을 더 잘 알았어야 했는데, 받아쓰기를 더 잘했어야 했는데, 문장부호를 더 열심히 공부했어야 했는데. 훌륭한 작가들이 하는 대로 했어야 해!'와 같은 생각을 했다. '어떻게 네가 책을 쓸 수 있다고 생각할 수 있어?' 부정적이고 패배주의적인 생각들이 마음속에서 휘몰아치기 시작했고, 나의 자신감은 한순간에 무너졌다. 추진력이 사라진 것이다. 약점을 보완할 노력을 하지 않았다고 온종일 자책하는 동안 악인은 내 안에서 점점 더 커져갔다.

　다행히도 48시간쯤 지나서 생각이 바뀌었다. 그리고 이런 생각을 했던 기억이 난다. '그만해! 네가 사람들에게 하려는 이야기를 생각해 봐! 뭐 하는 거야! 내가 노련한 작가는 아닐지 몰라도 나에게는 강력한 메시지가 있어. 그 메시지를 세상과 공유하고 싶지 않아? 나는 내 메시지가 사람들의 삶을 바꿀 수 있다고 확신해. 문법이 완벽하지 않으면 어때? 내 책이 200쪽짜리 대화처럼 보이면 어때?' 다음날 편집자에게 전화해서 "당신의 의견을 존중하지만 나는 이제 도움이 필요 없어요. 당신을 해고합니다."라고 말했다. 사실 "당신을 해고합니다."라고 그대로 말했는지는 기억이 안 나지만 그렇게 말했다고 믿고 싶다.

　얼마 지나지 않아 다른 편집자를 찾게 되었고 그들과 함께 앉아서 이야기를 나눴다. "제 부탁 좀 들어주세요. 책으로 읽을 수만 있게 만들어주세요. 최대한 원문에는 손대지 않는 선에서 글을 다듬어주시면 좋겠어요. 특히 제 문체나 메시지를 바꾸지 말고 문법이나 맞춤법이 틀린 것들을 위주로 고쳐주세요. 절대 다른 사람의 글을 흉내 내고 싶지 않아요. 이 책은 제 생각을 표현하고 있고, 책이 곧 저예요. 만일 책을 읽는 사람들이 저를 있는 그대로 받아들이기 싫으면 안 받아들여도 괜찮아요. 그렇다고 해서 제 자신이 온전히 담겨 있지 않은 글을 세상에 내놓는 것은 아무런 의미가 없어요."

　우여곡절 끝에 출간된 이 책은 몇 주간 『뉴욕타임스』 베스트셀러 목록에 올랐다. 당시 나는 이 책을 쓸 수 있어서 정말 자랑스러웠고 축복받았다고 생각했다. 출간한 책이 베스트셀러가 되어서가 아니다. 스스로 가장 자랑스럽게 여긴 부분은 그 책의 메시지로 많은 사람의 인생을 바꿀 수 있었다는 것이다. 그보다 더 큰 성공이 어디 있겠는가?

만일 그 책을 쓰지 않았더라면 어떻게 됐을까? 첫 편집자가 내 글이 형편없다고 말했을 때 내가 '그럼 그렇지. 내가 무슨 작가야! 책을 쓰고 싶었으면 글쓰기 실력부터 쌓으려고 노력했어야 해.'라고 스스로에게 말했다면 나의 삶은 완전히 달라졌을 것이다! 여러분은 내가 여섯 번째로 쓴 이 책을 결코 읽을 수 없었을 것이다. 여러분처럼 나 또한 '만일 이렇다면 어떨까?'라는 생각이 수없이 든다. 그러나 약점을 개선해야 한다는 생각에 사로잡혀 내가 하고 싶은 일들을 포기하지 않았다. 머릿속에서 상상한 부정적인 일들이 실제로 일어날지도 모르지만, 내가 가진 강력한 메시지가 사람들의 삶을 변화시킬 것이라고 굳게 믿고 앞으로 바뀌게 될 사람들의 인생에 집중하려고 했다.

당신은 약점에 집착하느라 지금까지 어떤 기회들을 놓쳤는가? 이 질문을 생각하면서 여기 있는 진실도 생각해보자. 자신의 강점에 더욱 집중하면 약점이라 생각하는 것까지 극복하는 데 도움이 된다.

누구나 잘하는 것이 하나씩은 있다

네드 할로웰(Ned Hallowell)이라는 나의 친한 친구는 미국의 저명한 의사이자 주의력 결핍 장애(ADD) 분야의 전문가이다. 네드는 토크쇼 닥터 필(Dr. Phil)이나 오프라 쇼에서 여러 번 봤을 것 같은 인물이다. 실제로 오프라는 그를 세계 최고의 주의력 결핍 장애 분야의 권위자라고 불렀다. 그는 현재 하버드 대학을 졸업하고 같은 대학의 교수를 역임 중이다.

어느 날 그와 점심을 함께 먹으면서 질문했다. 어린 시절 나는 주의력 결핍 장애가 있다고 생각했다. "네드, 주의력 결핍 장애가 정확히 뭐야?" 그는 자신의 전문적인 지식을 내가 이해할 수 있도록 쉽게 풀어서 단순하게 설명해줬다. "사람들이 주의력 결핍 장애에 대해 잘못 생각하고 있는 게 하나 있어. 사실 주의력 결핍 장애는 불행이 아니라 축복이야. 왜냐하면 이 장애는 스포츠카 페라리 엔진을 달고 있으면서 자전거 브레이크를 가지고 있는 것과 같거든. 한마디로 이 장애를 가진 이들은 속도를 늦출 수가 없는 거지. 그렇지만 단지 속도를 늦추는 방법을 모를 뿐 이들은 연료도 다 들어 있고 세상에서 가장 빠른 엔진을 가지고 있는 셈이야. 그래서 나는 주의력 결핍 장애를 겪는 사람들에게 브레이크를 통제하는 법만 가르쳐. 그러면 누구보다도 그들은 빨리 달릴 수 있거든."이라고 그는 말했다.

"주의력 결핍 장애가 있는 사람들의 약 복용을 중단시키는 경우에 대부분 어떻게 성공적으로 치료할 수 있었어?"라고 나는 다시 질문했다. "예를 하나 들어볼게. 주의력 결핍 장애를 겪는 아이가 교실에서 자리에 앉아 책을 읽을 때 발을 까닥까닥하고 있고 집중력이 점점 흩어진다고 하자. 그 아이는 사실 그 책을 정말 읽기 싫은 거야. 주의력 결핍 장애가 있는 사람에게 관심 없는 책을 읽으라고 하는 것은 장애가 없는 아이들보다 더 힘든 일이야. 그런데도 선생님들은 학생들에게 최선을 다하고 싶다는 마음에서 이렇게 생각하곤 하지. '조니가 의자에 앉아 책을 다 읽기 전에는 못 일어나게 할 거야. 조니에게 다른 학생들처럼 가만히 앉아서 책 읽는 법을 가르쳐줘야 해.'" 조니를 끝까지 억지로 의자에 앉아 있게 하자, 더는 견딜 수 없었던 조니는 결국 자리를 박차고 일어나 교실을 뛰어다니거나 복도로 나가버렸다. 능력 밖의 일을 될 때까지 강요한 결과 그는 오히려 안 하던 행동까지 할 정도로 악영향을 받았다. 이제는 주의력 결핍 장애(ADD)만 있는 게 아니라 주의력 결핍 과잉행동 장애(ADHD)까지 가지게 된 것이다.

"나는 조니가 잘하는 일을 찾기로 했어. 미술이든 야구든 수학이든 과학이든 무엇이든 말이야. 누구나 잘하는 일이 적어도 하나씩은 있어. 그래서 나는 그의 선생님, 친구, 부모님에게 도와달라고 부탁을 해서 조니가 무엇을 잘하는지 열심히 찾았어. 우리는 본인이 잘하는 일을 하게 하고, 그 일을 더 잘할 수 있도록 도왔어. 그러자 그의 자신감은 하늘 높이 솟구쳤고 잘하는 것 외의 다른 영역에도 긍정적인 영향을 미쳤어. 두 달 사이에 조니의 상태는 빠르게 좋아졌고, 이제는 스스로 원해서 교실에 앉아 책을 읽어."

조니의 상황이 여러분의 상황 같은가? 여러분도 약점에 집착하고 있는가? 약점이 여러분을 휘두르며 자신의 진정한 가치를 떨어뜨리거나, 자신을 열등한 존재로 느끼게 만들도록 내버려 두고 있는가? 그렇다면 이제 여러분이 자신의 내면에서 성공을 빼앗는 악인을 어떻게 키우고 있는지 알겠는가? 오늘 당장 그 행동을 그만둬야 하는 이유도 알겠는가?

할로웰 박사의 사례에 등장하는 가상의 아이처럼 나는 힘들게 학교를 다녔다. 학교에서는 아무도 내가 잘하는 분야와 재능 있는 분야에 관심을 가지지 않았다. 선생님들이 신경 쓰며 주의 깊게 본 것이라고는 내가 잘 못하는 것이었다. 그래서 나는 부끄러움을 많이 탔고 늘 자신감이 없었으며 스스로 멍청하다고 느꼈다. 그때 나를 포함해 아무도 몰랐던 사실이 하나 있다. 사실은 내가 눈과 귀를 통해 배우는 것을 놀랄 정도로 잘하는 능력이 있다는 점이다. 이를테면 누군가 불도저를 모는 모습을 15분간 관찰한 후 곧바로 불도저에 올라가 전문가처럼 운전할 수 있었다. 무대 위의 사람들을 관찰한 후에 손쉽게 그들을 따라 할 수도 있었다. 이렇게 시각과 청각을 통해 남들은 몇 년이 걸려야 습득할 수 있는 지식과 기술을 나는 매우 빠르게 습득할 수 있었다. 이 놀라운 습득력을 통해 빨리 일을 시작해 더 많은 성취를 이룰 수 있었음에도 불구하고 약한 부분에 노력을 기울여야 한다는 가르침 때문에 그동안 너무 많은 시간과 에너지를 흘려보냈다. 결국 약점에 집중하라는 보편적인 가르침은 나의 학습 능력과 경력에 큰 피해를 줬다.

대다수의 어른들은 아이들에게 취약한 부분을 보완하라고 강조함으로써 자신도 모르게 아이들의 자신감과 능력을 서서히 없애고 있다. 못하는 일을 잘할 수 있을 때까지 붙들고 노력하라는 가르침 때문에 우리는 계속 발버둥 치게 되고 결국 자신에 대한 믿음을 잃게 된다.

우리가 해야 할 말은 하나다. 약점을 보완하라는 말에 '안 돼.'라고 단호하게 거부하자. 강점에 무관심한 수백만 명의 사람들과 다르게 우리의 성공을 방해하지 못하도록 차단해야 한다. 반면 약점에 관해서는 사람들이 말하는 것과 정반대로 행동하는 것이다. 그리고 '무시해!'라고 자기 자신에게 외치며 오랫동안 굳어진 습관을 바꾸어보자.

쓸데없는 위험보다 확실한 것에 투자하라

여러분은 각자 잘하는 일이 있다. 뛰어나게 잘하지는 않더라도 여러 가지 일에서 분명 잘할 거라 확신한다. 이제 잠시 시간을 내자. 책 읽기를 멈추고 여러분이 잘하는 것을 나열해 적어보자. 여러분은 사람들과 대화를 잘하는가? 판매에 재능이 있는가? 아니면 솔직함이 여러분의 장점인가? 여러분은 좋은 친구인가? 상대방의 말을 잘 들어주는가? 조직과 구조에 적합한 인재인가? 시스템 개발이나 컴퓨터 프로그래밍에 뛰어난가? 내가 아는 진실은 이것이다. 여러분은 각자 자신만의 능력과 재능을 타고났다. 어떤 분야에서 왜 잘하는지 이유를 설명할 수는 없다. 그냥 그렇게 태어난 것이다. 성공은 이미 잘하는 것을 탁월하게 잘하는 수준으로 발전시키는 데 집중하는 습관으로 이루어진다.

우리가 자연적으로 못하는 것을 잘 할 수 있도록 노력하라는 말을 듣기 때문에 못하는 10퍼센트에 집중하고 나머지 90퍼센트의 잘하는 능력은 무시한다. 나머지 90퍼센트에는 분명 잘하는 것이 있다. 2장을 시작하면서 말했던 늑대 두 마리에 관한 이야기를 기억하는가? 어느 늑대에게 먹이를 주느냐에 따라 이기는 늑대가 결정된다는 이야기 말이다. 여러분이 계속해서 못하는 것에 에너지와 노력을 쏟는다면 자신감과 성공을 향한 추진력을 분명 잃게 될 것이다.

이쯤에서 오해하지 않았으면 한다. 잘하는 일에만 관심을 갖고 못하는 일은 완전히 포기하거나 모른 척 제쳐 두라는 말이 아니다. 잘하는 일에 집중하고 에너지를 쏟아 그 일을 월등히 잘하게 됐을 때 잘 못하는 일은 돈을 주고 잘하는 사람에게 맡기면 된다. 이 전략은 단순히 은

행 계좌의 잔액을 늘리는 것 이상으로 도움이 될 것이다. 인생의 모든 부분을 향상시킬 수 있는 성공 습관이다.

자신의 강점 목록을 만든 후 각 강점별로 어떻게 더 뛰어난 수준으로 발전시킬지 방법을 함께 적자. 이 연습을 할 때 자신의 약점은 절대 생각하지 말자. 모든 시간과 에너지, 노력, 집중력을 못하는 일이 아니라 잘하는 일에 쏟는다면 재능이 없는 다른 약점들까지 함께 극복할 수 있다. 아무리 갈고닦아도 겨우 남들만큼 할 수 있는 능력에 많은 시간을 공들여 발버둥치는 것보다 타고난 재능을 살려 더 뛰어난 기술로 만드는 일이 훨씬 쉽고 가치 있다. 진정한 부를 쌓고 성공하길 바란다면 자신이 잘하는 일에 집중하는 습관을 들이자.

이런 성공 습관을 탄탄하게 다지는 데 도움이 될 만한 이야기를 하나 들려주고자 한다. 몇 년 전 나는 소그룹 교육을 진행한 적이 있다. 톰이라는 훌륭한 한 남성이 참여했다. 그는 최근에 은퇴를 한 60대 남성이었다. 나는 그에게 포트폴리오를 다양화해서 장기적으로 재산을 늘리는 데 도움이 되는 부동산 투자 기술을 가르쳤다. 그는 네 건의 부동산 거래를 성공적으로 성사시켰고 내 기억으로 한 건 당 평균 만 오천 달러씩 수익을 냈다고 들었다. 정말 놀라운 수익률이다! 내가 교육을 듣던 12명의 수강생들에게 각각 이런 질문을 한 기억이 난다. "삶을 한 단계 올라가는 데 어떤 문제가 있나요? 예전보다 더 빨리 움직이고 더 많이 노력하는데 올라가지 못하게 방해하는 가장 큰 장애물은 무엇인가요?" 톰의 차례가 되어 그에게도 같은 질문을 던졌다.

"딘, 이 말을 해야 할 것 같은데요. 나는 정리를 정말 못해서 항상 주변이 어수선해요. 말도 못할 정도로 심각해요. 차를 세차하고 일주일만 지나면 다시 엉망이 되죠. 집에 있는 내 서재는 청구서와 종이가 여기저기 어지럽게 널려 있어요. 그냥 너무 지저분해요! 그래서 이렇게 하려고요. 사무 용품점에 가서 서류함과 파일을 구매하기 전까지는 다른 부동산 거래를 안 할 생각이에요. 모든 서류에 라벨을 하나하나 붙여서 정리하는 습관을 만들 거예요."라고 그는 말했다.

그가 말을 마치자 나는 그에게 질문했다. "톰, 다 말한 건가요?" 그는 말했다. "네, 제 대답은 여기까지예요." 나는 이 말을 덧붙였다. "그냥 솔직하게 말할게요. 이미 늦었어요. 당신은 아마 죽을 때까지 정리가 안 된 채 지저분하게 살 거예요. 근데 그러면 또 어때요?" 내 말에 그는 충격을 받았다. 그는 꼼짝도 하지 않고 가만히 앉아 있었다. 그 자리에 있던 사람들은 내가 무례하다고 생각했을 것이다.

몇 시간이 흐른 것처럼 느껴지던 순간이 지나자, 톰의 어깨에서 60년 동안 그를 짓누르던 짐이 내려오는 것처럼 보였다.

나는 그가 무너지면서 울음을 터트릴 것을 예상했다. "톰, 불과 얼마 전까지만 해도 평생 부동산 투자는 해본 적이 없잖아요. 예전에 완전히 다른 일을 했음에도 불구하고 지금 거래를 네 건이나 성사시켰어요. 당신은 남들이 못하는 거래를 찾아내서 리모델링으로 시세 차익을 남기고 판매하는 일을 정말 잘해요. 그 일을 발전시키는 데 시간을 전부 투자하세요. 당신이 정리를 잘하지 못한다고 누가 뭐라고 하겠어요? 당신의 능력으로 엄청난 수익을 낼 수 있는 일을 포기하면서까지 굳이 정리 정돈을 잘하기 위해 애쓰며 시간을 허비할 필요가 있나요?

차라리 매 년 한 건씩 거래를 더 많이 하고, 그렇게 얻은 수익으로 당신 대신 정리해줄 사람을 고용하면 어때요? 그러면 다시는 정리 걱정을 할 필요가 없을 거예요."라고 나는 말했다.

톰의 머릿속은 바쁘게 돌아가는 것처럼 보였다. 아마도 그는 선생님이나 부모님 혹은 그의 아내가 한 말을 생각하고 있었을 것이다. '당신은 너무 지저분해요. 정리하는 법 좀 배워요!' 그는 그 자리에 가만히 앉아서 지금까지 그가 들었던 나쁜 충고들을 생각했다. 그리고 그의 초점이 약점에서 강점으로 바뀌면서 지난 기억들이 눈 녹듯이 사라지는 것처럼 보였다.

여러분도 이렇게 할 수 있다. 어떤 약점이 여러분의 발목을 잡는가? 사람들이 당신에게 어떤 부분을 노력하라고 말하던가? 소위 말하는 약점 때문에 어떤 잘못된 생각을 하고 있는가? 여러분이 성공을 향해 한 단계 올라서려면 이 질문에 대답해보자. 잘하는 것을 더욱 더 잘하게 만드는 성공의 습관으로 점점 커가는 내면의 악인의 심장에 단도를 꽂자(치명상까지는 아니더라도 큰 타격을 주자).

독사과에 속지 마라

세상에서 가장 쓸데없는 조언

전 세계에서 가장 값비싼 조언은 무엇일까? 그것은 나쁜 조언이다. 여러분에게는 세상을 바꿀 수 있고 돈을 벌 수 있다고 생각한 아이디어나 창작물이 있는가? 가족이나 친구 또는 연인에게 이에 대해 말하지만 그들은 온갖 이유들을 다 말하며 안 된다고 자른다.

'발명하려면 돈이 필요한데 넌 돈이 없잖아. 너가 생각했다면 다른 누군가가 이미 생각했을 거야. 특허를 내야 하는데 그럴 시간이 없잖아. TV에 광고하고 싶어도 무슨 돈으로 하겠어? 절대 안 될 거야.' 같은 말들을 쏟아낸다. 나는 도전해보기도 전에 부정적인 말로 포기하라는 이런 충고를 나쁜 조언이라고 부른다. 아마 너무 강력한 조언에 휘둘린 당신은 그들의 의견에 동의하며 자신의 아이디어를 무시해버릴 수 있다. 그리고 그 후 몇 년이 지나 당신이 생각했던 아이디어가 밖으로 나와 세상을 바꾸고 당신은 다른 사람의 성공을 보며 부러워하는 신세가 된다. 어쩌면 당신의 것이었을지 모르는 성공의 기회를 왜 빼앗겼는가? 당신의 기발한 발명으로 성공할 수도 있는 소중한 경험을 누가 빼앗아갔는가? 누군가 당신에게 하는 나쁜 조언이 바로 그 원인이다.

우리는 종종 연애 경험이 없는 친구에게 이성에 대한 조언을 들을 때가 있다. 또는 돈을 어떻게 벌어야 하는지 파산한 친구들로부터 조언을 받을 때가 있다. 나쁜 조언이 세상에서 가장 비싼 조언이라고 하는 진짜 이유는 우리가 이처럼 잘못된 가르침을 받기 때문이다. 유명한 기타리스트인 지미 헨드릭스(Jimmy Hendrix)로부터 오페라를 부르는 법을 배우거나, 프로농구 선수 르브론 제임스(LeBron James)에게서 축구를 배우는가? 당연히 아니다. 그들은 그 분야에 대해 조언할 수 있는 적임자가 아니기 때문이다.

적임자가 아닌 이들에게 받은 나쁜 조언이 내면의 악인을 키우는 세 번째 요인이다. 이와 같이 나쁜 조언을 하는 이들은 공통적으로 '안전성'을 강조한다. 안전하다는 말은 긍정적으로 들릴 수 있지만 한 편으로는 행동을 회피하게 만드는 말이다. 우리가 바라는 인생의 다음 단계로 발전하기 위해서라면 감수해야 할 위기와 위험을 회피하게 만들어 성공을 향한 발걸음을 채 떼보지도 못하게 만든다. 이처럼 주변에서는 우리의 꿈을 앗아가는 조언을 쉼 없이 던진다. 더 나쁜 점은 친구와 가족의 경우 나쁜 조언을 사랑의 화살이라는 형태로 쏜다는 것이다.

사랑이라는 이유로 포장해서 나쁜 조언을 끊임없이 하는 이들은 우리에게 가까이 있는 사람들이다. 우리가 실패하지 않게 보호한다고 생각하는 부모님, 부부관계에 나쁜 영향을 미칠 수도 있는 변화가 두려운 배우자, 파산한 경험이 있어 우리가 실패하지 않도록 도와주려는 친척, 이성에게 큰 상처를 받아 봤기 때문에 우리를 지켜주고 싶은 친구, 자신보다 앞서나갈까 봐 걱정스러운 직장 동료나 자신보다 강한 권력을 쥐게 될까 봐 불안한 직장 상사 등이다. 어떤 경우는 이런 식의 명분을 이용해 피해를 주려는 악의적인 사람들도 있다. 그러나 대부분의 사람들은 진심으로 우리를 보호하거나 지켜준다고 생각한다. 그러나 사실 그들은 우리로 하여금 내적 의구심을 불러일으키고 자신감을 떨어뜨림으로써 언제까지나 현재에 머물게 만든다.

매일 매 순간 드는 나쁜 조언을 알아차리는 습관을 길러서 나쁜 조언을 들었을 때 마음속 깊이 들어오지 않게 막는 필터를 만들어야 한다. 다른 사람이 계속해서 나쁜 조언을 보낼 때 그 순간에는 억지 미소를 지으며 받아들이는 척하지만 실제로는 마음속의 쓰레기통에 즉시 버려야 한다. 나쁜 조언은 인생에 고통을 주고 큰 대가를 치르게 한다고 확신한다. 당신에게만 일어나는 일이 아니니까 걱정하지는 말자. 이제부터 부정적인 흐름을 끊어내고 앞으로 나쁜 조언에도 흔들리지 않는 사람이 되자!

조언에는 검증된 자격이 필요하다

지금부터 나쁜 조언을 왜 조심해야 하는지 보여주는 재미있는 이야기를 하나 해보겠다. 몇 년 전에 북 투어를 하면서 여러 명의 학생들과 함께 왜 아직 자신이 원하는 정도까지 성공하지 못했는지 이야기를 나눌 기회가 있었다.

학생들은 각자 자신들의 생각을 말했고 나는 그들의 이야기에서 공통점을 발견했다. 그들이 성공하지 못한 이유는 지식이나 경험의 부족이 아니었다. 나쁜 조언들이 용기를 갉아먹고 있었다. 그들의 남편이나 아내, 부모님과 친구로부터 나쁜 조언을 계속해서 들었고 그 조언이 그들의 추진력을 없앤 것이다.

그들과 헤어진 후 나는 비행기를 타고 애리조나주 피닉스에 있는 사무실로 돌아왔다. 공항에 도착하자마자 직원에게 전화해서 말했다. "어서 스튜디오를 준비해줘. 새 책을 위한 인포머셜 광고를 찍을 거야. 지금 아이디어가 떠올랐을 때 바로 찍을 거니까 바로 촬영할 수 있게 준비해줘."

나는 학생들이 만족할 만한 성공을 이루지 못한 원인을 발견했을 때 너무 화가 났다. 물론 조언을 한 사람들은 좋은 의도였겠지만 결과적으로 내 학생들이 자유를 얻을 기회를 앗아갔기 때문이다. 그래서 나는 곧장 스튜디오로 달려가 스포츠 재킷을 입고 넥타이를 매고(내가 앉아 있던 책상 밑으로는 체육복 반바지에 운동화를 그대로 신고 있었다.) 촬영을 시작했다. 그곳에서 처음으로 카메라 앞에서 사회자나 아나운서, 그리고 화려한 영상 없이 인포머셜을 찍었다. 30분 정도 카메라를 보고 말을 하며 시청자에게 내 책을 홍보했다.

비록 책을 홍보하는 촬영이었지만 순수한 열정을 담아 내 생각을 전했다. 준비된 메모나 스크립트는 없었다. 촬영하는 동안 내가 무슨 생각을 했을까? 머릿속에는 내 학생들이 인생의 다음 단계로 올라갈 수 있는 능력과 자신감, 그리고 행복을 앗아간 나쁜 조언에 대한 생각이 가득했다.

그래서 촬영을 하면서 계획하지 않았던 말을 하게 되었다. 카메라를 보면서 그 순간 그냥 튀어나오는 말을 그대로 내뱉었다. "여러분 모두 들어보세요. 여러분이 하고 싶어 하는 일을 실패한 사람의 조언은 절대 들으면 안 됩니다. 그들의 실수를 통해 배울 점이 있을 거라고 생각할 수 있지만 사실 대부분 그렇지 않습니다. 그들은 틀린 방법을 알고 있기 때문에 그들이 실패한 경험과 관련한 모든 조언은 여러분에게 확실한 도움을 줄 수 없습니다. 예를 들어, 제 부모님은 이혼하신 후 다른 사람과의 재혼을 네 번 하셨습니다. 제가 두 분을 아주 사랑하고, 또 두 분이 이제는 정말 좋은 인연을 만나셨지만 그 전까지는 결혼이 두 분의 강점이 아니었죠. 제가 이성과 결혼에 관한 조언이 필요할 때면 서로 친밀하고 애정이 있고 오랫동안 서로 사랑하며 30년, 50년 동안 결혼 생활을 이어온 부부를 찾을 겁니다. 평생 결혼과 이혼을 반복한 사람의 조언을 구하고 싶지 않을 겁니다." 이 이야기는 사실이었기 때문에 진심으로 꾸밈없이 한 말이었다. 나는 부모님을 정말 사랑하고 그분들이 겪으셨을 힘든 시기를 결코 가볍게 여기는 것이 아니다. 하지만 냉정하게 말해 결혼에 대한 조언을 그분들에게서 구하는 것은 베르니 매도프(Bernie Madoff : 대형 다단계 금융 사기의 장본인)에게 윤리에 대해 가르침을 구하는 것과 같다.

그런데 여기에 반전이 있다! 촬영한 후에 나는 부모님을 언급했던 사실을 완전히 잊어버리고 있었다. 그 광고는 내가 촬영한 역대 광고 중 가장 성공적이었고 1년 넘게 매일같이 전국에 TV로 방송되었다. 광고가 나간 지 3개월쯤 지나자 어머니로부터 전화가 왔다. "정말 이러기니? 네 엄마가 결혼을 다섯 번 했다고 전국적으로 방송을 해야 했니? 친척들도 아무도 모르는 사실인데!" 어머니의 목소리에는 웃음기가 묻어 있었고 다행히도 어머니는 이 상황을 재미있게 생각하고 넘기셨다. 물론 나는 사과드린 후 촬영할 당시 분위기에 휩쓸려 그런 말을 즉흥적으로 했고 대본도 없었다고 해명했다. 그리고 전화 통화를 하면서 어머니가 들었던 나쁜 조언에 관해서도 이야기를 나눴다. 어머니도 나쁜 조언으로 인해 혹독한 대가를 치렀던 경험을 이야기했다. 나의 즉흥적인 생각으로 벌어진 이 일은 내가 이틀 뒤 사과의 의미로 새 차를 선물해드리는 것으로 마무리되었다.

여러분이 조언을 받을 때면 항상 그 사람이 과연 조언할 자격이 있는 사람인지 한번 생각해보자. 테니스를 치는 방법에 대한 조언이 필요하다면 프로테니스 선수나 프로 선수를 훈련하는 사람으로부터 조언을 구하는 것이 지극히 당연한 일이다. 테니스를 한 번도 쳐보지 않았지만 TV로 열심히 테니스 경기를 시청하는 할머니의 조언을 구해서는 안 된다.

잘못된 생각에서 나온 경고와 지적에서부터 가장 큰 피해를 준 조언에 이르기까지 여러분이 지금까지 들은 모든 나쁜 조언을 다 적을 수 있다. 그 조언으로 어떤 대가를 치러야 했는지도 함께 써보자. 이렇게 눈으로 직접 확인할 수 있게 글로 써서 읽어보면, 자격 없는 누군가의 조언이 내 인생의 방향을 틀어버리도록 더 이상 내버려 두지 말아야 한다는 것을 분명히 알게 될 것이다. 나쁜 조언을 무시하고 자격이 있는 적임자에게 조언을 얻는 습관을 들이면 내면의 악인의 힘을 줄이고 자신감을 키울 수 있을 것이다.

내 인생을 남이 설계하도록 내버려 두지 마라

자라면서 우리는 선을 벗어나지 않고 남들이 하는 대로 따라 하라는 교육을 받았다. 유행에 따르고, 다수를 따라 하고, 성적을 잘 받고, 대학에 들어가고, 대기업에 취업을 하고, 저축해서 돈을 모으라고 배웠다. 심지어 그림을 색칠할 때도 선 밖으로 튀어나가면 다른 사람들이 잘못 칠했다고 생각하기 때문에 선 안쪽으로만 색칠해야 한다.

이 같은 관습적인 생각과 행동을 생각하면서 질문 하나를 해보자. 고등학교나 대학교에 다닐 때 여러분의 인생이 어떤 모습이면 좋겠는지 열정과 꿈을 가져본 적 있는가? 대부분의 사람들은 학교를 졸업하고 나면 자신이 원하는 삶을 자유롭게 즐길 수 있을 거라고 생각한다.

이 상황에서 제일 말도 안 되는 것은 이 점이다. 많은 경우에 여러분이 하고 싶은 일이 부모님, 친구, 사회의 생각과 맞지 않는다면 그들은 여러분의 어깨에 팔을 두르며 이렇게 말할 것이다. "이제 철 좀 들어! 이제는 책임감을 가져야 할 때야." 우리는 책임감이란 남들이 하는 일을 따라 하는 것이라 생각하며 자신이 아닌 타인을 행복하게 만드는 일을 억지로 해왔다.

부모님과 친구들이 상처를 주려고 일부러 그러는 것은 아니다. 오히려 여러분을 위해 그렇게 하는 것이라고 말한다. 확실한 것은 여러분에게 그들은 어떤 방식으로든 큰 영향을 미칠 수 있는 존재이다. 그렇기 때문에 결국 여러분은 관습적인 행동이나 그들이 기대하는 행동을 하게 될 가능성이 높다. 원대한 꿈을 포기하는 순간 그들은 여러분을 철이 들었다고 자랑스러워할 것이다.

정말 그럴까? 내 꿈을 포기하고 남들이 하라는 대로 하는 사람이 되어야 하다니! 이상한 소리처럼 들리지만 실제로 매일같이 이런 일이 벌어지고 있다. 여러분도 한 번쯤 경험했을 것이다. 기분 나쁘라고 하는 말이 아니다. 여러분은 현재 일상에 갇혀 살고 있다.

만약 그 삶이 만족스러웠다면 더 많은 것을 추구하지 않았을 것이다. 이 책을 통해 이제부터라도 내면의 불씨를 일으키기 바란다. 여러분은 자신이 무엇을 좋아하는지 그리고 무엇을 싫어하는지 알고 있다. 어떤 일을 하면 얼굴에 생기가 도는지, 어떤 일을 하면 안색이 어두워지는지 알고 있다. 이제는 남을 그만 따라 하고 마음이 가는 대로 행동할 때다.

누구나 가는 똑같은 길을 걷는다면 누구나 똑같은 곳에 도착하게 된다. 남들이 따르는 모든 규칙과 기준, 사회가 규정한 옳고 그름을 거부하길 바란다. 진정한 자신을 찾고 자신이 행복한 일을 하자. 내일 당장 그만두라는 뜻이 아니다. 서서히 자신의 진정한 가치를 깨닫고, 스스로 선택한 방향으로 성장해나가자.

미국이 지금만큼 성장할 수 있었던 것은 현실에 순응하지 않고 미래 지향적이고 비전 있는 기업가들 덕분이다. 그들은 틀을 벗어나서 생각했다. 세계 어느 나라든 앞으로 계속해서 번영할 수 있는 원동력은 마음이 이끄는 대로 움직이고 잠재력을 충분히 발휘해서 변화를 일으키는 바로 여러분 같은 사람들이다. 여러분은 자신의 길을 찾으려는 용기가 있다. 성공한 사람들은 다른 원칙과 성공 습관에 따라 살고 있고 결코 평범함에 안주하지 않는다.

남들이 무슨 생각을 하는지 신경 쓰지 않는다면 당신은 지금 어떤 변화를 만들고 있을까? 자신의 마음과 꿈과 욕망에 귀를 기울였다면 지금쯤 어느 방향으로 걸어가고 있을까? 여러분의 마음이 행복해지는 일을 생각하고 적어보자. 인생의 어느 영역에서라도 변화를 일궈나가려면 첫발부터 내디뎌야 한다. 지금 당장 크게 소리 내어 말하거나 종이에 쓰면서 그 첫발을 내디딜 수 있다. 여러분의 마음이 행동과 일치할 때 자신감이 생기고 내적 의심이 사라진다.

변화는 시작이 힘들기 때문에 첫 시작을 위한 훈련을 준비했다. 종이 한 장을 준비해 중앙에 수직선을 그어보자. 왼편에는 '살면서 다시는 받아들이고 싶지 않은 것들'을 쓰고, 오른편에는 '살면서 반드시 해야 하는 것들'을 쓰자. 자신의 마음과 영혼에서 우러나온 답을 쓰자. 어떤 대답이 좋을지 머리로 답하지 말자. 내면 깊숙이 들어가 정말 솔직하게 답하자. 다 적고 나면 왼편과 오른편에 쓴 것들 중 가장 중요한 것 몇 개를 골라서 동그라미 치자. 대부분은 상반되는 내용일 것이다. 여러분은 받아들일 수 없는 것과 필요한 것 사이에 놓이게 될 때 둘 사이의 간극을 없애기 위해 스스로 바뀌어야 할 필요성을 깨달을 것이다.

웃으면 복이 온다는 말의 진실

매일같이 우리에게 영향을 미치는 외부적인 요인은 수천 가지나 된다. 선생님의 지시에서 부모님의 충고 그리고 신문 기사에 이르기까지 수많은 메시지가 거침없이 밀려온다. 그렇기 때문에 어쩌면 내면의 악인이 어디에서 힘을 얻는지는 크게 중요하지 않다. 부정적인 뉴스, 약점을 보완하라는 가르침, 그리고 가까운 사람들의 나쁜 조언으로부터 완전히 벗어나는 것은 불가능하기 때문이다. 결국 평생 악인의 영향을 받을 수밖에 없는 우리는 자신감을 잃고 현실에 안주한 채 계속 힘든 인생을 살게 된다. 그래서 우리는 우리를 보호할 수 있는 방법에 관심을 쏟아야 한다. 외부적인 요인으로부터 조종당하지 않는 방법은 그것을 수용하는 방식을 바꾸는 것이다. 여기에는 우리가 내리는 결정뿐만 아니라 걷고, 말하고, 앉는 방식도 포함된다. 외부 세계가 어떻게 우리에게 물리적인 영향을 끼치는지 다음의 이야기를 통해 설명해보자.

야외 테라스가 있는 카페에 앉아 있다고 상상해보자. 정원 맞은편에 손님 두 명이 각자 다른 테이블에 앉아 있다. 한 남성은 어두운 표정에다 구부정한 자세로 앉아 있다. 카페 점원이 그 테이블에 가서 "뭐 필요한 게 있으세요?"라고 말한다. 그는 작은 목소리로 "괜찮아요."라고 웅얼거리듯 말한다.

그는 어떤 사람일 것 같은가? 그는 회사에서 어떤 사람일까? 상사일까? 아니면 낮은 직급의 직원일까? 그는 어떤 아버지일까? 어떤 연인일까? 삶에 얼마나 열정이 있을까? 얼마나 즐겁게 살까? 그는 자기 일을 좋아할까? 돈은 많이 벌까? 아니면 근근이 생계를 유지하고 있을까? 여러분은 이 짧은 설명만으로도 이 남성이 힘든 삶을 살고 있다는 결론을 내릴 것이다. 그의 자세, 몸짓, 외모에서 우울함이 역력히 느껴지기 때문이다.

그와 조금 떨어진 곳에 앉아 있는 다른 남성을 살펴보자. 이 남성은 허리를 꼿꼿이 펴고 미소를 띠고 있다. 카페 점원이 그에게 점심을 가져다주자 그가 말한다. "정말 맛있겠는데요. 감사합니다." 혹은 점원의 이름표를 보고 말한다. "고마워요, 제시카." 이 남성은 어떤 사람이라고 생각하는가? 그는 활기차고 친근한 사람이라는 생각이 들 것이다. 세일즈맨의 가식적인 매력을 말하는 것이 아니라, 안정되고 여유 있는 친근함 말이다. 무엇보다 그는 자신감이 넘쳐 보인다. 그가 직장에서는 어떨 것 같은가? 상사일까 혹은 낮은 직급의 직원일까? 그는 어떤 아버지일까? 인생에 얼마나 큰 열정이 있을까? 돈은 많이 버는 사람일

백만장자의 아주 작은 성공 습관

까? 아니면 힘들게 사는 사람일까?

여러분은 두 남성의 차이점을 눈치 챘으리라 생각한다. 의식보다 훨씬 더 강력한 무의식이 보이지 않는 곳에서 항상 작용하기 때문이다. 무의식은 하드 드라이브와 같다. 우리가 일상에서 수집하는 데이터들이 전부 저장되는 곳이다. 따라서 어떤 느낌을 받을 때는 바로 무의식이 우리에게 말을 거는 순간이다. 카페에 있던 이 두 남성의 경우에서도 느낌이 곧바로 말을 한다. "0.5초 만에 이 남성들을 파악할 수 있어. 사람들에 대한 데이터를 수년 째 수집해왔는데 첫 번째 남자는 아마도 평소에 게으르고 우울해하거나 풀이 죽어 있어. 아마 그는 인생에서 성취한 게 많이 없을 거야. 반면 다른 남성은 진취적이고 활력이 넘치고 열정적이며 성공한 사람일 거야." 이것은 단순히 책의 겉표지만 보고 책을 판단하는 것이 아니라 무의식에 저장된 수많은 데이터들을 토대로 판단하는 것이다.

여러분의 본능과 무의식의 판단을 고려할 때, 여러분의 외모가 행복에 얼마나 중요할까? 매우 중요하다! 첫 번째 남성의 경우 내면의 악인으로 인해 내면이 겉모습으로 드러난 것일까? 아니면 반대로 겉모습이 내면에 투영된 것일까? 닭이 먼저냐 달걀이 먼저냐에 대한 물음이다. 사실 닭이 먼저인지 달걀이 먼저인지는 중요하지 않다. 중요한 것은 서로 나쁜 영향력을 미칠 수도 있다는 점이다. 어깨는 축 처지고 얼굴은 인상을 쓰고 시선은 바닥을 향한 사람이 거울 속에 비치는가? 그렇다면 여러분 내면에는 당신을 가치 없는 사람이라고 이야기하는 악인이 살고 있다. 그리고 내면의 악인이 하는 비평들이 또다시 여러분의 행동으로 나타난다.

앞으로 며칠 동안 자기 자신과 다른 사람들을 관찰해보자. 자신의 태도와 다른 사람들의 태도에 관심을 가져보자. 여러분의 무의식이 여러분이 좋아하는 것과 싫어하는 것이 무엇인지 알려줄 것이다.

이 훈련의 목적은 남을 따라 하거나 남처럼 되려는 것이 아니다. 다른 사람들을 관찰하다 보면 간혹 자신이 수탉의 왕이 된 것처럼 지나치게 으스대는 사람이 있을 수 있다. 그들은 내가 관찰해보라는 유형에서 예외다. 여러분과는 거리가 먼 사람들이니 그들처럼 되려고 시도하는 것은 어리석은 일이다. 내 말은 자신을 세상에 어떻게 드러내고 있는지 확인해보자는 것이다. 하루 동안 자신의 모습을 여러 번 확인하고서 자신이 생각하는 최고의 모습을 보여줄 수 있는 방식으로 웃고, 말하고, 행동하려고 노력하자. 만일 여러분이 지금 앉아 있는 방에 신이 들어와서 "현재 너는 어떤 삶을 살고 있는지 의자에 앉아서 자세히 말해주렴."이라고 말한다면 여러분은 어떤 자세로 앉을까? 어깨를 펴고 앉을까? 눈은 살짝 풀린 듯 반쯤 뜨고 있을까? 아니면 힘을 주고 크게 뜨고 있을까? 신의 말을 열심히 경청할까? 아니면 신의 말은 듣지 않고 자기 혼자 말하기에 바쁠까? 여러분의 마음속에 롤모델을 만들자(신도 좋고, 다른 누구라도 좋다). 그 롤모델이 여러분을 늘 지켜보고 있다고 생각하면서 겉모습에 신경 쓰자. 어깨를 펴고 허리를 세우는 이런 신체적인 특징들 역시 하나의 습관이다. 결코 우습게 여겨선 안 된다. 여러분이 생각하는 것보다 훨씬 더 큰 부수적인 효과를 만들어 낼 것이다.

인생에서 미소가 얼마나 중요하다고 생각하는가? 미소의 위력을 조사한 연구가 수없이 많다는 사실을 알고 나는 정말 놀랐다! 언젠가 시간이 되면 인터넷에 미소의 효과에 대해 검색해보자. 최근에 알게 된 사실에 따르면 우리가 미소를 지을 때 뇌는 이렇게 말한다고 한다. "스트레스 받은 줄 알았는데 미소 짓는 것을 보니 아닌 것 같네." 치아를 드러내고 환하게 웃는 순간 스트레스는 사라진다. 무의식의 힘이 아주 강력하기 때문에 뇌에 이렇게 전달한다. '나는 지금 웃고 있어요! 행복해요!'

많이 웃을수록 오래 산다는 말을 들어봤는가? 실제로 웃으면 혈압이 낮아진다는 사실을 입증한 연구 결과가 있다. 더 자주 웃으면 친구를 더 많이 사귈 수 있고, 그러면 좋은 친구를 사귈 가능성이 더 커진다. 그리고 행복한 결혼 생활에도 좋은 영향을 미친다. 한 의사는 고등학교 졸업사진을 모아서 그 중에 미소를 가장 크게 지은 사람들과 가장 심각한 표정을 한 사람들을 비교하는 연구를 진행했다. 어느 쪽이 더 행복했고, 수입이 더 높았고, 인간관계가 더 좋았는지, 그리고 누가 더 오래 살았는지를 연구하기 위해 30년이 지난 후 그들을 분석했다. 졸업앨범에서 미소를 짓던 사람들이 미소를 짓지 않은 사람들보다 모든 영역에서 훨씬 좋은 결과가 나왔다. 놀랍지 않은가!

단순히 미소만으로도 이 모든 것이 가능하다면 허리를 꼿꼿하게 세우고, 고개를 높이 들고, 어깨를 펴고, 에너지와 열정을 가지고 말을 한다면 우리의 인생은 어떻게 될까? 여러분이 긍정적인 에너지를 뿜어내어 사람들이 함께하고 싶어 하는 사람이 된다면 어떻게 될까? 처음에는 그런 시늉만 한다 할지라도 머지않아 사람들이 여러분과 함께 어울리고 싶어 할 것이다. 겉으로 보이는 당신의 모습이 더 좋아지면 비슷한 사람들이 여러분의 인생에 들어오게 되고 여러분을 실망하게 한 사람들과는 멀어지게 된다. 그렇다. 이것이 풍요로움을 인생에 끌어들일 수 있는 성공 습관이다. 이 성공 습관을 가볍게 여기지 말자. 내면의 악인이 우리의 신체까지 마음대로 조종하게 내버려 두지 말자. 당신은 환한 빛과 같다. 그 어떠한 것도 당신의 빛을 어두워지게 만들도록 내버려 두지 말자.

성공하는 사람의 대화법

성공한 사람은 말을 가려서 듣는다

사람들이 여러분에게 하는 말이나 여러분이 사람들에게 하는 말에 대해 생각해본 적이 있는가? 이런 말들이 인생에 어떤 영향을 미칠지 생각해본 적이 있는가? 말 한 마디가 내면의 악인을 키울 수도 있고 작아지게 할 수도 있다. 이제부터는 말이 미치는 다양한 영향을 알려주고 싶다. 말의 영향력을 모른 채 특정 단어들이 부정적인 감정을 유발하도록 내버려 두기 시작하면 우리의 일상은 성공과 멀어지게 된다.

멍청하고, 게으르고, 못생겼고, 뚱뚱하고, 대책 없다는 말이 자신에게 상처가 될 수 있는 말이라는 것쯤은 모두가 알고 있다. 말이 우리에게 해로운 영향을 끼치는 것은 그런 단어 하나하나가 우리의 감정 상태를 변화시킬 때다. 인간으로서 우리는 우리가 듣는 단어에 따라 슬픔, 외로움, 분노 등 다양한 감정을 느낀다. 그런데 이렇게 감정의 변화를 일으키는 단어들은 오랫동안 마음속에 상처로 남기 쉽다. 꼭 그래야만 하는 것인가? '돌과 몽둥이는 뼈를 부러뜨릴 수 있지만 말은 절대 상처를 줄 수 없다.'라는 말의 의미를 생각해보자. 이 말에 현실적으로 동의하기 쉽지 않다. 하물며 친구끼리 사소한 말 한마디로 감정이 상하고 다투는 일이 일상이지 않은가? 그런데 다르게 생각해보면 같은 상황에서 같은 말을 들었을 때 상처를 받는 사람이 있는가 하면 대수롭지 않게 넘어가는 사람도 있다. 현재 내가 이 책을 쓰고 있는 시점에서 각각 일곱 살 그리고 아홉 살인 내 아이들에게 제일 먼저 가르치는 것이 있다. 다른 사람의 말과 행동을 아이들이 받아들이지 않으면 그들에게 아무런 영향을 끼칠 수 없다는 것이다. 누군가는 상처 받는 말에 누군가는 아무렇지 않은 이유가 바로 이것이다.

나는 책을 통해 이 말을 상당히 많이 했다. 당신은 온도계가 되고 싶은가? 아니면 보온병이 되고 싶은가? 스스로에게 매일 이 질문을 하자. 상처 받으라고 던진 말에 상대가 원하는 대로 상처 받고 눈물을 흘리며 병이 날 만큼 스트레스를 받고 싶은가? 아니면 다른 사람이 무슨 말과 행동을 하든 개의치 않고 행복한 마음을 유지하고 싶은가? 자신의 즐거움과 열정은 스스로 만드는 것이다. 신경 쓰지 않으면 그만일 다른 사람의 말에 불필요하게 반응하여 스스로를 상처 입히고 불행하게 만들지 말자.

결국 상처를 받고 안 받고는 선택의 영역이다. 원한다면 누구나 부정적인 감정을 유발하는 말에 타격을 받지 않겠다고 선택할 수 있다는 것이다. 만약에 1달 전, 1년 전, 또는 20년 전에 들은 말이 여전히 상처로 남아 불편하게 느껴진다면 그 말이 당신에게 상처를 입힐 수 있게 허락한 사람은 바로 당신이다. 마음만 먹으면 자신이 상처 입을 수 있는 말의 힘을 얼마든지 없앨 수 있다. 그렇다면 지금 당장 그 힘을 없애고 싶지 않은가?

부정적이고 감정적인 말이 자신에게 상처를 주게 내버려 둘수록 우리는 내면의 악인에게 더 큰 힘을 쥐어주는 셈이다. 그 결과 자신감은 하락하고, 스스로에 대한 불안과 의심은 깊어지고, 세상을 부정적인 시선으로 바라보게 된다. 풍요로웠던 우리의 마음은 한순간에 빈곤한 마음으로 바뀔 수 있다.

빈곤한 마음에 갇힌다는 것은 매우 부정적인 사람이 된다는 뜻이 아니라 마음이 너무 위태로워졌다는 것을 의미한다. 마음이 위태로워지면 자신이 될 수 있는 최고의 모습이 되기 힘들다.

어떻게 하면 우리에게 부정적인 영향을 미치는 말의 힘을 빼앗을 수 있을까? 토니 로빈스가 한 연습을 따라 해보자. 사람들이 낱글자가 모여 이룬 단어에 어떤 의미를 부여하는지 알려주기 위해 토니는 'Bumm'이라는 단어를 말했다. 그리고 청중에게 이 단어는 영국 사람들이 사용하는 단어로 Butt(엉덩이)와 같은 의미라고 말했다. 말을 잠시 멈춘 그는 다음과 같이 질문했다. "만약 내가 Ass(엉덩이)라고 한다면 어떨까요? 다른 의미로 받아들이거나 기분 나빠하는 사람이 있을까요? 그는 Penis(성기)와 Vagina(질)와 같이 다른 은밀한 신체 부위를 지칭하는 단어도 정도가 조금씩 다른 단어를 사용했다. 그가 점차 어떤 방향으로 단어들을 사용하는지 보면서 당신은 상상력을 발휘할 것이다. 같은 신체 부분을 지칭하지만 더 원색적인 단어를 사용하자 당혹해하는 사람도 있었고 쓴웃음을 짓는 사람도 있었다. 토니가 질문했다. "차이점이 무엇인가요? 제가 말한 모든 단어는 정확히 똑같은 것을 지칭합니다. 단지 여러분이 그 단어에 다른 의미를 부여할 뿐이죠."

맞는 말이다. 청중은 곧바로 그의 말뜻을 이해했다. 이 연습은 사람들이 자의적으로 특정 단어에 불필요한 힘을 부여한다는 점을 확실하게 깨우쳐준다. 특히 부정적인 맥락에서 단어에 유독 힘을 준다. 여러분은 의도적으로 단어에 힘을 불어넣을 수도 뺄 수도 있다.

지금껏 자신의 인생에 지대한 영향을 끼친 단어들을 적어보자. 예를 들어 '허접한 일', '실망했어', '다시 해'와 같은 단어들 말이다. 하나의 단어일 수도 있고 여러 개의 단어일 수 있다. 이제 여러분이 할 일은 왜 이런 단어들이 여러분의 인생에 그렇게 큰 영향력을 갖게 되었는지 그 이유를 생각해보는 것이다. 그리고 여러분이 그 단어에 무의식적으로 불안감을 조성하거나 다른 부정적인 감정을 유발할 힘을 부여해왔다는 점을 자각하자. 단어는 말 그대로 그냥 단어일 뿐이며 여러분이 필요 이상으로 힘을 부여하지 않는 이상 단어 그 자체로는 아무런 힘이 없다.

성공한 사람의 말투

이제 주제를 좀 바꿔서 우리가 일상적으로 사용하는 단어의 힘을 살펴보자. 누군가에게 "나 너무 스트레스 받아."라는 말을 하면 어떤 일이 벌어질지 생각해보자. 일단 그런 단어를 사용하는 순간 감정을 말로 표현하게 된다. 즉, 당신이 스트레스를 받지 않았다 할지라도 말을 한 순간부터 스트레스를 받게 되는 것이다. 왜냐하면 당신의 무의식이 당신은 스트레스를 받았다고 말하기 때문이다. 누구나 자신의 감정을 표현하는 단어 열 개 아니 스무 개씩은 가지고 있다.

기분이 썩 좋지 않은 전화를 받았다고 생각해보자. 전화를 끊고 나서, "진짜 열 받아!"라고 말한다. 그리고 나면 어떤 일이 벌어질까? 열 받은 채로 돌아다니게 된다! "이건 도저히 못 참겠어!"라고 말하면 곧 그 감정에 사로잡혀 온종일 화가 난다. 사람마다 각자 자신을 부정적인 감정에 가두는 도화선이 되는 강력한 단어들이 있다. 당신의 감정 유발 단어에는 어떤 것들이 있는가? 이제 책을 내려놓고 당신이 종종 내뱉는 부정적 감정 유발 단어들이 무엇인지 적어보자.

"난 더 이상 못 해!"라는 말을 하면 감정이 격해지기 시작한다. 나는 그런 단어와 그 단어의 의미를 바꾸는 방법을 안다. 내가 쉽게 사용하는 방법을 여러분에게 알려주고자 한다.

그전에 몸이 말을 섬세하게 표현한다는 사실에 대해 생각해보자. 안부를 묻는 말에 웃고 있지만 어깨가 처지면서 "괜찮아."라고 말을 하는 친구가 있다. 그의 신체가 그가 한 말을 반영하는 것이다. 그를 보면 그럭저럭 괜찮아 보이지만 좋아 보이거나 아주 좋아 보이지는 않는다. 한편 항상 "요즘 너무 바빠."라고 말하는 다른 친구가 있다. 바쁘지 않은 주말에도 바쁘다고 말을 하는 순간 긴장하는 모습이 눈에 들어온다.

그들의 신체 반응과 조엘 웰던(Joel Weldon)의 경우를 비교해보자. 조엘은 내가 최근에 만난 사람으로 안부를 물을 때마다 항상 "최고야!" 라고 말한다. 그는 70대 중반이지만 "최고야!"라고 말할 때마다 얼굴에 생기가 도는 것을 볼 수 있다. 그는 생동감이 넘치고, 적극적이며 살아 있는 것처럼 보인다. 대답을 할 때면 눈이 환해지고 스물다섯 살로 돌아간 것처럼 보인다! 최고라는 말이 조엘의 긍정적 감정 유발 단어인 것이다. 그는 그 말을 할 때 의식적이든 아니든 매번 말을 하는 순간 밝은 모습으로 변한다. 감정 유발 단어가 있다면 조엘처럼 반드시 긍정적인 것이어야 한다.

이제 당신의 감정 유발 단어를 적어보자. 그 단어들을 적으면서 각 단어가 여러분 안에서 어떤 감정을 끌어내는지 설명해보자. 하나의 감정 유발 단어가 두려움, 외로움, 자기 연민 등 다양한 감정을 유발할 수도 있다.

감정 유발 단어를 직접 써보면 좋은 점이 있다. 그 단어들을 반대로 뒤집을 수 있다는 점이다. 앞서 우리는 어깨를 펴고, 미소를 크게 짓고, 눈썹을 위로 올리는 등 겉모습에 관한 이야기를 했었다. 이렇게만 해도 당신의 삶이 크게 달라질 것이다. 작은 신체 변화만으로도 당신은 즐겁게 하루를 보낼 수 있다. 더 나아가 당신의 어휘 습관에서 부정적인 감정 유발 단어까지 모두 없애버린다면 어떻게 될까? "너무 바빠서 힘들어 죽겠어요."라는 말 대신 "감사하게도 기회가 많이 주어져서 바쁘네요."라고 말한다면 어떨까? 먼저 부정적인 말을 내뱉기 전에 부정적인 단어나 말을 걸러내는 성공 습관을 들이자. 당신에게 부정적인 감정을 유발하지 않는 새로운 단어로 바꿔서 사용하자. 누구나 실수하기 마련이다. 혹여나 실수로 부정적인 말을 하더라도 바꾸어서 다시 말해보자. 예를 들어 "오늘 너무 일이 많아서 어떻게 해야 할지 모르겠어."라고 말을 했다면, 곧바로 말을 중단하고 "잠깐만! 아냐, 다시 말할게. 감사하게도 경험할 수 있는 기회가 주어져서 많이 배우고 있어."라고 말하는 것이다. 부정적 감정 유발 단어로 내면의 악인을 키우지 말고 내면의 영웅을 키우는 긍정의 단어를 사용하자.

옆에 있는 친구를 보면 미래가 보인다

주변에 누가 있는가? 당신은 누구와 가장 많은 시간을 보내는가? 당신과 제일 가까운 사람들은 누구인가? 내가 무슨 말을 하려는지 아마 짐작했겠지만 함께 알아보자.

가장 가까운 사람들이 우리에게 얼마나 큰 영향을 미치는지 대부분 알고 있다. 우리에게 힘을 주는 사람들도 있는가 하면 자신감을 빼앗아가는 사람도 있다. 혹시 이렇게 생각하는가? '나는 부정적인 성향의 친구들이 있지만 그들에게 신경 안 써.' 내 생각은 조금 다르다. 내가 지금까지 만난 모든 업계의 거물과 인생이 바뀐 사람들, 세상을 바꾸는 위대한 사람들은 그들에게 가장 가까운 사람들과의 큰 공통점이 있다며 이렇게 말했다. "여러분 주변에 있는 사람들이 여러분의 미래를 결정합니다."

당신에게 부정적인 친구 세 명과 긍정적인 친구 세 명이 있다면, 당신의 미래는 그 중간쯤 될 것이다. 친구들 전부가 인생을 대충대충 살고 경제적으로 힘들게 살고 있다면 당신도 어려운 경제 상황을 벗어나기가 힘들 것이다. 당신은 매일 긍정적인 태도를 취하려고 노력하지만 배우자가 매우 부정적인 사람이라면 긍정적인 삶과 부정적인 삶의 중간쯤을 살게 될 것이다. 그렇다고 이혼하라는 뜻은 아니다. 오해하지 말자.

세상에는 두 부류의 사람들이 있다. 배터리를 충전시키는 사람과 방전시키는 사람이다. 나는 이 개념을 나의 좋은 친구 조 폴리시(Joe Polish)로부터 배웠다. 어느 날 우리가 함께 점심을 먹고 있을 때 그가 말했다. "딘, 네가 어떤 누군가와 함께 있는데 특별한 이유 없이 매번 기분이 좋아진다면 그건 그 사람이 배터리를 충전시키는 사람이기 때문이야. 그 사람과 시간을 함께 보낼수록 너는 에너지가 생기고 앞으로 더 많은 걸 성취할 수 있겠다는 생각이 들면서 자신감도 생겨. 너도 모르게 그들의 긍정적인 성공 습관을 따라 하게 될 거야. 반면에 몇 분만 같이 있어도 금세 에너지가 고갈되는 사람이 있어. 그 사람은 너의 긍정적인 에너지를 빨아먹고 배터리를 방전시키는 사람이야! 곧 그들의 나쁜 습관과 부정적인 태도까지 따라하게 되고 그것이 너의 습관으로 자리 잡지."

조의 말을 듣기 전에 나는 어떤 사람들을 곁에 둬야 하는지 스스로 정한 기준이 있었다. 조가 말한 에너지를 충전시키는 사람과 방전시키는 사람이라는 표현이 딱 들어맞았다. 그래서 나도 그 말을 쓰기 시작했다.

　나는 처음 만나는 사람을 보면 그들이 에너지 충전기인지 방전기인지 재빨리 파악하는 습관이 있다. 예를 들어 "오늘 하루 어땠어?"라고 질문했을 때 그들의 반응에서 많은 것들을 알 수 있다. 그들이 "환상적이었어!" 또는 "최고였어."라고 말한다면 그들은 함께 대화하고 싶고 더 알아가고 싶은 충전기 같은 사람들이라는 신호다. 그들이 어떻게 행동하고, 어떤 습관을 갖고 있고, 어떤 직업 윤리를 가졌는지 더 다양한 것들에 대해 관심 있게 살펴보자. 반면 "오늘 하루도 정말 힘들었어. 이번주가 빨리 지나갔으면 좋겠어."라고 대답한다면 여러분은 그냥 고개만 끄덕이고 재빨리 그들과 멀어지고 싶을지 모른다. 나의 에너지는 너무나 소중하기 때문에 다른 사람에게 빼앗길 수 없다.

　"오늘 기분이 어때?" 누군가 여러분에게 같은 질문을 던지면 조엘의 습관을 떠올리자. "최고야!" 또는 그와 비슷한 대답을 하는 건 어떨까? 이 습관은 정말 사소하지만 강력한 효과가 있는 성공 습관이다.

　인간 본성의 법칙은 아주 간단하다. 부자가 되고 싶다면 경제적으로 성공한 사람들을 주변에 두어야 한다. 기업가가 되고 싶고 창업하고 싶다면 훌륭한 기업가들이나 자기 회사를 운영하는 사람들과 어울리면 된다. 더 좋은 몸매를 원하는가? 어떻게 해야 할지 이제 알 것이다!

　가장 친한 사람들과의 무리를 어떻게 구성해야 할까? 사회적 인맥을 넓히기 위해 성공하고 일을 중시하는 사람들을 친한 그룹에 의도적으로 포함시키는 습관을 지녀야 한다. 아마도 대부분은 이런 말을 할 것이다. "주변에 성공한 친구가 없어요." 열 명 중에 여덟은 그렇게 말할 것이다. 한 번에 하나씩 쉬운 것부터 시작해보자. 먼저 성공과 관련된 책을 많이 읽거나, 운동할 때 팟캐스트나 오디오북을 듣자. 또는 성공한 사람들이 갈 것 같은 모임에 참석하자.

앞서 말했듯이 여러분의 인생에서 부정적인 사람들을 일부러 밀어낼 필요는 없다. 그러나 대개의 경우 여러분이 발전하다 보면 그들은 자연스럽게 점점 멀어지게 된다. 여러분이 태도나 자세, 입 밖으로 내뱉는 말을 바꾸기 시작하면 그들은 여러분을 따라 하려 하거나 아니면 여러분과의 관계에서 스스로 떨어져 나갈 것이기 때문이다.

어떤 경우에는 여러분과 매우 가까운 사람이 부정적인 사람일 수도 있다. 그래서 그 사람을 밀어낼 수 없거나 그 사람과 멀어지는 것을 원치 않는 때도 있다. 안타깝게도 그들에게 긍정을 가르칠 수도 없고 그들의 부정적인 성향을 지적할 수도 없다. 말만 해서는 사람들의 나쁜 습관을 없앨 수 없다. 대신 여러분이 바라는 그들의 모습을 여러분이 직접 보여주면 된다. 여러분이 불을 밝혀 방을 아주 환하게 만들면 그들이 여러분처럼 밝게 불을 밝히도록 동기부여를 할 수 있다. 최고의 나를 찾는 여정에서 여러분이 동행하고 싶은 소수의 사람을 변화시킬 힘은 여러분 자신에게 있다. 그들의 인생을 환하게 밝히는 빛이 되어보자. 그렇게 하면 극도로 부정적이었던 사람도 긍정적으로 바뀔 수 있다.

앞서 소개한 성공 습관들이 사소해보일 수 있지만 엄청난 영향력은 부정할 수 없다. 성공을 만드는 건 운도 아니고 마법도 아니다. 내면의 악인을 무찌른 사람들이 가진 습관의 힘이다. 작은 습관의 힘만이 위대한 성공을 만들 수 있다.

무엇이든 새롭고 중요한 것은 기억할 게 많고 생활 속에서 실천할 게 많다. 앞서 말한 사실을 기억하자. 하루하루 살아가는 것만으로도 바쁜데 더 많은 것을 추가하려는 것이 아니다. 단지 기존의 습관을 조금씩 바꾸는 것이다. 부정적인 뉴스를 보는 것 같이 해로운 습관을 여러분에게 도움이 되는 습관으로 대체하면 된다. 습관을 바꾸는 데는 시간이 추가로 필요하지 않다. 그냥 몇 가지 나쁜 습관을 끊어내고 그 자리에 힘이 되는 새로운 성공 습관으로 채우기만 하면 된다. 그랬을 때 여러분은 같은 시간을 투자해서 완전히 다른 결과를 얻게 될 것이다. 이 책을 읽는 시간을 낼 수 있다면 성공 습관을 여러분의 인생에 적용할 시간도 기꺼이 낼 수 있을 것이다.

다음 장에서는 중요한 성공 습관인 자신의 '스토리' 이해하기로 들어가려 한다. 이제 우리는 내면의 악인을 이해했고 무엇이 내면의 악인을 키우는지도 알았다. 지금부터는 모든 부정적인 생각과 습관을 한 바구니에 담아 마구 뒤섞을 것이다. 그 결과물이 바로 여러분의 스토리가 된다. 여러분의 스토리는 모든 잠재력을 발휘하지 못하게 붙드는 무거운 닻이 될 수도 있고, 엄청난 성공과 부와 번영을 이룰 수 있도록 프로펠러가 될 수도 있다.

살면서 지금까지 들었던 부정적인 조언에 대해 생각해보자. 이 연습을 통해 그동안 들었던 조언 중에 어떤 것들이 당신에게 해가 되었는지 확인할 수 있다. 그리고 더 이상 조언을 할 자격이 없는 사람의 말에 귀 기울이지 않고 자신의 생각과 가치를 지켜나갈 수 있다. 나쁜 조언을 무시하는 습관을 만들어 자격 있는 사람의 좋은 조언을 받아들이고 내면의 악인을 밀어내자. 그러면 자신감이 한 단계 올라갈 것이다.

부정적인 영향을 받은 말은 무엇인가?

▶ _____

> 당신에게 어떤 영향을 미쳤는가? 그리고 이 말을 들었을 때 어떤 기분이 드는가?

▶ _____

> 당신에게 어떤 영향을 미쳤는가? 그리고 이 말을 들었을 때 어떤 기분이 드는가?

▶ _____

당신에게 어떤 영향을 미쳤는가? 그리고 이 말을 들었을 때 어떤 기분이
드는가?

어떤 말을 들었을 때 동기부여가 되는가?

▶ _____

▶ _____

▶ _____

백만장자의 세 번째 습관: 생각의 프레임을 바꿔라

4장

만일 고통과 고난의 시간이 없었다면
지금의 우리는 없었을 것이다. 불가능할 줄 알았지만
그 시기를 싸우며 꿋꿋이 버텨낸 시간에서 만들어진 것이다.
고통으로 인해 한층 성숙하고 강인한 사람이 될 수 있다.

−브렌든 버처드, 미국 라이프 코치이자 작가

제2의 전성기를 맞이한 60대 가정주부

고통을 해석하는 관점의 차이

사람은 각자 지금의 인생이 있기까지 하나 또는 여러 개의 스토리를 갖고 있다. 스토리에는 자신의 감정, 정신과 몸이 모두 담겨 있다. 그 스토리는 항해를 돕는 순풍일 수도 있고, 항해를 방해하는 장애물일 수도 있다. 중요한 것은 인생에서 순풍만 맞는 사람은 없다는 것이다. 항해를 하다 보면 반드시 장애물도 만나기 마련이다. 하지만 장애물에 부딪혀 그대로 침몰할 수는 없지 않은가? 성공하는 사람들과 성공하지 못한 사람들의 차이는 인생에서 장애물에 부딪혔을 때 과연 어떻게 대처하는가에서 출발한다.

　내면의 악인은 우리가 앞으로 나아가지 못하게 발목을 잡는 스토리다. 악인이 삶을 방해하는 방식을 보면 부정적인 스토리를 주입하여 앞으로 나아갈 힘을 빼앗는다. 심지어 부정적 스토리를 반복적으로 들려줌으로써 우리가 사실이 아닌 것도 사실이라고 믿게 만든다. 그래서 어떤 스토리를 생각하고 말해야 하는지 스스로 분명하게 알고 있어야 한다. 그렇지 않으면 악인이 주는 독사과를 끊임없이 받아먹으며 그에게 온 정신과 몸까지 완전히 지배당하게 된다. 더 나아가 발목을 잡는 과거의 스토리라면 과거에 버려 두고 현재에 집중해서 더 나은 미래를 향해 나아갈 수 있는 힘을 기르는 훈련을 해보자.

스토리와 비전을 일치시키려는 습관을 들이기 위해서는 약간의 노력이 필요하다. 더 나은 내일, 부와 행복, 미래의 성공을 얻을 수 있다면 노력을 쏟을 만한 가치가 충분하다. 그러니 소매를 걷어붙이고 함께 노력을 해보자. 최소한 절벽을 향해 열심히 달리고 있는 이들에게 낭떠러지를 피할 수 있는 기회는 만들어질 것이다. 이 장에서는 자기 자신에게 이야기하고 있는 스토리를 찾아낼 것이다. 그리고 겉보기에는 아무런 해를 입히지 않을 것 같은 스토리가 어떻게 잠재력을 최대한 발휘하지 못하게 방해하는지 알아볼 것이다.

첫 번째 단계로 현재 자신의 스토리가 생겨나게 된 계기를 먼저 알아보자. 그런 다음 능력을 제한하는 스토리를 자신이 원하는 곳에 데려다 주는 스토리로 바꿀 수 있는 방법을 알아볼 것이다.

생각의 한끗 차이가 만든 극적인 변화

나의 친한 친구인 지나(Gena)는 내 수업을 들었던 학생 중 한 명이었다. 처음 만났을 때 그녀는 인생에서 자신이 현재 어떤 사람인지, 미래에 어떤 사람이 될 수 있다고 생각하는지 자기 자신에게 늘 말하던 스토리가 하나 있었다. 그녀의 스토리를 말하기 전에 지나가 과거에 어떤 사람이었는지부터 먼저 설명하겠다.

지나는 남편 닉이 직장에서 열심히 일하는 동안 집안 살림을 도맡으며 부지런히 가족을 돌봤다. 청소를 하고 남편을 돌보며 가끔은 피아노 레슨까지 하며 경제적으로 보탬이 되었다. 말 그대로 슈퍼맘이었다. 무엇보다도 그녀는 자신의 역할을 진심으로 즐기며 만족하는 삶을 살았다. 안정적이고 탄탄한 가정을 위해 자신의 꿈과 목표를 미룬 것이라고 생각했다. 우리는 살면서 때때로 자신의 선택에 의문을 가질 때가 있는데 지나는 자신이 선택한 역할에 행복함을 느꼈다.

그러던 그녀가 우울해지는 순간이 찾아왔다. 자녀들은 대학을 가면서 하나 둘 차례로 집을 떠나 독립하기 시작했고, 딸이 훌륭한 남자와 결혼을 하면서 여러모로 가정에 큰 변화가 생겼다. 그때까지만 해도 그녀는 여전히 행복했다. 그러던 어느 날 남편이 말했다. "애들의 대학 등록금과 딸의 결혼식까지 지출이 많아져서 우리가 돈을 더 벌어야 하겠어." 그녀의 불행이 찾아온 건 이때부터였다. 닉의 말을 계기로 지나에게 내면의 악인이 만들어낸 가짜 스토리의 힘이 강해졌기 때문이다.

그녀의 스토리는 이렇다.

현재 60세인 난 최고의 아내이자 엄마로서 맡은 바 충실히 해냈어. 언제 어디에서나 가족을 생각하며 열심히 돌보았지. 이제는 그 일이 끝나 버렸어. 나는 늙고, 외롭고, 더 이상 할 일도 없어. 친구들은 편히 쉬면서 다가올 죽음을 대비하라고 말해. 특별한 기술은 없으니 피아노 레슨을 하면서 돈을 조금 더 비축해두거나, 아니면 백화점 같은 곳에서 손님을 맞이하는 안내원으로 일할 수 있겠지. 회사에서는 젊은 사람을 선호하니까 허드렛일이나 가능할까 나 같이 나이 든 여자가 할 수 있는 일은 거의 없을 거야. 그렇지만 난 지금까지 엄마로서 정말 잘 해냈으니 그것으로 되었어.

그렇게 나쁘지 않다고 생각하는가? 그렇지 않다. 이 스토리는 최악이다. 그녀가 더 이상 아무런 가치가 없는 존재이고 그녀의 전성기는 완전히 끝났다고 말하고 있기 때문이다. 하지만 이건 사실이 아니다. 최고의 아내이자 엄마로서의 삶을 선택한 것을 빌미로 내면의 악인이 만들어낸 스토리다. 악인은 실제로 그녀가 가진 능력과 가치와는 완전히 다른 스토리를 만들어내 불안감을 조성했다. 그리고 지나가 자신에 대한 의문을 품으며 우울함에 빠지도록 유도했다. 사실이 아님에도 불구하고 지나 스스로 너무 자주 말한 탓에 악인이 만들어낸 스토리는 사실처럼 느껴졌다. 무의식적으로 자기 자신에게 반복적으로 이야기함으로써 세뇌당하듯 믿게 된 것이다.

이는 일반적으로 사람들에게서 흔히 나타나는 반응이다. 우리가 매일 자신에게 말하는 스토리로 인해 생기는 감정들이 우리의 인생을 만든다. 이를 한 문장으로 간략히 요약하기는 어렵지만 가장 가깝게 표현하자면 이렇다. 여러분의 감정과 생각, 그리고 스토리가 곧 여러분의 인생이다. 이 세 가지 요소들은 항상 자기 자신을 나타내는 간접적인 설명이자 표현이다. 우리가 무엇을 하든 모든 일에 세 가지를 모두 투영시키기 때문이다. 지나의 경우 '나는 뛰어난 능력도 없는 데다 이제는 나이가 들어 할 수 있는 일이 별로 없어. 아마도 지금이 내 인생에서 가장 어두운 시기일지 몰라. 결국 받아들일 수밖에 없겠지.'라는 식으로 투영되었다. 지금까지 그녀는 자신과 자신의 삶을 이렇게 여기며 살았다. 그러나 내 책을 읽은 후로 지금까지 자신이 굳게 믿어온 이야기가 거짓말이라는 사실을 서서히 깨닫게 되었다.

지나는 내면의 악인을 인식하고 머릿속에서 이야기를 어떻게 만드는지 알게 되자 악인을 없애겠다고 다짐했다. 악인이 어떤 역할을 하는지 알면 알수록 더 이상 자신에게 해로운 영향을 미치도록 내버려 둘 수 없다고 생각했다. 그리고 이 악인을 단순히 자신의 침체기를 나타내는 상징으로 여기지 않고 실제로 존재하는 적처럼 받아들였다.

지나는 자신의 스토리를 바꾼다면 현재와 미래를 바꿀 수 있다는 것을 깨달았다. 그리고 마침내 스토리를 바꾸었다! 이전과는 완전히 다른 새로운 스토리를 말하기 시작했다. 그녀의 인생, 가족, 그리고 그녀 앞에 놓인 미래를 180도 바꿀 스토리는 이렇다.

나는 현재 63살이다. 젊을 때나 지금이나 난 여전히 강하고, 활기차고, 아름다워. 나이가 들었다고 해서 달라진 건 없어. 남들이 할 수 있는 일이라면 그게 무엇이든 나도 할 수 있고, 만약 내가 할 수 없다면 그 누구도 할 수 없는 일이야. 숫자에 불과한 나이 따위로 나를 제한할 수 없어. 오히려 지금껏 살아오면서 경험을 통해 하나하나 축적한 지혜로 더 현명하고 빠르게 행동할 수 있어. 나이뿐만 아니라 그 어떤 것도 내 인생의 기쁨과 행복, 부, 풍요로움을 향해 내딛는 걸음을 막을 수 없어. 나는 올라서게 될 인생의 다음 단계를 발견했어. 내가 가진 뛰어난 재능을 힘껏 발휘해서 반드시 올라갈 거야.

세상에! 자신의 전성기는 지났고, 이제는 나이가 들어서 몸을 웅크리고 있다 조용히 사라지길 기다릴 때라고 생각하던 여성이 어떻게 이런 생각을 할 수 있단 말인가. 완전히 다른 사람의 스토리이지 않은가! 새로운 스토리는 지나를 새로운 길로 들어서게 했다. 스토리와 습관을 바꾼 5년 동안 그녀는 다음과 같은 성과를 이루어냈다.

- 완벽한 삶을 살기에 충분하고도 넘치는 사업체를 운영하기 시작했다. 그 덕분에 남편은 더 이상 경제 활동을 하지 않아도 되었다.
- 미국 도시 25곳 이상과 세계 수많은 나라를 여행했다.
- 자신의 변화를 바탕으로 강연을 했다.
- 자신의 경험을 실은 책의 공동 저자로 참여했다.
- 시애틀만을 한눈에 내려다볼 수 있는 꿈꾸던 집을 샀다.
- 자녀의 대학 등록금을 모두 냈다.
- 회사가 벌어들인 수익으로 환상적인 가족 휴가를 다녀왔다.
- 체중을 감량하고 인생 최고의 몸매를 가지게 되었다.
- 아들에게 에너지를 고갈시키는 회사 일은 그만두고 그녀의 새 사업에서 일을 하라고 제안했다.
- 좋은 와인과 훌륭한 음식을 즐기게 되었고, 하나님과의 관계가 한 단계 더 발전했고, 그 관계를 소중하게 생각하게 되었다.
- 그녀의 버킷 리스트에 있던 거의 모든 일을 했다.
- 내가 아는 사람 중 가장 많이 웃는 사람이 되었다.
- 원하는 일을 달성하기 위해 노력해서 성취하는 자신의 모습을 지켜

보며 자녀들이 영감을 얻었다(지나는 이 점이 그녀의 가장 큰 성공이라고 말했다).

잠들어 있는 잠재력을 깨우는 스토리

이제 잠시 생각해보자. 지나의 새로운 현실은 외부적 요인이 바뀌어서 나타난 결과가 아니다. 복권에 당첨되거나 부모님에게 유산을 물려받은 게 아니다. 파티에 가서 운 좋게 만난 사람으로부터 좋은 일자리를 얻게 된 것도 아니다. 지나는 자신의 인생에서 온도계가 아닌 보온병으로 산 것이다. 그녀가 스토리를 어떻게 바꾸었는지, 그 결과 무엇을 얻었는지 보고도 아직 당신의 스토리를 바꾸겠다는 의지가 생기지 않는다면 당신은 오래된 스토리에 아주 깊숙이 빠져 있다는 뜻이다.

스토리가 자신의 발목을 붙잡고 있다는 걸 깨달았을 때 지나가 파산 상태였거나 절망에 빠져 있었던 것은 아니다. 당신처럼 현재의 삶을 평범하게 살고 있었고, 잠재력을 폭발시키지 못해 다음 단계로 나아가지 못하고 있었을 뿐이다. 그녀가 자신의 스토리를 다시 쓰기 시작한 이유는 더 많은 것을 성취하기 위해 외부의 도움이 필요 없다는 것을 깨달았기 때문이다. 새로운 스토리의 탄생이 그녀에게 무너지지 않는 평화와 마음의 행복을 가져다주었다.

이제 이런 생각을 할지도 모르겠다. '그건 지나니까 가능한 일이지. 내가 지나만큼 똑똑하지 않고 강하지 않아도 과연 가능할까?' 지나만 특별히 극적인 변화를 경험한 경우라고 의심할 수 있다. 그러나 적어도 내 경험상 지나는 절대 특별한 경우가 아닌 지극히 일반적인 경우였다. 나는 모든 유형의 학생들을 만나보았다. 모두 다양한 IQ 수준, 성장 배경, 성격, 능력을 갖고 있었다. 그리고 그들 모두 지나보다 능력이 부족하지 않았다. 지금 당신이 인생에서 어디에 있는지는 중요하지 않다. 훌륭한 직장에 다니고 있든, 화목한 가정을 이루고 있든, 또는 아무것도 성취할 필요 없을 만큼 이미 부자이든, 반대로 돈은 많지 않지만 무언가 원하는 바를 성취했든 현재의 당신은 중요하지 않다. 지금 어떻든 간에 이제는 스토리를 바꾸어야 한다. 그 스토리가 당신이 최고의 삶을 살지 못하도록 방해하고 있기 때문이다. 자신의 스토리를 바꾸고 인생을 바꾸자.

당신이 지나로부터 영감을 얻어 자신의 스토리를 바꾸게 내버려 두고 나는 이제 그만 손을 뗄 수도 있다. 하지만 그렇게 된다면 아마 당신은 하루 이틀 영감을 받고 난 다음 다시 예전으로 돌아갈 것이다. 지금까지 깨닫게 된 사실이 뿌리를 내려 인생에 영원히 남도록 해야 한다. 그래서 내가 당신과 함께 바꿔나갈 것이고 바꿀 수 있는 도구를 손에 쥐어줄 것이다. 당신이 항상 스스로에게 말하던 스토리를 바꾸고, 생각을 바꾸고, 성공 습관을 길러서 재정을 포함한 인생의 모든 영역에서 한 단계 올라설 수 있도록 자신감을 키워주는 특별한 도구를 줄 것이다. 이제 당신의 발목을 붙잡는 모든 스토리를 공개할 시간이다.

당신의 스토리는 무엇인가

가능성을 제한하는 현재 스토리

스토리를 더 구체적으로 이야기하고 자기 자신을 구속하는 생각을 없애려면 반드시 과거에 대해 짚고 넘어가야 한다. 당신에게 인생의 큰 변화가 생긴다면 어떤 변화를 경험하고 싶은지 생각해보자. 대개 돈을 더 많이 벌거나, 창업을 하거나, 사업을 확장하거나, 자신이 좋아하는 일을 찾는 것이 바라는 변화일 것이다. 그럼 독서를 잠시만 멈추고 이 같은 바라는 일들이 왜 아직 일어나지 않았는지 스스로에게 물어보자. 걸러내거나 변명하지 말고, 합리화 시키지도 말고, 부인하지도 말고 솔직하게 있는 그대로 자신이 생각하는 이유를 적어보자.

이 연습을 쉽게 하기 위해 아래 요인 중 어떤 것이 변화를 막고 있는지 생각해보자.

- 경제
- 시간
- 상사
- 직원들
- 배우자

- 교육 수준
- 재원 부족
- 건강
- 인간관계

이 외에도 다른 가능성이 많다. 당신이 꿈을 달성하는 데 어떤 장애물이 있는지 생각할 때 도움을 주기 위해 위의 목록을 제시한 것이니

참고하길 바란다.

자신이 원하는 바를 이루지 못한 이유를 생각하면서 가장 먼저 떠오르는 생각에 집중하자. 지금 당신의 머릿속에 있는 스토리는 무엇인가? 대부분 모든 분야에서 성장하고 싶지만 그렇지 못할 때는 다음 단계로 나아가는 데 걸림돌이 되는 스토리가 반드시 있다. 이 스토리는 마음만 먹으면 얼마든지 무너뜨릴 수 있는 벽과 같은 것이다. 다만 반드시 이 벽의 존재를 알아차렸을 때만 가능하다.

내면의 악인이나 진정한 이유의 부족과 같이 앞장에서 제시한 원인이 어떻게 자신을 제한하는 스토리를 만들어내는지, 어떻게 그 스토리가 무의식 속에서 아무런 의심 없이 받아들여지는지 이해했는가? 스토리를 생각하면서 그 스토리가 어떻게 당신의 일부가 되었는지 이유도 함께 생각해보자. 매일같이 듣게 되는 부정적인 뉴스가 부정적인 스토리를 뒷받침했을 수도 있다. 혹은 약점을 보완하려고 노력해야 한다는 가르침 때문에 지금의 스토리가 만들어졌을 수도 있다. 또는 친구의 나쁜 조언으로 부정적인 스토리가 뿌리를 내려 진실이 되고 믿음이 되었을 수도 있다.

이런 이유까지도 머릿속에 떠오른다면 함께 적어보자. 떠오르지 않는다면 잠시 책을 내려놓고 무엇이 발목을 붙잡고 있는지 조금 더 생각해보자. 어쩌면 당신은 이 연습을 거부하고 있을지 모른다. '나는 스토리가 없어. 이게 현실인데 무슨 스토리?'라고 말하고 있을 수 있다. 만약 그런 생각이 든다면 당신이 현실이라고 믿는 그것을 적어보자. 자신의 스토리를 발견하기 위해 지나의 과거 스토리와 앞서 나열한 목록을 참고한다면 도움이 될 것이다.

　이제 조금 더 깊이 들어가 보자. 이렇게 뿌리 깊은 스토리를 만들어 냄으로써 자신을 제한하고 있는 생각들을 찾아보자. 앞에서 말했듯이 이러한 스토리들은 당신도 모르는 사이 여러 해 동안 마음속에 내재해 있었을 수 있다. 유년시절까지 거슬러 올라갈 수도 있다. 알아 두어야 할 점은 대부분의 경우 우리의 힘을 앗아간 이 스토리들이 살면서 만난 사람들이 불어넣은 생각이라는 점이다. 한마디로 말해서 이러한 스토리는 우리가 잠재력을 충분히 발휘하지 못했을 때 무의식이 만들어낸 변명이다. 이 장이 끝날 때 자신을 제한하는 생각과 스토리를 영원히 벗어던지기 바란다. 지금부터 깊이 내재되어 있는 스토리를 찾아 끄집어내기 위해 도움이 되는 이야기를 하나 해줄 것이다.

　만일 조부모님이 대공황을 겪었다면 저축에 대해 극도로 보수적인 생각을 하고 있을 가능성이 매우 크다. "신중하게 행동해. 아무리 성격이 안 맞고 마음에 안 들어도 일은 계속 해야지. 위험을 감수하는 것은 생각보다 쉽지 않은 일이야."와 같은 말을 하거나 그런 생각을 할 것이다. 한 가지 알려줄 사실이 있다.

　대공황을 겪은 사람들은 당시 그야말로 지옥을 경험했다. 그 세대의 많은 사람들이 가족이 먹을 음식을 구하지 못했다. 역사상 그 시기는 하루하루가 생존을 위한 싸움이었기 때문에 잠깐의 실수도 받아들일 여유가 없었다. 인구의 상당수가 무슨 일이든지 닥치는 대로 했다. 돈 한 푼 한 푼 저축하지 않았다면 모든 걸 잃을 수 있었던 시기였다. 그렇기 때문에 만일 여러분의 조부모님이 이 시기를 지나왔다면 아마 여러분의 부모님에게 절약을 지나게 강조하며 기르셨을 것이다. 조부모님으로부터 심어진 저축의 중요성이 부모님을 통해 여러분에게까지 전달되었을 가능성이 높다. 이렇게 볼 때 당신의 발목을 잡고 있는 것이 이러한 배경일 수 있다. 하지만 그렇다 하더라도 스스로 인식하지 못하고 있을 것이다. 당신을 가두고 있는 두려움의 이유를 나는 알고 있다! 부모님과 그들의 부모님으로부터 전해 내려온 제한적인 사고방식 또는 스토리 때문이다.

당신이 직접 대공황의 시기를 겪지는 않았지만 머릿속에는 그 시기를 겪은 사람의 이상향이 일부 들어 있다. 이것이 바로 성공을 정체시키는 눈에 보이지 않는 싸움, 즉 내가 내면의 악인이라고 부르는 것이다. 이러한 생각은 당신이 따르는 종교에서부터 지지하는 정당, 인간관계에서 선택하는 사람의 유형에 이르기까지 인생의 모든 분야를 제한할 수 있다. 누군가 당신의 마음을 통제하고 있다는 말을 들으면 말도 안 된다고 생각하지 않겠는가? 그러나 실제로 당신의 인생에서 이런 일이 비일비재하게 일어나고 있다.

그러니 당신을 제한하는 생각과 스토리에 집중하자. 새로운 일을 시작하려고 할 때, 창업을 할 때, 돈을 더 많이 벌려고 할 때, 모델 같은 몸매를 만들려고 할 때 등 무언가 큰 변화를 만들려고 할 때 다른 사람에게 뭐라고 말하는가? 스스로는 어떻게 생각하는가? 머릿속에 떠오르는 생각이나 스토리를 적고 어떤 부분을 바꿔나가고 싶은지 적자. 앞장에서 적은 내용과 중복되더라도 걱정하지 말자. 아마 비슷한 내용일 것이다. 이 모든 활동은 현재 당신의 삶을 이끌고 있는 생각을 끄집어

내려는 것이 목적이다.

그런 다음 그 생각들이 어디에서 유래된 것인지 생각나는 대로 적어보자. 만일 그것들이 다른 사람들과 비슷하다면 당신은 자신의 스토리와 생각을 유심히 살펴보게 될 것이다. "세상에, 이건 아버지의 생각인데, 이건 교수님의 생각이잖아. 전 부인이나 전 남편의 생각이라니!"라고 말할 것이다. 이런 생각들이 다른 사람의 생각에서 비롯된 것일지라도 오랫동안 당신의 내면에 머물러 있었다면 현실로 나타나기 마련이다. 이제부터 이런 생각들이 얼마나 인위적인지 파헤쳐보자.

지금까지 파악한 생각을 바탕으로 당신의 스토리가 사실이 아닌 만들어진 이야기에 불과하다는 것을 증명할 것이다. 더 나아가 이를 어떻게 뒤집어서 당신을 제약하는 장애물들을 없애고 힘을 불어넣어주는 스토리로 만들지 알려줄 것이다. 어떠한 인생이든 성공에 도달할 수 있도록 말이다.

부정적인 스토리는 어떻게 영향을 미치는가

우리는 현재의 스토리로부터 얼마나 부정적인 영향을 받았는지 모를 수 있다. 다음 질문들은 스토리의 영향력을 알아보기 위한 질문들이다. 하나씩 답변해보자.

- 자신감을 떨어뜨리거나 파괴하고 자긍심을 낮추었는가?
- 당신을 화나거나 복수심에 불타게 만들었는가?
- 자기 자신을 의심하게 만들거나 불안 속에서 살게 만들었는가? 상담

을 받을 정도였는가?

- 건강, 직장, 마음의 안정, 인간관계 또는 행복을 빼앗아갔는가?
- 당신이 마땅히 가져야 할 진정한 인간관계를 방해하거나, 현재의 관계를 개선하지 못하게 했는가?
- 당신이 그렸던 부모의 모습이 되지 못하게 했는가?
- 새로운 사업을 시작하거나 자신의 아이디어로 더 큰 부를 창출하려고 시도하는 것을 두렵게 만들었는가?

아마 당신은 위에서 한 개 이상의 질문에 그렇다고 대답했을 것이다. 그렇다면 그로 인해 얼마만큼 손해를 보았는지 평가해보자. 자신에게 말하는 스토리 때문에 정확히 어떤 기회를 놓쳤는지, 어떤 손실을 보았는지, 어떤 문제를 겪었는지 적어보자. 완벽한 문장으로 쓰지 않아도 괜찮다. 종이에 모든 내용을 적어서 눈으로 확인하려는 것뿐이다. 나쁜 스토리나 부정적인 생각으로 인해 초래되는 고통과 기회의 상실을 직접 맞닥뜨려서 당신이 더 큰 분노를 느끼게 만들기 위함이다. 그러면 하루 빨리 스토리를 바꾸겠다는 마음을 먹을 수 있을 것이다. 조금 더 얘기해보자.

만일 부정적인 생각과 스토리를 바꾸지 않으면 미래에도 계속해서 손해를 보게 된다고 생각해보자. 5년, 10년, 20년 후의 인생을 상상해보자. 인생에서 원하는 목적지로 여행하는 중에 이런 스토리가 당신을 어떻게 방해하게 될까? 또다시 무언가를 잃고 기회를 놓치고서 후회하는 고통을 떠올려보자. 그런데도 아직 부정적인 스토리로 인생을 살아가겠는가? 앞으로도 지금과 비슷한 인생으로 살지 않고 더 나은 내일과 더 나은 미래를 원한다면 부정적인 스토리로 인해 입은 손해를 자각하며 스토리를 바꾸겠다는 결심이 서길 바란다.

내가 스토리를 바꾸지 않고 과거를 보냈다면 나는 지금의 성공과 풍요로움, 그리고 사랑을 이루지 못했을 것이다. 절대 지금의 경력은 없을 뿐더러 전 세계를 여행하거나 그 외에 많은 일을 하지 못했을 것이고, 수백만 명의 삶에 영향을 미치는 사람이 되지도 못했을 것이다. 무엇보다 내 아이들 브레나와 브로디에게 지금같은 아빠가 될 수 있었던 것은 스토리의 힘이다. 하나의 부정적인 스토리나 생각에 집착하면 삶의 많은 영역에 파장을 미치게 된다. 그러니 나를 방해하는 것이 아니라 나에게 힘을 실어줄 수 있는 스토리로 바꾸자!

'그럼에도 불구하고' 위대한 사람들

오래된 스토리를 영원히 없애기 위해서는 그 스토리가 쓰레기라는 명확한 증거가 필요하다. 학창 시절에 좋은 성적을 받지 못했고, 대학에 갈 정도로 똑똑하지 않았고, 그래서 나는 어떤 일도 할 수 없다는 스토리가 생겼다. 돈이 없어서 창업을 할 수도 없고 돈을 벌려고 하니 똑똑하지 않아서 아무것도 할 수 없는 무능력함을 스스로 탓했다. 지금 생각해보면 그때의 내 스토리는 너무나 어리석었다.

백만장자들 중에 대학을 가지 않은 사람을 아는가? 『네 안의 잠든 거인을 깨워라』의 저자로 유명한 토니 로빈스와 영국 버진그룹의 CEO, 리처드 브랜슨(Richard Branson)이다. 둘은 모두 대학교 졸업장이 없다. 리처드 브랜슨은 대학교를 들어가 2학년을 채 마치지 않았다. 이들뿐 아니라 빌 게이츠, 마이클 델, 아브라함 링컨, 앤드류 카네기, 앤드류 잭슨, 벤자민 프랭클린, 코코 샤넬, 헨리 포드, 제임스 카메론, 존 디 록커펠러 시니어, 월트 디즈니를 비롯해 세계적인 유명인사들 중에 많은 사람들이 대학을 나오지 않았다. 그러나 대다수의 사람들이 고학력일수록 더 크게 성공한다고 생각한다. 몇 해 전에 이 주제로 조사하면서 내가 가지고 있던 스토리는 쓰레기였음을 깨달았다.

나는 내가 글을 쓰게 될 줄은 꿈에도 몰랐다. 읽기 도움 반 학생이었던 나이기에 〈뉴욕타임스〉 베스트셀러 책을 여러 권 쓰는 것은 고사하고 책을 한 권 쓴다는 생각조차 할 수 없었다. 내가 유일한 이 원칙을 벗어난 예외적인 경우인가? 아니면 난독증이 있는 사람이 베스트셀러 책을 쓰는 일이 종종 가능한 일인가? 당연히 그런 사람들이 나말고도 더 있다. 따라서 나의 과거 스토리는 완전히 틀린 것이었다. 조금만 찾아보면 그 스토리가 얼마나 경솔하고 어리석은 생각이었는지 알 수 있다.

가난하고 불행한 어린 시절을 보냈지만 위대한 일을 해내고, 좋은 아버지가 되고, 의미 있는 인간관계를 맺고, 훌륭한 친구들을 사귀고, 부자가 되는 사람들이 분명 있다. 어쩌면 당신이 스스로 생각하는 스토리는 틀렸을 가능성이 크다. 그것을 증명하는 순간 성공으로 이어지는 문이 열릴 것이다. 발목을 잡는 문제가 여러분에게만 있다고 생각한다면 큰 오산이다. 나에게만 문제가 있고 나에게만 힘든 시련이 닥쳤다고 생각하는 스토리 자체는 허구라는 것을 증명해보자.

누구나 무한한 가능성을 가지고 태어난다

여러분이 믿는 종교와는 무관하게 이 세상에 신이 있다고 가정해보자. 만일 신이 "나는 너를 무한한 가능성과 함께 세상에 내려보냈다. 그런데 왜 너는 내가 바라는 최대한의 잠재력을 발휘해서 살지 않는 것이냐? 무엇이 너에게 최고의 삶을 살지 못하도록 방해하는 것이냐?" 라고 묻는다고 하자. 신의 질문에 대한 대답으로 "가난한 부모님 밑에서 자라며 어렵게 살았어요."라거나 "경제가 어려워서 쉽지 않네요." 혹은 "조언을 구할 멘토가 한 명도 없어요."와 같이 말한다고 상상해보자. 당신이 이렇게 대답한다면 과연 부끄럽지 않을 자신이 있는가?

세상에는 전쟁이나 질병과 같이 너무나 큰 고통을 겪고 훨씬 더 큰 비극을 견딘 사람들이 많다. 당신의 고난을 별 것 아니라고 깎아내리거나 엄살을 피운다고 비아냥거리는 것이 아니다. 다만 스스로 곰곰이 생각해보자. 대다수는 부모의 이혼을 겪었거나 경제적인 어려움에 시달렸거나 하는 등의 불행일 것이다. 과연 지금 불행하다고 느끼는 삶이 정말 그토록 불행한 걸까? 인생에서 겪을 수 있는 최악의 상황을 경험하는 것과 비교해 현실을 판단해보자는 것이다.

나는 정말 힘든 고난을 견뎌내며 불가능해 보이는 것을 성취하는 사람들을 봤다. 그들이 어두운 과거를 극복해낼 수 있었던 것은 단 하나의 집념이다. 앞으로의 삶이 계속 비극으로 정해지는 것을 거부하겠다는 것이다. 그래서 새로운 삶을 살기 위해 다른 스토리를 만들었다. 나약한 자신에 대한 핑계나 자기합리화의 결과로 현재의 삶이 지속되는 것이 아닌지 한번쯤 성찰해볼 때다.

지금까지 지나온 과정들은 새로운 스토리를 어떻게 바꿀 것인가에 대한 틀 잡기였다. 부정적인 스토리를 없애는 또 다른 방법은 그것을 소리 내어 크게 말함으로써 얼마나 우습게 들리는지 직접 귀로 들어보는 것이다. 몇 번 반복해보자. "내가 더 성공한 삶을 살지 못하는 이유는 _____ 때문이다." 나는 "난독증이 있어서 글을 잘 읽지 못했기 때문에 목표를 이룰 수 없었어." 라고 말한다고 하면 생각만 해도 낯부끄러워진다. 이처럼 누구에게나 주어진 무한한 가능성을 뒤로 하고 자신의 한계를 섣불리 단정 짓는 스토리에 대해 스스로 부끄러움을 느끼는 것이 목적이다. 과거에는 정신적인 고통으로 다가왔던 일이 입 밖으로 내뱉는 순간 얼마나 어리석은 생각인지 깨달을 수 있을 것이다. 물론 당신의 삶이 어쩌면 내가 상상하는 것 이상으로 불행한 삶일 수 있다. 다시 한번 더 말하지만 나는 여러분의 경험을 결코 깎아내리는 것이 아니다. 어떤 경험을 하고 어떤 고난을 겪었든지 자신의 가능성을 제한하는 스토리를 버리고 새로운 스토리로 바꾸는 데 도움이 되는 단계를 밟도록 하기 위함이다.

고난을 활용하는 법

고난과 역경이 주는 절호의 기회

이쯤 되면 자신의 스토리를 찾고 그 스토리가 얼마나 당신의 삶을 제한하고 있었는지 충분히 깨달았을 것이다. 그렇다면 지금부터는 본격적으로 스토리를 뒤집어서 힘을 불어넣는 스토리로 바꾸는 과정을 시작하자. 먼저 나의 경험을 보자.

학창 시절에 모든 사람들은 나를 멍청하다고 생각했다. 이것이 큰 상처가 되었고 나의 삶이 잠시나마 퇴보한 원인 중 하나라고 생각한다. 앞서 말했다시피 나는 난독증으로 인해 책 읽기가 무척 힘들었다. 당시 선생님과 다른 친구들은 나에게 바보라고 불렀다(내가 다닌 학교는 학생을 배려하는 말을 사용하지 않았다). 그러다 어느 순간 나도 모르게 다른 아이들처럼 읽을 수 없다면 다른 방면으로 뛰어날 방법을 찾기 시작했다. 만일 난독증이란 병이 없었다면 말을 잘하는 기술을 습득하지 못했을 것이다. 습득했다 할지라도 훨씬 더 오랜 시간이 걸렸을 것이다. 그러나 이 때문에 지금은 프롬프터나 대본이 없어도 몇 시간씩 무대 위에서 말을 할 수 있다. 어린 시절 겪었던 난독증이 간단명료하게 말하는 법을 터득하게 해준 셈이다. 아무리 복잡한 내용이라도 내가 설명하면 누구나 쉽게 이해할 수 있다. 각계각층의 수백만 명의 사람들이 내 메시지에 열광하는 것이 이에 대한 반증이다.

그렇다면 당신의 스토리에서 발견할 수 있는 좋은 점은 무엇인가? 당신의 삶에서 한때는 장애물이라 생각했지만 오늘의 당신을 만든 성장통은 무엇인가? 어쩌면 배우자가 바람을 피워서 그때는 세상이 끝난 것 같았겠지만 이제는 더 좋은 인연을 만나 함께하고 있을 수 있다. 왜냐하면 자신에게 맞는 사랑을 배웠기 때문이다. 한때 직장에서 해고 당해 자신이 너무나도 못나고 보잘 것 없게 느껴졌지만, 지금은 자신에게 더 많은 시간과 에너지를 투자할 수 있게 되고 정신적, 신체적으로 최고의 모습을 찾을 수 있게 되었다. 당신의 스토리에서 좋은 점을 찾아 힘을 주는 긍정적인 스토리로 만들자. 토니 로빈스는 이런 말을 했다. "인생은 우리를 위해 만들어진다. 우리에게 일어나는 것이 아니다." 나를 위해 그 일이 일어나지 않았더라면 나는 지금 여기에 없을 것이다. 그러니까 나쁜 스토리는 자신의 인격을 만들고 형성하는 큰 계획의 일부분이라고 여기자. 대신 좋은 점을 찾는 시선으로 자신의 스토리를 다시 돌이켜보자. 그러면 과거의 부정적인 스토리는 빠르게 힘을 잃고 긍정적인 스토리가 당신을 새롭게 지배하게 될 것이다.

더 이상 과거에 머물러 있지 마라

옛 추억으로 가득한 집에 있다고 상상해보자. 좋은 기억도 있고 나쁜 기억도 있기 마련이다. 집에 불이 났고 손에 작은 여행 가방을 하나 들고 있다고 하자. 주어진 시간은 단 1분이다. 1분 내에 중요한 것들을 빨리 챙겨 밖으로 나가야 한다. 그리고 집에 남겨진 것들은 불에 타 영원히 사라질 것이다. 챙길 수 있는 것들이 기억이라고 할 때 당신은 어떤 기억을 선택해서 가방에 담겠는가? 인생에서 성공 사다리를 올라 다음 칸에 올라타려면 앞으로 나아가는 데 도움이 되는 추억과 스토리만 챙겨야 한다. 당신의 마음이나 가슴을 짓누르는 나쁜 기억이라면 그냥 불에 타게 내버려 두자. 최고의 삶을 사는 데 도움이 될 것들만 함께 가지고 나오자. 과거는 당신 마음속에만 존재한다는 것을 기억하길 바란다. 단지 연구와 개발을 위한 하나의 소재라고 생각해야 한다. 과거에서 교훈을 얻는다면 더 좋은 사람으로 성장하고 더 훌륭한 삶으로 발전시킬 수 있다. 만약 과거가 당신을 고통스럽게 만들고 발목을 잡고 꿈꾸는 미래에 방해가 된다면 기억을 불태우자.

『지금 이 순간을 살아라(The Power of Now)』에서 에크하르트 톨레(Eckhart Tolle)는 말했다. "어제는 과거이고 지나간 과거는 바꿀 수 없다. 내일은 아직 촬영하지 않은 우리 머릿속에 있는 영화다. 그리고 우리는 이 순간밖에 존재하지 않는다! 내려놓을 수 있는 과거를 왜 다 짊어지고서 힘겹게 가려고 하는가?"

이제 당신의 스토리를 바꿀 시간이다. 이제 과거의 스토리가 당신에게 어떤 대가를 치르게 했고, 왜 그것이 사실이 아닌지(사실처럼 느껴지지만), 외부의 작은 요소가 어떻게 부정적인 마음에 기름을 붓는지, 왜 당신이 과거의 스토리에 분노를 느껴야 하는지 알았을 것이다. 이제 당신이 그 스토리를 다시 새롭게 만들어갈 최적의 타이밍이다. 예를 들어 '힘들었던 어린 시절 때문에 나는 절대 성공할 수 없다.'라는 스토리를 180도 바꿔서 '어린 시절은 비록 힘들었지만 그런 덕분에 더 잘 소통할 수 있는 특별한 능력을 가질 수 있게 되었다. 그리고 어릴 때부터 숱한 실패를 극복해왔기에 더 이상 실패에 좌절하지 않는다! 실패를 두려워하지 않는 용기와 끈기, 그리고 무엇이든 빨리 배우는 뛰어난 습득력이 합쳐지면 인생에서 부딪힐 한계는 없다!' 라고 새로운 스토리를 완성하는 것이다. 새로운 스토리는 나에게 힘이 되고 새로운 진실이 된다.

나처럼 당신도 새롭고 더 나은 스토리를 만들 수 있다. 기억하자. 당신의 과거가 어떻든 이제 과거를 그만 내려놓자. 당신에겐 쓰라린 고통만 주는 과거를 내려놓을 능력이 있다. 만일 누군가에게 배신을 당하거나, 돈을 훔친 적이 있거나, 부모님이 당신을 사랑하지 않는다 해도 그런 스토리들은 던져버리고 그 자리에 더 나은 스토리를 만들어 채우자.

무의식을 지배해야 할 새로운 스토리

새로운 스토리에 힘을 싣는 법

앞에서 당신의 과거 스토리가 얼마나 어리석은지 증명하는 순간 성공의 문이 열릴 것이라고 이야기했었다. 그 문을 열었다면 이제는 첫발을 내딛는 단계다. 문을 열 때와는 반대로 새로운 스토리가 진실이라는 증거를 찾아야 한다. 인터넷을 검색해서 찾아도 좋고 멘토나 성공한 친구들에게 물어보거나, 내 교육을 받은 코치와 대화를 하자. 무엇이 되었든 새로 완성한 스토리의 증거를 찾기 위해 모든 노력을 다 하자. 예를 들어 '역경이 나를 강하고 단단하게 만들었고 그래서 나는 이제 어떠한 시련이 닥쳐도 극복할 수 있다.'라는 스토리를 만들었다면,

과거에 역경을 극복하고 강인한 사람으로 오래도록 알려진 사람을 찾아보자. 이를테면 로사 파크스나 마더 테레사 또는 헬렌 켈러와 같은 사람들이 대표적이다. 세계적으로 성공한 사람들은 살면서 한 번 이상 지옥을 경험했다. 그들의 스토리를 찾아 당신의 새로운 스토리를 만드는 데 활용하면 도움이 될 것이다. 당신의 새로운 스토리를 증명해줄 증거는 어디에나 있다.

완벽한 스토리가 완성되었다고 생각될 때 스마트폰에 저장해두고 매일 읽을 수 있게 하자. 마치 주문처럼 반복해서 말하고 완전히 암기할 수 있도록 보고 또 보자. 과거의 스토리가 불쑥 튀어나오려고 할 때마다 의식적으로 새로 만든 스토리를 떠올리자. 습관처럼 머릿속에 과거의 스토리가 떠오른다면 이렇게 말하자. "진정해, 진정해, 진정해. 그 스토리는 사라졌어. 정말 끔찍한 스토리였어." 그리고 새로운 스토리로 다시 머릿속을 채워 버리자.

새로운 스토리가 하나든 여러 개이든 일단 새 스토리가 생기면 무의식 속에서 확실히 자리를 잡아야 한다. 몸을 만들기 위해 하루만 운동한다고 안 되듯이 새로운 스토리를 삶에 완전히 물들게 하기 위해서는 여러 번 반복적인 노력이 필요하다. 첫 번째로는 내가 개발한 훈련인 30일 도전을 활용해도 좋고, 아니면 자신만의 방식으로 매일 밤 자기 전에 30일 동안 스토리를 소리 내어 말하자. 잠자리에 들기 전 마지막으로 머릿속에 떠올리는 생각과 아침에 눈을 떴을 때 제일 먼저 생각하는 것이 새로 만든 스토리일 수 있도록 습관화하자. 적어도 한 달 이상은 일상에서 습관적으로 실천해야 한다.

두 번째, 당신의 삶에서 새로 만든 스토리를 들려주었을 때 기뻐할 사람이 있는가? 당신을 이상주의자라고 놀리지 않고 격려와 응원을 보내줄 사람을 찾자. 그 사람에게 당신의 생각이 어떻게 바뀌었는지 말하고 과거의 부정적인 스토리에서 긍정적인 스토리로 바뀔 수 있었던 과정을 모두 공유하자.

마지막 세 번째, 당신이 따를 수 있는 사람에게 관리자 혹은 코치가 되어줄 것을 부탁하자. 지금의 변화에서 벗어나 또다시 돌아가지 않도록 이끌어줄 사람이 필요하다. 당신에게 조언해줄 수 있고 인도해줄 수 있는 사람이 있다면 놓치지 말고 도움을 요청하자. 나는 인생에서 항상 곁에 남아주길 바라는 두 사람이 있다. 그럴 수만 있다면 이들에게 기꺼이 정기적으로 돈을 지불할 의향이 있을 정도다. 한 사람은 앞서 얘기한 적 있는 나의 멘토 댄 설리번이다. 나는 그를 만나기 위해 전략적 코치(Strategic Coach, 기업가를 위한 비즈니스 코칭 프로그램-역자)에 1년에 4번 참석하곤 한다. 그는 나를 관리하는 코치로서 내가 더 좋은 교육자이며 사업자, 그리고 더 좋은 사람이 되는 데 필요한 지혜를 깨우쳐준다. 짐작했을지 모르지만 다른 한 사람은 예상한 대로 조 폴리시다. 조 폴리시의 지니어스 네트워크 마스터마인드(Genius Network Mastermind)의 회원으로서 마케팅을 공부하는 데 그에게 많은 도움을 받았다. 그리고 댄 설리번과 마찬가지로 조 역시 내가 더 훌륭한 사고를 하며 긍정적인 생각에 집중하도록 도와주었다. 실제로 나는 이들에게 각각 연간 2만 5천 달러를 지급하고 있다. 왜냐하면 내가 길을 잃지 않고 나의 목표에 잘 도달할 수 있도록 책임지고 인도해주는 사람들이기 때문이다. 멘토가 될 수 있는 사람이 주변에 있다면 그 사람에게 그 역할을 맡기자.

10분의 기적

이 장을 마치며 끝으로 스토리와 관련한 성공 습관을 위해 남은 일은 새로운 스토리를 쓴 후 과거 스토리와 비교해보는 것이다. 하나의 스토리 혹은 하나의 생각만 독립적으로 바꾸는 것이 아니라 더 높은 목표에 도움이 되는 스토리를 모두 바꾸게 되면 인생에 얼마나 큰 변화를 일으키는지 알아보자. 그동안 수년간 혹은 더 오랜 시간을 과거의 스토리에 빠져 살았다. 무의식에서 이를 지워버리기까지는 시간이 꽤 걸릴 수 있다. 그래도 괜찮다. 인내심을 절대 잃지 말자. 끈기를 갖고 매일 아침저녁으로 새 스토리를 반복해서 말하자는 약속을 지키길 바란다. 매일 필요한 시간은 10분이다. 딱 10분만 새로운 스토리를 머리로 되뇌고 가슴에 새기는 시간을 갖자.

과거의 스토리를 바꾸고 내면의 악인을 죽임으로써 성공 습관에 대해 많은 것을 깨달았을 것이다. 무엇보다 중요하게 기억해야 할 사실은 내면의 악인을 죽이고 부정적인 스토리를 긍정적인 스토리로 탈바꿈할 때 내면에서 힘을 잃고 있던 영웅이 비로소 깨어난다는 것이다. 그렇게 되면 원하는 부와 행복을 손에 넣을 수 있는 길을 걷기 시작할 것이다.

●

인생에서 최대의 돌파구를 경험하고 싶은 영역이 있는지 생각해보자. 그리고 왜 당신이 그토록 원하는 일이 아직 이루어지지 않았는지 스스로에게 질문해보자.

먼저 이 연습을 하기 위해서는 다음 요소들 중 어떤 것이 돌파구를 막는지 생각해보야 한다. 경제, 돈, 시간, 교육, 건강, 인간관계, 상사, 직원, 배우자 등. 왜 당신이 원하는 삶에 도달하지 못했는지 그 이유를 생각할 때 즉시 드는 생각에 집중하라. 당신의 머릿속에는 어떤 스토리로 가득한가?

성공을 가로막는 것이 무엇인가?	부정적 스토리는 어디에서 생겨났는가?
▶	▶
▶	▶
▶	▶
▶	▶
▶	▶

백만장자의 네 번째 습관: 무엇이든 현실로 만드는 자신감

5장

자신감 없이는 절대로 오랫동안 큰 성공을 이룰 수 없다.
두려움에 떨다가 결국 아무것도 못하고서 주저앉고 말기 때문이다.
실패를 통해 배우고 자신의 목표에 도달할 때까지 다양한 방법들을
시도하며 꾸준히 행동하다 보면 무엇이든 성공적으로 해낼 수 있다.

-토니 로빈스, 미국 라이프 코치이자 작가

삶의 주도권을 가지고 싶다면

스스로를 능동적으로 통제하라

'영웅'은 용기 있고 뛰어난 업적이나 고귀한 자질로 존경받으며 우상
시 되는 사람을 일컫는 말이다. 그리고 내면의 악인이라고 할 때의 '내
면의'란 안 또는 깊숙한 곳에 있는, 정신적인이라는 뜻이다. 두 단어
의 의미는 따로 떼어놓고 보면 사람마다 다양한 의미로 여겨질 수 있
다. 그러나 합쳐서 '내면의 영웅'이라는 단어로 보게 되면 새로운 의미
가 형성된다. 잠재력을 완전히 발휘하는 사람, 한계가 없는 무한한 가
능성의 소유자, 최고의 모습으로 자신의 인생을 책임지는 사람과 같이
정의할 수 있다. 내면의 영웅을 깨우면 – 우리에게는 모두 내면의 영웅
이 있다 – 눈앞에 새로운 기회의 세상과 넘치게 풍요롭고 행복한 세상
이 열릴 것이다.

내가 이 장에서 내면의 영웅을 깨우는 최고의 방법을 설명할 때, 정
반대 개념인 내면의 악인을 잊지 마라. 지금까지 배운 것처럼 악인은
당신의 발전을 막고 자신감을 빼앗으며 새로운 성공 습관이 뿌리내리
지 못하게 방해한다. 내면의 악인이 당신을 더 이상 통제하지 못하게

될 때 악인은 물러나고 통제권은 영웅의 손에 들어간다. 악인은 당연히 통제권을 잃고 싶어 하지 않는다. 그러나 이 장이 끝날 때쯤 당신은 내면의 영웅을 통해 부와 번영을 얻을 수 있는 도구를 갖게 될 것이다.

내면의 영웅이 삶을 운영하면 당신은 자신감이 생기고 긍정적인 생각을 하게 됨으로써 해결책에 집중하는 사람이 된다. 반면 내면의 악인에게 통제받는 삶은 최고의 내가 되기 위해 필요한 용기와 에너지, 그리고 자신감을 잃게 만든다. 이제 그만 내면의 악인이 휘두르는 마음가짐을 벗어 던지자. 무엇이 악인을 강하게 만들며 어떻게 제거해야 하는지 알려주는 도구를 당신의 손에 쥐어주었으니 이제 악인의 심장에 단도를 꽂아 영원히 제거하라. 앞으로는 내면의 영웅이 당신을 통제하게 될 것이다.

이 과정은 내성적인 사람을 외향적인 사람으로 바꾸는 것처럼 완전히 다른 사람으로 변신하는 일이 아니다. 단지 오랫동안 행복하고 성공적인 삶을 사는 데 도움이 되는 것을 성취하는 과정이다. 더불어 당신에게 더 이로운 방향으로 맞추어가는 것이다. 자신감이 넘치는 내면의 영웅이 힘을 쓸 수 있게 될 때 당신의 무한한 가능성을 마음껏 펼칠 수 있다. 그리고 최고의 당신이 되었을 때 얻게 되는 결과는 무궁무진할 것이다.

기억하자. 나는 아무것도 없이 갑자기 마법처럼 성공할 수 있는 약을 주는 것이 아니다. 이 책을 읽는다고 그 즉시 부와 풍요로움을 기적처럼 누릴 수 있는 것이 아니다. 그러나 당신은 작은 변화를 만드는 방법을 배우고 빨리 적용함으로써 짧은 시간 내에 극적이고 긍정적인 영향을 직접 보고 몸으로 느낄 수 있다. 우리가 함께 이것을 해나가는 것이다. 당신은 그럴 자격이 있다.

나는 새로운 사고방식과 실전 연습을 아낌없이 공유해줄 것이다. 당신은 계속 이 여정을 하는 자신만의 진정한 이유를 상기해야 한다. 그것이 곧 동기부여가 될 원동력이니 절대 한 순간도 잊어서는 안 된다. 그렇지 않으면 실전 연습과 행동의 변화를 다음으로 미루기 쉽다. 이미 지금까지 줄곧 그래왔거나 한 번이라도 그런 경험이 있을 것이다. 그래서 대개 아무런 효과를 보지 못했을 것이다. 기존의 수많은 책과 달리 이 책은 그냥 영감이나 주고 듣기 좋은 이야기를 하는 책이 아니다. 사소한 행동 하나하나가 쌓여 거대한 긍정적인 변화를 만든다는 내용을 담은 책이다. 더는 바닥과 꼭대기를 오가는 롤러코스터로 살지 말자. 이제는 올곧은 직선을 따라 앞으로 조금씩 나아갈 시간이다.

마음의 준비가 끝났다면 배경 설명을 시작하겠다. 더 많은 걸 성취하기 위해서는 당신의 마음과 자신감이 핵심 요소다. 우울하던 중에 갑자기 좋은 일이 생겨 기분이 좋아졌던 적을 생각해보자. 은행 계좌에 생각했던 것보다 더 많은 돈이 들어 있었다거나, 배우자가 당신을 위해 특별한 이벤트를 해주었거나, 회사에서 승진했을 때 정도가 될 것이다. 이렇게 갑자기 우울하던 기분이 좋아진 순간을 기억하는가? 누구나 한 번쯤은 있는 일이다. 우리 스스로도 마음을 통제할 수 있는 도구만 얻는다면 외부 요인에 좌우되지 않고 마음을 한순간에 바꿀 수 있다.

현실적으로 보자. 자신감이 바닥일 때 위대한 일을 한 적이 있는가?

실제로 불가능하다. 이런 마음 상태로는 문제만 더 키우고 기회는 놓치기 일쑤며 후회하기 마련이다. 반면에 에너지와 자신감이 넘치고 매사에 긍정적으로 생각하는 날에 아주 사소하더라도 멋진 일을 해냈던 기억이 있을 것이라 장담한다. 대개의 경우 감정이 격앙되어 있다가 기분이 갑자기 변하면 참 좋다. 그러나 기분은 역으로 좋다가 나빠지기도 한다. 이렇게 자신감이 오르락내리락 반복되고 인생이 감정기복의 연속이면 부와 행복, 사랑, 그리고 원하는 목표를 이룰 수 없다.

그래서 상황이 어떻게 흘러가든 자신의 마음을 다스려서 의지대로 바꿀 수 있는 법을 가르쳐주려고 한다. 이 능력으로 감정이 바닥으로 곤두박질치지 않게 조절할 수 있기 때문에 감정의 하락을 완전히 막을 수 있다. 일반적으로 모든 인간은 상황에 휩쓸리며 좌지우지되지 않고 자기 생각과 감정을 통제할 수 있는 능력을 가지고 있다.

끝까지 밀고 나가는 힘은 어디에서 나오는가

내면에 존재하는 높은 자신감을 활용하는 방법, 자신감을 끌어올리는 방법, 그리고 필요할 때 자신감을 불러올 방법을 알려줄 것이다. 사람들은 대부분 자신감이 있거나 자신감이 없거나 둘 중 하나라고 생각한다. 최악의 상황은 자신감이 하나도 없을 때 벌어지는 것이 아니다. 자신감이 최대치에서 5퍼센트만 떨어져도 일어날 수 있다. 조금만 타격을 입어도 소망과 목표와 꿈을 이루는 데 치명적인 것이 바로 자신감이다. 자신감을 100퍼센트로 유지하는 법을 배울 준비를 하자. 이렇게 자신감이 충만할 때는 내면의 악인이 발을 붙일 자리가 없다. 최대한의 잠재력을 즉각적으로 발휘할 수 있게 준비하는 방법을 배워보자.

자신감은 우리 내면에서 빛날 순간을 기다리는 영웅이다. 나는 전략을 알고도 이용하지 못하는 이유에 대해 몸이 딱딱하게 굳을 정도로 지나치게 고민하는 학생들을 본 적이 있다. 왜 추진력을 발휘하지 못하는 걸까? 왜 원하는 것을 자유롭게 추구할 수 있는 길을 계속 걸어가지 못하는 걸까? 변화가 시작되는 것을 느끼고 끝까지 포기하지 않은 대부분의 학생들은 그 이유가 자신감 부족이라는 사실을 깨달았다. 작은 변화라도 일어나면 그 전까지는 상상도 못한 정도로 자신감을 만들어낼 수 있는 능력을 얻는다. 자신감이 한번 차오르는 순간 막을 수 있는 건 아무것도 없다.

최악의 상황에서 최고의 결과를 만든 두 영웅

캐롤 스틴슨(Carol Stinson)은 어린 시절 필라델피아에서 극도로 가난하게 자랐기 때문에 내면의 악인으로부터 많은 지배를 받았다. 결국 뉴저지에 살기에는 쾌적하지 않은 동네로 이사를 갔다. 그녀의 철학은 이렇다. "가난한 사람은 계속 가난하게 살고 잘사는 사람은 더 잘산다. 부유한 사람들에게는 다른 사람들이 가지지 못한 장점이 있기 때문이다."

내면의 악인이 그녀의 생각과 삶을 지배한 것은 가난하게 태어난 것 때문만은 아니었다. 그녀가 어른이 된 후에도 고난은 계속되었다. 남편이 미국 역사상 경제난이 가장 심각하던 시절에 일자리를 잃었다. 이는 악인의 힘을 세게 할 명분이 되었고 부정적인 생각은 더 심해졌다. 캐롤은 자녀 다섯 명과 손주 두 명을 길렀는데 그중에서 막내 아이는 장애인이었다. 하루는 종일 먹을 게 땅콩 버터뿐이었고 전기세를 내지 못해 전기가 끊기기도 했다. 뉴저지에서는 전기가 끊기면 아동보호국(Child Protective Services)에서 아이들을 데려갈 수 있기 때문에 아침에 일어나자마자 두려움에 빠져 공황이 왔다고 말했다.

"트랙의 잘못된 쪽에 있으면 인생에서 운이 없다고 생각하게 되죠. 가난하게 살 운명으로 이미 정해진 거예요. 아무리 발버둥 쳐도 부족함 속에서 힘들게 살아야 하죠. 돈 있는 사람들을 질투하고 경멸하면서요. 왜냐하면 그들이 돈을 벌면 분명 내 것을 빼앗아갔다고 느끼거든요." 남을 비난하기란 정말 쉽다. "경제 탓, 대통령 탓, 부자 탓, 똑똑한 사람들 탓 등 백 가지 희생양이 자신에 대한 의심과 절망감을 부추겨요. 이런 현상은 '이게 내 현실이야!'라는 신세 한탄에서 나타나는 거죠."

우리가 더 많은 것을 갖고자 바라고 이 욕구가 너무나도 간절하게 바라는 소망이라면 변화를 만들 수 있다. 삶이 바닥을 쳤을 때도 가능하다. 하지만 당신이 변화를 만들어야만 하는 이유가 두 번째는 절대 아니기를 바란다. 당신이 더 많은 것을 갖길 원해서 변화를 만들기로 결심했으면 좋겠다. 예를 들어 캐롤의 경우 시간과 돈, 심지어 책임을 전가할 대상마저 없었다. 압류된 집에 살면서 돈도 없고 찬장은 텅 비어 먹을 게 아무것도 없다. 이런 상황에서 그녀는 자기 스스로 생각해도 매우 이례적인 일을 했다. 마지막 남은 몇 달러로 내 책을 샀다. 당연히 그녀의 남편을 포함한 온 가족은 물론 자신의 마음 한 편에서도 반대했지만 그럼에도 불구하고 내 책을 샀다.

그녀는 나에게 돈을 벌 수 있는 비결을 전수받았다. 나는 책에서 비즈니스 아이디어를 제공했고 그녀는 책을 읽는 내내 이렇게 말했다고 했다. "이게 사실일 리 없어. 내가 살면서 지금까지 생각해온 것과 완전히 다르잖아." 그러나 차츰 내용을 받아들이게 된 캐롤은 자신에게 하던 부정적인 이야기는 전부 거짓이었다는 사실을 마지막 순간에 비로소 깨달았다.

나를 비롯해 절망을 딛고 성공한 백만장자들의 사례를 보고 절실히 깨달은 그녀는 성공 습관을 토대로 자신의 스토리를 바꾸기 시작했다. 그 결과 어른이 되어서도 자신을 지속적으로 지배해온 내면의 악인 때문에 좋은 일이 하나도 없었다는 사실을 알게 되었다. 그리고 용감하게 내면의 영웅을 깨웠고 그 영웅을 인생의 새로운 길잡이로 여겼다.

캐롤은 대학을 나오지 않아도, 좋은 환경에서 태어나지 않아도 문제되지 않는다는 것을 알았다. 비즈니스를 시작할 수 있는 돈은 중요하지 않고, 대신 자신의 곁에 사랑하는 아이들과 훌륭한 남편이 있으며 앞으로 많은 기회들이 기다리고 있으니 얼마나 축복받은 삶인지 깨닫게 되었다. 습관을 바꾸고 자신에게 새로운 스토리를 말하기 시작한다면 내면의 악인 대신 영웅이 자신을 통제함으로써 모든 것이 바뀔 수 있다고 생각했다. 더 이상 자신의 불행이나 고통에 대해 경제 탓, 운명 탓, 그 어떠한 탓도 하지 않았다. 주도권은 그녀에게 있었다. 주변 사람들은 이런 그녀의 행동을 보고 제정신이 아니라고 생각했다. 하지만 그녀는 끝까지 부자가 될 수 있다고 믿었다. 어쩌면 그 이상도 가능하다고 확신하며 세상을 자기 것으로 만들 수 있다고 생각했다. 캐롤은 어떻게 되었을까?

긍정적이고 자신감 넘치는 생각과 성공 습관을 기르기 시작하면서 내면의 영웅은 점점 강해졌다. 캐롤은 수십만 달러를 벌어들일 정도로 창업에 성공했고, 가족이 압류로부터 벗어날 수 있게 빚을 깔끔히 정산했다. 새집과 새 차도 사고 그전까지는 쇼핑할 수 없었던 곳에서 아이들에게 학교 용품을 사주었다. 꿈꾸던 휴가도 다 함께 떠났다. 그녀는 자녀들을 대학에 보낼 수 있게 되어 아이들의 인생까지 바꾸었다.

요즘 캐롤 스틴슨은 내가 그녀를 처음 만났을 때보다 20년은 젊어 보인다. 단단하고 활력이 넘치며 아주 존경받는 기업가로 자신과 가족 전체의 인생을 완전히 뒤집었다. 이제는 자녀들에게도 이 습관을 길러 주며 새로 태어나는 법을 가르치고 있다. 자녀들의 성공을 운에 맡기지 않고 그들의 잠재력을 활용하는 것이다.

캐롤은 훗날 죽음을 앞두었을 때 '더 많은 걸 가졌더라면 좋았을 텐데.'와 같은 생각은 들지 않을 것이라고 생각했다. 자신이 할 수 있는 모든 것을 했기 때문이다. 심지어 거기서 멈추지 않고 더 많은 것을 했다고 생각하며 자신의 임종을 맞이할 것이라 확신했다.

캐롤이 보여주었던 또 다른 성공 습관은 잘못된 것에 집중하지 않고 해결책에 집중하는 것이다. 이것이 내면의 영웅과 악인 중 누구의 지배를 받느냐에 따라 확연한 차이가 나는 지점이다. 왜 끔찍한 병에 걸렸는지 한탄하고, 승진이나 연봉 인상이 되지 못한 것에 절망하고, 회사가 망하고 첫 사업에 실패하자 세상을 욕하고, 큰돈을 날리게 한 사기꾼을 비난하는 데 에너지를 쏟으면 내면의 악인에게 주도권을 내주는 것이다. 큰일이든 사소한 일이든 일이 벌어졌다는 현실을 받아들이고 현재 상황에서 어떻게 최선의 결과를 만들어낼 수 있을지 고민하기 시작할 때 비로소 변화는 시작된다. 이 순간이 내면의 영웅이 빛을 발하는 순간이다.

예를 하나 들어보자. 훌륭한 업적들을 많이 남겼지만 특히 버진 다이어트와 수많은 〈뉴욕타임스〉 베스트셀러 작가로도 알려진 JJ 버진(JJ Virgine)의 이름을 들어본 적 있을 것이다. 그런데 그의 아들이 뺑소니를 당한 사건은 잘 모를 것이다. 몇 년 전 지나가던 차가 아들 그랜트를 치고 달아났다. 그랜트는 사고 직후 목숨이 위태로웠다. 열세 군데가 골절되었고 머리를 크게 다쳐 회복 불가능한 뇌 손상의 가능성이 있었다. 의사는 그가 의식을 회복하기 힘들 것이라고 했다. 기적적으로 깨어난다 해도 정상적으로 걷거나 말하는 것은 불가능해 보인다고 말했다.

미국 공영 방송 PBS는 JJ와 그랜트가 사고 이후에 함께 지내온 여정을 담은 다큐멘터리를 촬영했다. 그들은 다큐멘터리 제작을 위해 나에게 인터뷰를 요청했다. 받았던 질문 중에 이런 질문이 있었다. 끔찍한 일을 겪은 JJ와 그랜트가 할 수 있는 최고의 방법이 무엇이라고 생각하느냐는 질문이었다. 듣자마자 머릿속에 떠오른 대답은 "최선의 결과에 집중해야 합니다. 왜 그런 일이 일어났는지, 누구의 잘못인지를 따지며 이미 지나간 일에 에너지를 낭비하지 마세요."였다. 당시 상황이 너무나 비극적이라는 걸 생각하면 너무나도 이상적인 생각일 수도 있다. 그러나 실제로 JJ는 최고의 결과에 집중하는 행동을 했다. 부모라면 누구나 아들의 교통사고 전화를 받았을 때 아들을 그렇게 만든 운전자와 세상이 원망스럽다. 그녀도 마찬가지다. 하지만 최대한 빨리 그랜트를 살리고 그가 정상적인 삶을 살 수 있도록 할 수 있는 건 뭐든 다 하겠다는 생각만 했다. 그래서 불가능하다는 얘기를 하는 의사의 말을 듣지 않기로 했다. 그랜트를 어떻게든 살리겠다는 자신의 목표를 저해시키는 것은 최대한 멀리했다. 그녀는 모든 사람의 말을 무시한 채 그랜트를 헬리콥터에 태우고 아들의 상태를 호전시킬 수 있는 다른 병원으로 이송했다. 자신이 해야 할 일이 무엇인지 명확하게 알고서 냉정한 판단을 내렸다. 필요하다면 강압적으로 밀어붙였다. 오로지 그랜트를 도울 수 있는 사람들을 찾는 것만 생각하며 최선을 다했다. JJ는 최악의 상황에서도 긍정적인 목표를 설정하고 문제를 해결하는 데 집중했다. 내면의 영웅에게 주도권을 맡긴 그녀를 막을 수 있는 사람은 없었다.

이 모든 사실을 다큐멘터리 인터뷰 담당자에게 말했더니 답변을 거의 마칠 때쯤 그녀가 내 말을 끊고 말했다. "답변을 듣다 보니까 JJ가 뺑소니 운전자에게 법적 책임을 묻지 않았다는 사실을 모르시는 것 같네요. JJ는 뺑소니 운전자에 대해 한 마디도 하지 않았어요." 거기까지는 미처 몰랐지만 그다지 놀랍지는 않았다. 만일 나였다면 운전자를 비난하고 복수하는 데 에너지를 쏟으며 시간을 낭비하고 있었을 것이다. 다른 사람들도 대부분 뺑소니 운전자를 형사재판에 넘겨 처벌 받게 하려고 했을 것이다. 아니면 운전자의 전 재산에 대해 소송을 제기했을 것이다. JJ도 여느 부모들처럼 어린 아들을 죽을 위기에 처하게 만든 운전자가 원망스러웠을 것이다. 그렇지만 우리가 쓸 수 있는 에너지는 한정적이며 복수한다고 해서 그랜트가 일어날 수 있는 것도 아니다. 그래서 한정된 에너지를 어떤 방향으로 어떻게 써야 하는지 알고 해결책에만 레이저를 쏘듯 집중했다.

내면의 영웅이 잘못된 일을 없던 일로 만들거나 비극을 미리 예방해줄 수는 없다. 하지만 내면의 영웅에게 주도권을 내주면 최악의 순간도 더 나은 삶을 건설하기 위한 벽돌이 될 수 있다. 당신이 직면한 문제가 무엇이든 거기에서 에너지를 만드는 데 도움이다. 그러면 그 에너지를 사용해서 마땅히 누려야 할 인생을 살아갈 수 있다.

물론 배울 점이 있다고 해서 나쁜 일이 기쁜 일이 되는 것은 아니다. 그러나 인생에서 좋은 일만 있는 사람은 어디에도 없다. 인생에서 나쁜 일은 우리가 원치 않아도 지속적으로 일어나기 마련이다. 어차피 나쁜 일은 일어날 텐데 무엇하러 당신은 피하려고 애를 쓰는가? 피하려고 하지 말고 해결하는 힘을 기르기 위해 노력하자.

JJ의 현명한 습관 덕분에 그랜트는 극적으로 살아났다. 심지어 의사의 예상을 뒤집고 정상적인 삶을 살 수 있었다. 그의 강한 투지와 최악의 상황에서 낼 수 있는 최선의 결과에 집중하는 습관이 만나 만들어낸 기적이다. 현재 그는 매일 자신을 위하며 더 크고 더 나은 삶을 향해 나아가고 있다.

이제 내면의 영웅이 어떤 기능을 하는지 잘 이해했을 것이다. 그 영웅이 주도권을 가질 수 있도록 자신감을 키우는 법을 알아보자.

언제든지 자신감을 만들어내는 '4C 공식'

자신감을 타고나는 사람은 없다

인생에서 자신감이 없어 큰 피해를 보았을 때를 돌이켜보자. 이를테면 좋아하는 사람에게 데이트 신청을 하거나 카페에서 본 사람에게 말을 걸고 싶은데 망설이는 사이 그 사람이 자리를 뜬 적, 회사에서 큰 프로젝트를 맡을 기회가 있었는데 생각만 하고 당당하게 자원하지 못한 적이 있는가? 헬스장에 운동하러 가는데 몸매가 엉망이라서 딱 붙는 예쁜 트레이닝복을 입지 못한 적이 있는가? 나는 자신감 부족으로 인해 상처 받은 경우를 많이 봤다. 이는 앞서 말한 것처럼 반드시 자신감이 바닥을 칠 때처럼 극단적인 상황에서만 일어나는 것이 아니다. 단 5퍼센트만 부족해도 비일비재하게 일어나는 일이다. 당신은 과거에 자신감이 부족해서 상처 입었던 적이 있는가? 만약 그 때 100퍼센트의 자신감으로 원하는 일을 성취해냈다면 지금의 삶이 어떻게 달라졌을 것이라 생각하는가?

나의 친한 친구이자 훌륭한 사람인 리처드 로시(Richard Rossi)는 워싱턴 D.C.에서 고등학교 우등생에게 힘을 주는 라이브 이벤트 기획 회사를 운영하고 있다. 학생들은 이벤트에 참석하여 자신의 인생을 바꿀 수 있는 지식을 얻는다. 나는 리처드와 그 행사들에 관해 이야기하면서 "우수한 학생들이 너의 프로그램에 그렇게 많이 참여한다는 건 축복받은 일이야. 그 학생들의 공통점은 무엇일까?"라고 물었다. 그는 "생각할 필요도 없이 무조건 자신감이야."라고 대답했다. "영리한 머리와 A학점을 받는 것만이 슈퍼스타로 만드는 것이 아니라 자신감 또한 인생에서 아주 놀라운 일을 해내게 만들어." 라고 덧붙였다. 리차드의 말은 이론이 아니라 실제 삶 속에서 얻은 데이터로 경험으로부터 나온 말이다. 그는 자신의 프로그램을 거쳐 간 미국의 수천 명의 학생들이 성공하는 것을 보았고 그가 성공 비결에 관해 한 말은 오직 '자신감'이었다.

이제 백만 달러의 가치가 있는 질문을 하겠다. 자신감이 필요할 때 언제든지 자신감이 생길 수 있게 하려면 어떻게 해야 할까? 놀랍고 대단한 일을 해내어 스스로 자신감이 치솟았던 순간을 떠올려보자. 회사 또는 집, 헬스장에서 어떤 일을 해냈을 때 거울을 보며 무의식적으로 가슴을 펴고 주먹으로 가슴을 두드리며 말했을 것이다. "그래, 내가 해냈어!" 그 순간 자신감이 급격히 상승하며 그러한 마음의 동력이 얼마나 대단한지 조금은 느낄 수 있었을 것이다.

알다시피 나는 어렸을 때 자신감이 많이 없었다. 반에서 키가 제일 작았고, 글을 잘 읽지도 못했고, 가만히 앉아 있지 못해서 항상 친구들로부터 놀림을 많이 받았다. 그래서 나이가 들면서 스스로 자신감을 만들어야 했다. 온갖 시행착오를 겪고 다양한 사람들에게 큰 도움을 받으며 바닥에서부터 탄탄한 자신감을 만드는 법을 배웠다. 누구나 나처럼 할 수 있다.

단 그러기 위해서는 먼저 자신감에 대한 오해부터 없애야 한다. 태생적으로 자신감이 높은 사람이 있는가? 드물게 그런 경우도 있겠지만 실제로 그럴 가능성은 낮다. 자신감은 대부분 후천적인 요인에 따라 달라진다. 스스로를 자신감이 있는 사람 혹은 자신감이 없는 사람으로 분류하는 것은 어리석은 행동이다. 어느 쪽에 해당된다고 생각하든 둘 다 오해다. 자신감을 얼마나 가지고 있든 당신에게는 당신이 생각하는 것보다 훨씬 더 많은 가능성이 있다고 확신한다. 전략적 코치 프로그램을 만든 대표이자 내 멘토인 댄 설리번이 가르쳐준 훌륭한 가르침을 통해 당신도 자신감을 한 단계 끌어올려보자. 설리번은 자기 책에서 4C 공식이라는 이름으로 이 개념에 대해 깊이 있게 다루었다.

진정한 자신감이 어떤 것인지, 자신감을 얻기 위해 필요한 것들은 무엇인지 알아보는 데 도움이 되는 4C 공식을 배워보자.

첫 번째는 헌신(Commitment)이다. 이미 당신은 이 책을 읽고 내가 제안한 성공 습관 훈련에 참여함으로써 헌신을 보여주었다. 모든 큰 변화에는 헌신적인 노력이 필요하다. 체중을 감량하고 싶다면 혹독한 식단 조절과 운동에 노력을 쏟아야 한다. 그렇지 않으면 실패한다는 것을 이미 많은 사람들이 알고 있다. 마찬가지로 새로운 일을 시작하고 싶다면 그것을 위해 철저하게 계획을 세우고 시간을 들여 준비를 하는 과정이 반드시 필요하다. 이러한 노력 없이는 아무것도 시작할 수 없고 어떤 것도 이룰 수 없다. 반대로 한번 생각해보자. 헌신적인 노력 없이 성공한 적이 단 한 번이라도 있는가? 인간관계든, 비즈니스든 또는 다이어트가 되었든 무엇이든 좋다. 아마 없을 것이다. 더 큰 부를 얻길 원한다면 그리고 인생의 다음 단계로 올라서길 원한다면 그 목적을 달성하기 위해 최선을 다해야 한다. 하나의 목표를 이루기 위해 단 한 순간도 쉬지 않고 달려야 한다는 의미가 아니다. 의지가 불타올랐을 때 반짝 열심히 하고 시간이 가면서 느슨해져 중단하지 말자는 말이다. 불안정한 헌신은 곧 불안정한 자신감으로 이어진다. 즉, 불리한 상황에 부딪혔을 때 타격을 입지 않고 어떤 상황에서도 자신감 넘치는 모습을 유지하기 위해서는 *꾸준한 노력이 뒷받침되어야 한다는 것이다*. 여기서 중요한 점은 헌신이 우선이라는 것이다. 먼저 목표를 향해 헌신적으로 노력해야 그 목표를 달성하려는 용기를 낼 수 있다.

두 번째 C는 용기(Courage)다. 문을 열고 들어오면 뭐가 있는지 문을 열기 전에는 모른다. 미리 결과를 판단하거나 두려워하지 않고 주저 없이 일어나 뛰어들게 만드는 것이 바로 용기다. 당신은 아직 모를 수도 있지만 우리 인생에 용기라는 기틀은 이미 다져졌다. 혹시 자녀가 있는가? 자녀를 세상에 태어나게 하고 키우려면 정말 많은 용기가 필요하다. 결과가 어떻게 될지 몰랐지만(아마 지금까지도 모르고 있을 것이다) 이 세상의 모든 부모들은 그냥 뛰어들었고 시간이 지나면서 알아가고 있다. 용기는 드러나 있지 않을 뿐 우리 모두의 내면에 존재하고 있다. 무언가 도전할 용기가 필요하다면 7단계 질문법을 기억하고 자신만의 진정한 이유를 찾아보자. 동기부여의 측면에서 이 습관이 또다시 중요하게 작동한다. 진정한 목적을 깨달으면 행동으로 이어질 수 있다. 지금까지 우리가 배운 것들을 다시 한번 되짚어보자. 앞으로의 명확한 비전이 있고 과거의 일에 발이 묶여 있지 않다면 용기는 수직 상승할 것이다. 가고 싶은 목적지와 새로운 스토리에 집중하고 어깨를 활짝 펴고서 이렇게 외치자. "지금이야!" 그리고 용기를 가지고 돌진하자.

세 번째 C는 능력(Capability)이다. 이 책을 읽으면서 그리고 성공 습관을 기르면서 무엇을 얻고 있는가? 바로 능력이다. 현재의 삶에 대해 이야기했을 때 앞으로 가고 싶은 목적지에 대해 솔직하게 말했던 것을 기억하는가? 대개의 경우 자신의 목표를 달성하기 위해서 특정한 능력이 요구된다. 헌신하고 용기를 내는 시기를 보내면서 목표를 달성하기 위해 필요한 능력을 기르게 될 것이다. 일단 움직여야 한다. 능력을 가질 때까지 기다렸다가 헌신을 쏟으려고 하면 그런 날은 오지 않는다. 먼저 목표를 향해 노력하며 달려가면 마침내 능력을 갖출 수 있을 것이다.

이렇게 세 가지 C를 바탕으로 행동하면 비로소 네 번째 C인 자신감(Confidence)이 자연스럽게 생긴다. 세 가지 C를 다시 하나씩 생각해 보자. 사람들 앞에서 춤을 추거나, 발표를 하는 것 또는 짚라인을 타는 것처럼 다른 의미지만 두려운 순간들이 종종 있을 때 어땠는가? 아마 죽을 만큼 떨리거나 무서웠을 것이다. 어떻게 될지 모르는 결과에서 최악의 상황을 상상하며 주저했을 것이다. 그러나 결국 그 일을 해낼 수 있었던 것은 용기를 냈기 때문이다. 두려움에 떨었던 일을 무사히 잘해낸 후에는 어땠는가? 기분이 날아갈 듯이 좋았고 또 한번 도전할 수 있다고 느꼈을 것이다. 나머지 헌신과 능력의 경우는 어떠한가? 인간관계나 사업과 관련해 몇 년 동안 고민만 하다가 갑자기 욕심이 생겨서 혹은 다른 어떤 이유로 헌신적인 노력을 쏟아 부으면 결국 성공하게 된다. 능력도 마찬가지로 어떤 일에 대해 정보가 없을 때는 무척 혼란스럽지만 그것을 알고 습득하기만 하면 대수롭지 않게 느껴진다. 사용법을 모르는 채로 새로운 프로그램을 사용하는 것은 너무나 어렵다. 외국어를 배우고, 새로운 악기 연주에 도전하려고 해도 책이든 강의든 아무런 방법을 모르면 좌절감에 빠져 포기하기 십상이다. 그런데 사용 설명서를 읽고, 인터넷으로 검색을 하고, 선생님을 통해 기본기를 배우고 나면 넘지 못할 산처럼 다가왔던 일도 아무렇지 않게 느껴진다.

자신감이 생기면 내면의 영웅이 더 이상 부정적인 생각에 사로잡히지 않게 된다. 마침내 당신은 자기 의심과 내적 저항으로부터 벗어나 자신의 인생에서 진정한 주도권을 가질 수 있을 것이다.

무너진 자신감을 회복할 수 있는 특효약

당신이 아무리 강해지고 발전했다 해도 자신감은 언제든지 타격 받을 수 있다. 내재된 잠재력을 온전히 발휘하려면 금고에 넣어둔 수백만 달러의 돈을 보호하는 것처럼 자신감을 끝까지 지켜야만 한다. 그래서 인생이 자신감을 무너뜨릴 때를 대비해 재빨리 자신감을 회복시킬 수 있는 도구가 필요하다. 어떻게 하면 무너진 자신감을 되찾을 수 있을지 논의해보자.

먼저 질문을 하나 하겠다. 당신이 남들에게 자랑할 수 있는 점은 무엇인가? 뜬금없는 질문처럼 느껴지거나 대답하기 곤란한가? 삶을 어떻게 인식하는지 상관없이 엄청난 가치가 있는 질문이다. 내가 처음으로 이 연습을 했을 때 숀 스티븐슨(Sean Stephenson)과 함께 있었다.

그가 누구인지 모른다면 인터넷에서 검색해보자. 숀은 90센티미터의 거인이라는 수식어로 알려져 있다. 우리가 결코 상상할 수 없는 역경에도 불구하고 대부분의 사람보다 더 많은 것을 성취한 사람이다. 그는 믿기 힘들 정도로 대단하다. 내가 마주한 장애물에 대해 그와 이야기를 나눴을 때 숀은 이렇게 말했다. "당신의 멋진 점을 적어볼까요?" 나는 대답했다. "뭐라고요? 괜히 내 자존심을 치켜세워주려고 하는 그런 임시방편 말고 당면한 문제를 해결할 수 있는 방법을 얘기해주세요." 내가 틀렸다. 지금 생각해보면 그는 당시 내 자신감이 바닥까지 떨어져 있는 것을 눈치 채고 우선 자신감부터 회복시켜주려 했던 것이다. 나를 믿고 이 연습을 함께 해보자. 당신의 자랑할 만한 점은 무엇인지 생각해보자.

많은 사람들이 인생이 힘들어지면 그동안 실패한 것이나 성취하지 못한 것, 또 실수에만 집중하게 된다. 반면 정말 잘했던 것은 전부 잊어버린다. 이번에는 실패한 것은 무시하고 잘한 것만 생각해보자.

숀이 처음에 내게 무엇을 잘하는지 물었을 때, 나는 머리를 긁적였다. 그는 내 반응을 보고 내가 잘못한 것에 집중하고 있음을 알아차렸다. 그가 큰 소리로 말했다. "딘, 나는 당신에게 못하는 것이 아니라 잘하는 것이 궁금해요! 나한테 본인 자랑을 마음껏 해보세요." 정신이 번쩍 들었다. 훌륭한 선생인 숀은 내가 잘하는 것에 대해 생각해볼 수 있는 계기를 만들어주었다. 더 나아가 나의 어떤 부분이 멋진지 제안을 해주며 내가 잘 찾을 수 있도록 도와주었다. 서서히 답을 할 수 있게 된 나는 다음과 같은 내용을 적었다.

- 일과 성공보다 내 자녀를 더 중요하게 생각한다.
- 학창 시절 읽기 도움 반이었고 고등학교를 간신히 졸업했지만 여러 권의 뉴욕타임스 베스트셀러를 낸 저자가 되었다.
- 불도저와 굴착기를 운전할 수 있다(과거에 집을 지을 때 배웠다).
- 젊은 시절 자동차 정비공이었던 나는 엔진을 분해하고 부서진 범퍼를 수리할 수 있고, 도색 작업도 할 수 있다.
- 아무도 모르게 익명으로 기부하고 있다.
- 사람들을 변화시킬 수 있는 메시지를 갖고 있다.
- 20대에 뉴잉글랜드 주 스노우모빌 잔디 드래그의 챔피언이었다.
- 5학년 때 제일 친한 친구와 아직도 친하다.
- 사람들에게 그들이 나에게 어떤 의미가 있는 존재인지 애정을 표현하려고 항상 노력한다.
- 생각이 다른 이들과 갈등 없이 문제를 해결할 수 있다. 심지어 논쟁을 바라는 사람이 있을 때조차 마찰 없이 원만하게 해결할 수 있다.
- 다년간의 연습을 통해 카메라 앞에서 능숙한 모습을 연출할 수 있다.
- 몇몇의 위대한 업적을 남긴 훌륭한 사람들을 만났다.

이 목록에는 끝이 없다. 내가 자랑할 만한 것을 생각하다 보니 예상치 못하게 끊임없이 쏟아져 나왔다.

이제 당신은 어떤 것들을 적을 수 있을지 생각해보자. 남들에게는 없고 당신에게는 있는 고유한 기술이나 지금껏 성취한 내용들을 포함시키자. 어쩌면 당신은 누군가에게 둘도 없는 좋은 친구일 수 있고 패

션 감각이 뛰어난 사람일 수도 있고, 소외계층을 생각하는 따뜻한 마음씨를 가진 사람일 수도 있다. 어떤 것이든 다 적어보자. 일과 사업적인 면에서 훌륭한 점은 무엇인가? 직원들에게는 어떤 사람이고 아들딸에게 어떤 부모이며 배우자에게는 어떤 남편 혹은 아내인가? 내가 당신에 대해 잘 알지는 못하지만 조금만 생각하면 꽤 많은 것들을 쓸 수 있을 것이라고 생각한다. 작성이 끝나면 잠시 시간을 갖고 조용히 목록을 읽으며 생각해보자. 나는 이 목록을 작성하고 '세상에, 내가 이렇게 멋지고 훌륭한 사람이었구나. 나만의 특별한 능력이 많고 그중 몇 개는 야심 찬 목표를 아주 잘 달성하기도 했었구나.'라고 생각했던 기억이 난다. 숀과 이 연습을 끝낸 후 실패보다 성공을 칭찬하게 되자 자신감이 곧바로 상승했었다.

숀이 처음 나에게 자기 자랑을 해보라는 연습을 시켰을 때 시간 낭비라고 생각했다. 그런데 실제로 연습하고 나서 내가 틀렸다는 것을 깨달았다. 당신도 나처럼 생각했다면 생각을 고쳐먹길 바란다. 당신은 충분히 훌륭한 사람이다. 스스로 알고 있는 것 이상으로 많은 것을 이루어냈으리라 확신한다.

어떤 아바타를 선택할 것인가

자신의 모습을 직접 눈으로 확인하라

다음으로 할 연습은 지금까지의 연습에 비해 다소 번거로운 일처럼 느껴질 수 있다. 하지만 노력하면 반드시 결과가 따를 것이다. 이 연습은 필요할 때 언제든지 즉각적으로 자신감을 높일 수 있는 방법이다.

자신의 못난 사진부터 찾아보자. 스마트폰에 저장된 사진일 수도 있고, 서랍의 맨 아래 칸에 넣어둔 옛날 사진일 수도 있다. 인생에서 뚱뚱했거나, 밤을 새웠거나, 돈이 없었거나, 일자리를 잃었거나, 이유는 모르겠지만 그냥 못생겨 보이는 날에 찍은 사진일 수도 있다. 이 사진은 아마 내면의 악인이 인생을 좌지우지하게 한 당신의 모습을 오롯이 담고 있을 것이다. 이 모습에서 보이는 부정적인 특징을 잡아 목록으로 작성해보자. 예를 들면 나는 뚱뚱했다, 직장에서 일을 망쳤다, 실연을 당했다, 여동생에게 정말 화가 났다, 내 인생에서 잘못된 모든 일에 집착하고 있다, 내 문제를 남 탓으로 돌렸다 등. 이제 내가 말하지 않아도 잘 알겠지만 이 특징들이 내면의 악인을 키웠고 그로 인해 자신감이 바닥을 쳤다. 사진 속의 사람이 어떻게 악인에게 자신의 인생과 자신감을 훔쳐가게 됐는지 상상해보자. 내면의 악인이 계속해서 말한다. "집세를 못 낼 거야, 훌륭한 경력을 쌓지 못할 거야, 영원히 부자가 될 수 없어." 이러한 모습은 궁핍한 마음으로 자신감이 짓눌린 채 사는 사람이다.

이번에는 못생겨 보이는 사진에 부정적인 감정을 덧붙여보자. 화가 났거나, 슬펐거나, 우울했거나, 좌절했거나, 부끄러웠거나, 불안했다 등. 그리고 사진 속의 사람에게 이름을 붙여주자. 그 시절 당신이 싫어했던 별명 또는 놀림을 받았던 이름을 붙이거나 그런 이름을 새로 지어줘도 좋다. 이를 바탕으로 자신의 부정적인 모습을 한 아바타를 만들자. 그 아바타가 바로 과거의 당신이다.

이제 객관적인 눈으로 당신의 과거가 보이는가? 어떤 모습이 보이는가? 이 아바타 주변에서 함께하고 싶은 사람들이 있겠는가? 이 아바타를 통해 잠재력을 온전히 발휘하지 못한 자신의 모습에 대해 가감 없이 묘사해보자. 무엇이 과거의 당신의 가능성을 제한하고 억압했는지 깨달을 수 있을 것이다.

이제 연습은 절반 정도 마쳤다. 나머지 절반은 반대로 행복한 모습, 즐거워하는 모습, 최고의 순간에서의 모습을 담은 사진을 찾아보는 일이다. 스스로 대단하다고 느꼈고 최고로 빛나는 모습의 순간일 것이다. 돈을 가장 많이 벌거나 활력이 넘치고 생동감 있게 살던 모습을 담고 있을 것이다. 이러한 빛나는 영웅의 모습에 대한 특징을 적어보자. 인생이 빛이 나고, 단단한 힘이 있고, 활력이 넘치고, 부유하고, 행복하고, 열정이 넘치며 강한 사람으로 보이는가? 규칙적인 운동을 하고, 건강한 식습관을 갖고 있고, 자녀와 배우자와의 관계가 좋으며 돈을 많이 벌고, 다른 사람들로부터 존경을 받는가? 이런 사람에게 이름을 붙여준다면 어떤 이름을 만들어주겠는가? 이번에는 앞에서 만든 아바타와는 완전히 다른 내면의 영웅의 모습을 한 아바타가 만들어질 것이다.

이 아바타는 변화한 당신의 모습에 가깝다. 한계란 없으며 잠재력을 완전히 발휘함으로써 삶의 주도권을 본인이 장악하고 있다. 이렇게 새로운 생각과 무한한 가능성을 펼치게 만든 것이 무엇인가? 인생에서 무엇을 수용하고 무엇을 받아들이지 않는가?

당신은 어떤 사람이 되고 싶은가

여기서 중요한 진실은 두 가지 버전의 아바타가 서로 다른 사람이 아니라는 것이다. 둘 다 당신의 내재된 모습이다. 우리 내면에는 좋은 늑대와 나쁜 늑대가 함께 살고 있고, 예전의 나와 새로운 내가 함께 존재하고, 악인과 영웅이 공존한다. 내가 늑대 비유를 다시 사용한 이유가 있다. 어떤 인생을 사는가는 정해진 운명이 아닌 자신의 선택에 달려 있기 때문이다. 좋은 늑대든 나쁜 늑대든 당신이 준 먹이를 먹고 자란 늑대가 당신의 인생을 자기 것이라며 권리를 주장할 것이다. 당신은 어떤 늑대에게 먹이를 주고 키울 것인가? 선택은 자유지만 결과는 완전히 달라질 것이다. 결국 삶의 주도권을 악인이 쥐게 될지 영웅이 쥐게 될지는 온전히 당신의 몫이다.

확실한 것은 지금과는 180도 다른 성공한 삶을 원한다면 당신은 반드시 영웅적인 아바타의 모습을 좇아가야 한다. 일이 잘못될 때마다 부정적인 상태로 돌아가 악인이 모습을 드러낼 때마다, 위 두 장의 사진을 보면서 말하자. "나는 예전처럼 이리저리 휘둘리고 불행한 삶을 살 것인가, 아니면 새로운 내가 되어 행복하고 풍요로운 삶을 살 것인가?"

두 사진을 옆에 나란히 놓고 사진 밑에는 사진 속 인물을 묘사한 글을 놓자. 핸드폰의 사진기로 이 모습을 찍어서 그 모습을 보고 싶거나 필요할 때 언제든지 볼 수 있도록 하자. 두 아바타의 시각적인 모습과 그 모습이 표현하는 내용을 기억하자. 그리고 디지털 이미지에만 의존하지 말고 일상생활에서 자주 볼 수 있도록 냉장고에 붙여놓고(핸드폰의 사진을 출력하자), 회사에 책상 서랍 속이나 컴퓨터의 보호 화면으로 저장시켜두자! 힘이 필요할 때마다 자신감을 끌어내야 할 때마다 촉매가 되어줄 이미지를 언제든지 보고 자신감을 얻을 수 있도록 하자.

내면의 영웅이 누구인지 이제 알겠는가? 내면의 영웅은 바로 하나님이 빚은 당신의 모습이다. 즉, 아무것에도 억눌리지 않고 완전한 잠재력을 발휘하는 당신이다. 무한한 경계를 넘어 다음 단계로 올라가기 위해 가진 모든 능력을 있는 힘껏 펼치자.

불가능을 가능하게 만드는 자기 최면

자신감을 불러일으키는 주문

떨어진 자신감을 끌어올리기 위한 또 다른 습관이 있다. 토니 로빈스가 내게 가르쳐준 방법이다. 그는 지난 15년이 넘는 세월 동안 많은 가르침을 전하며 내 인생을 변화시켜주었다. 이 방법을 나만의 방식으로 변형시켰고 내 인생은 구렁텅이에서 완전히 구원받았다. 10년도 더 전에 모든 일이 한꺼번에 망했던 때가 있었다. 회계사가 내 돈을 훔쳤고 그로 인해 사업을 완전히 접어야 할 수도 있는 상황이었다. 설상가상으로 당시 제일 큰 수입원이 갑자기 끊겨서 두 손 두 발이 모두 묶인 신세가 되었다. 비즈니스뿐 아니라 가정사에서는 어릴 때부터 나를 키워주셔서 부모님이나 다름없는 할머니가 죽음의 문턱에 있었다. 이 외에도 너무 많은 일들이 있었다. 나는 이런 생각을 하기 시작했다. '똑똑하지 않은 나에게 이 정도의 사업은 과분한가 봐. 그동안 잠시 운이 좋다 했는데 이제 그것도 끝난 것 같다.' 이런 식의 부정적인 생각들을 다시 하기 시작하며 자신감은 끝을 모르고 무너져갔다.

그러나 마음을 바꾸게 된 계기가 토니의 조언이었다. 나 자신에게 말하기 시작했다. "이것만 이겨낼 수 있다면 앞으로 못 견딜 일은 없어. 이것만 견디면 무슨 일이든 극복할 수 있어!" 나는 이 말을 계속 반복했다. 집 주변을 걸어가면서도, 사무실에서도, 이 말을 입 밖으로 소리 내어 크게 외쳤다. 아침에 헬스장에 가는 길에서도, 러닝머신을 뛰면서도 말했다. 이 단순하고 짧은 말 한마디가 인생에 상상도 못할 힘을 불어넣었다. 나의 세포에 에너지를 불어넣었고, 무슨 일이든 할 수 있다는 믿음 속에 나를 집어넣었다. 더 이상 무엇이 잘못될 수 있는지 생각하지 않고 무엇이 잘 될 수 있는지에만 집중했다. 그 결과 나는 과거의 악인이 이 틈을 타 내 인생을 다시 휘두르려고 할 때 '뻥' 차버릴 수 있었다. 힘을 주는 문구가 막아주고 있는 한 또다시 내면의 악인이 내 삶에 들어오는 일은 결코 없을 것이다. 그때 나는 내면의 영웅이 내 영혼을 통제하는 것을 느낄 수 있었다.

그 이후로 인생에 힘을 불어넣는 문구를 계속해서 사용하기 시작했고 잠시도 멈추지 않았다. 토니가 15년 전 나에게 이 선물을 주었을 때 일기를 썼다. '언젠가 나는 토니에게 개인적으로 감사하다는 말을 꼭 전할 것이다. 그리고 그와 비즈니스 파트너가 되어 함께 큰일을 도모하고 싶다.' 15년이 흐른 뒤에 나는 상하이에서 1만 5천 명의 청중의 기대를 받으며 무대 뒤에서 열정을 가지고 이곳을 찾은 중국인들에게 영감을 줄 준비를 하고 있었다. 나와 함께 무대 뒤에서 대기를 하던 사람이 있었는데 누구였을까? 이제는 가장 친한 친구가 된 토니 로빈슨이었다.

나는 토니의 뒤를 이어 무대에 설 준비를 하고 있었다. 무대에 올라가기까지 약 십 분 정도의 시간이 있었는데 너무 긴장한 나머지 나도 모르게 잘 할 수 있을지 나의 능력을 의심하기 시작했다. 토니와 그곳에 모인 1만 5천 명의 청중들을 실망시킬까 봐 걱정되었다. 이때 내가 긴장한 순간을 극복하기 위해 사용한 방법이 토니가 15년 전에 내게 가르쳐준 것이었다. 남은 시간 동안 무대 뒤를 돌아다니면서 힘이 되는 말을 반복해서 읊었다. "나는 나만의 능력으로 이곳에 모인 사람들의 인생에 영향을 미치고 변화시킬 수 있는 힘을 불어넣을 것이다." 두려움이 사라지고 자신감을 되찾을 때까지 끝없이 자기 최면을 걸었다. 마침내 토니가 내 이름을 불렀고 나는 무대에 올랐다. 토니가 나를 크게 안아 주자 이제 마음의 준비가 되었음을 느꼈다. 자기 최면 덕분에 나는 성공적으로 강연을 마칠 수 있었다. 이처럼 긍정적인 자기 최면은 자신감을 얻고 일을 성공적으로 해나가는 데 아주 큰 효과가 있다.

스스로를 응원하는 한마디

당신에게는 극복하거나 성취하고 싶은 것에 대해 힘이 될 수 있는 말이 어떤 것들일지 생각해보자. 스스로가 작고 나약하게 느껴질 때 어떤 최면을 걸 수 있을까? 내면의 영웅이 나타나 두려움에 빠져 있는 당신을 구해주기 위해 어떤 말이 필요할까? 아마도 내가 사용한 말들과 비슷할 것이다. "나를 멈출 수 있는 것은 아무것도 없다. 나는 더 힘든 일도 극복했다." 또는 이런 말도 할 수 있다. "나는 가족에게 최고의 모습을 보여주고 싶다. 그러니 절대로 포기하지 않을 것이다." 어떤 말이든 마음속에 나를 응원하는 말 한마디쯤 항상 품고 있자. 갑작스럽게 필요한 순간에도 재빨리 안정감을 되찾을 수 있게 준비해놓자.

힘을 주는 말을 자주 눈이 가는 곳에 지금 당장 적어두자. 중요한 회의에 들어갈 때처럼 긴장되고 자신감이 필요할 때, 부부관계에서 배우자에게 중요한 이야기를 꺼내기 전, 어려운 주제에 대해 자녀와 대화를 나눌 때, 직원이나 고용주와 대화하기 전에 두려움을 다스릴 수 있는 말을 곳곳에 써두자.

자신에게 힘이 되는 말을 찾게 되면 그중 하나를 선택해 혼자 산책을 하거나, 집 주변을 걸을 때 혹은 혼자 운전할 때와 같이 사적인 공간에서 크게 소리 내어 말하자. 그냥 말하는 게 목적이 아니다. 단어 하나하나를 곱씹으며 말하는 동안 그 문구에 집중해야 한다. 에너지가 생기고 마음가짐이 달라지고 내면의 영웅이 나를 도와주는 것을 느낄 때까지 자기 최면을 걸어라. 최대한의 잠재력을 발휘하여 삶의 주도권을 가지고 무한한 가능성을 열어두는 것이다. 아무도 보고 있지 않으니 혹여나 부끄러워하지 마라.

성공, 부, 즐거움에서 다음 단계로 올라가기 위해서는 자신감과 마음 상태가 아주 중요하다. 무너진 자신감으로 엄청나게 성공한 사람은 한번도 보지 못했다. 반대로 내가 만난 모든 부자들 그리고 행복한 사람들은 자신의 목적지에 대한 명확한 비전과 그곳을 향해 나아가는 스토리뿐 아니라 자신감을 높이고 자신의 마음 상태를 조절할 수 있는 능력 또한 갖고 있었다. 이들은 두려움에 떨며 내면의 악인이 꿈을 훔치도록 내버려 두지 않았다. 내면의 영웅이 인생의 길잡이가 되도록 바꾸려는 의지가 강했다. 당신도 이들처럼 필요한 순간에 자신감을 끌어낼 수 있는 도구를 가지게 되었으니 그 다음은 의지의 몫이다.

이 장은 악인의 심장에 마지막 일격을 가하고 내면의 영웅이 인생을 통제할 수 있도록 돕기 위해 준비했다. 이제 당신에게는 스스로를 다스릴 도구와 지식이 있다. 헬스장에서 하루 이틀 열심히 운동한다고 이상적인 몸매를 만들 수 없는 것처럼 이 변화는 한두 번 연습한다고 일어나지 않는다. 연습을 더 많이 할수록 삶에 더 큰 변화를 불러오고, 성공 습관으로 자리 잡힌 새로운 일상이 만들어질 것이다. 이제 인생을 완전히 다른 방식으로 경영할 수 있고 성공이 흘러들어오는 모습을 보게 될 것이다.

자신의 과거 모습과 새롭게 변화한 나의 모습을 묘사할 수 있는 사진을 각각 골라보자. 아마 과거 당신의 모습은 피곤해 보이거나 경직된 모습을 하고 있지 않은가? 아마 최고의 삶을 살고 있지 않은 것처럼 보일 것이다. 반면 새롭게 변화한 당신의 모습은 에너지가 넘치고 생기가 돌며 인생을 열정적으로 살고 삶을 사랑하는 것처럼 보일 것이다.

당신의 사진 두 장을 골라 다음 표에 붙여보자. 그리고 각각의 사진에서 당신은 어떤 모습을 하고 있는지 특징을 설명해보고 최종적으로 어떤 아바타가 만들어지는지 상상해보자.

	과거의 나	새로운 나
사진		
어떤 특징이 있는가?		
어떤 아바타가 만들어 지는가?		

당신이 잘하고 재능 있는 일이 무엇인지 써보자. 그런 다음에 당신이 쓴 능력을 어떻게 향상시키고 강화하여 더 훌륭한 능력으로 만들 수 있을지도 함께 써보자. 단 한 가지 유의해야 할 사항은 이 연습을 하면서 약점에 대해 생각하지 말아야 한다는 것이다. 당신은 이 연습을 통해 자신이 잘하는 것들에 에너지와 시간, 그리고 노력을 쏟으면 재능이 없던 다른 것들까지도 극복할 수 있다는 사실을 깨닫게 될 것이다.

당신이 잘하는 것은 무엇인가?	어떻게 능력을 더 향상시킬 것인가?

백만장자의 아주 작은 성공 습관

백만장자의 다섯 번째 습관: 최고의 결과를 위한 연습

인생에서 잘되는 일에 집중할 수도 있고
잘 안 되는 일에 집중할 수도 있다.
잘 안 되는 일에 집중하면
자신감이나 낙관적 사고가 전반적으로 줄어든다.
반면, 잘되는 일에 집중하면 훌륭한 성과로 보상받을 수 있다.

—아리아나 허핑턴

부를 창출하는 경로 탐색

해야 할 일과 하지 말아야 할 일

나는 25년간 기업가로 활동하면서 세상에서 가장 성공한 사람들의 공통적인 습관을 배웠다. 백만장자의 성공 습관으로 부와 행복을 얻고 인생을 완전히 바꿀 수 있다. 이 습관으로 돈이 주는 풍요로움뿐 아니라 인생이 주는 풍요로움도 얻을 수 있다.

6장에서는 경력을 쌓거나 창업을 하는 등 자신의 전반적인 발전과 더불어 부자가 되는 방법에 대해 더 깊이 파고들 것이다. 바쁜 세상에서 우리는 수많은 기회와 선택에 둘러싸여 결국에는 아무것도 하지 못하고 가만히 서 있기만 한다.

당신은 더 많은 부를 얻기 위해 이 책을 읽고 있을 것이다. 그리고 그 목표를 달성하기 위해 어느 방향으로 갈지 어느 정도 결심이 섰을 것으로 생각한다. 어쩌면 확신이 없어서 막상 행동으로 옮기기가 두려운 것일 수 있다. 혹은 구체적으로 어떤 행동을 해야 하는지 알아보려는 중일 수 있다. 그래서 이 장에서는 삶의 풍요로움과 부의 창출을 위한 정확한 경로를 결정하는 데 도움을 주려고 한다. 워런 버핏은 다음과 같이 말했다. "대단히 성공한 사람은 거의 모든 일을 거절한다." 당신의 삶에서 무엇을 허락하고 무엇을 거절해야 좋을지 알아보자. 이를 파악하는 과정을 통해 '나는 할 수 없어'라고 단정 지으며 거절하지 말아야 할 것을 거절하는 오류를 피할 수 있을 것이다. 올바른 습관과 자신감만 있다면 세상에 당신이 할 수 없는 일이란 아무것도 없다.

나는 6장을 나의 멘토 댄 설리번에게 바치고 싶다. 그는 사람들이 자신의 모든 잠재력을 발휘할 수 있도록 훌륭한 사업을 통해 헌신하고 있고, 내 삶을 변화시키는 데 도움을 주었다. 댄은 40년 넘게 전 세계 최고의 기업가들을 교육했고 내 인생에도 지대한 영향을 미쳤다. 그의 가르침을 받아 나 역시 다양한 성공적인 기업들을 만드는 데 기여할 수 있었다. 그에게 깊은 감사의 뜻을 전하고 싶다.

가야 할 방향을 제시해주는 종이 나침반

다음 두 가지를 성취하는 데 도움이 되는 연습 문제를 풀어보자. 첫째, 어떤 일을 하지 말아야 하는지 발견하는 데 도움이 될 것이다. 둘째, 절호의 기회를 알아보고 더 많은 돈을 벌어들이는 데 도움이 될 것이다.

당신이 좋아하는 일은 어떤 일인가? 이 질문에 답해보자. 무엇이 당신을 힘나게 하고, 가슴을 두근거리게 만들고, 얼굴에는 미소를 짓게 하고, 자신감을 높여주는가? 무언가를 놓고 협상하는 것을 좋아하는가? 복잡한 문제를 푸는 것을 좋아하는가? 수학, 과학, 미술 또는 문학에 관심이 많은가? 위험을 감수하는 성향인가? 모험을 선호하는가? 갈등을 해결하는 것을 좋아하는가? 영업 혹은 판매에 흥미가 있는가?

마케팅과 광고 분야에 관심이 있는가? 새로운 것을 발명하는 일에 열정적인가?

잠시 시간을 내어 자신이 무엇을 좋아하는지 생각해보자. 우리는 인생을 살아가면서 좋아하는 것을 너무 자주 잊고 지낸다. 매일 바쁜 일상 속에서 열정을 잊어버린다. 자신을 빛나게 해주는 5~6가지 목록을 만들어보자. 그 다음에 자신이 정말 잘하는 것이 무엇인지 생각해볼 차례다. 당신의 가장 친한 친구, 동료, 또는 직원들이 모여 당신에 대해 이야기할 때 그들은 당신이 무엇을 가장 잘한다고 말할까? 문제가 생기면 재빨리 해결을 잘한다고 할 수도 있고, 남들은 두 번에 걸쳐서 하는 일을 한 번에 해낸다고 할 수도 있다. 그들이 말하는 것처럼 당신은 문제를 해결하는 능력이 뛰어나거나 기발한 아이디어를 내고 발전시키는 능력이 탁월하거나, 프로세스를 잘 수립하는 사람일 수 있다. 나는 당신이 어떤 것을 특별히 잘하는지 모르지만 분명 각기 잘하는 일이 있을 것이다. 생각나는 것들을 모두 적어보자.

그 다음에는 자신이 돈을 가장 많이 벌 수 있는 일이 무엇일지 생각해보자. 어떤 일을 하면 가장 큰돈을 얻을 수 있을까? 지금 하고 있는 일의 경력을 발전시키는 것인가? 아니면 창업을 하거나 현재 운영하고 있는 비즈니스를 한 단계 발전시키는 것인가? 현재 다니고 있는 직장에서 승진하는 것이 될 수도 있고 사업 매출을 더 끌어올리는 것일 수도 있다. 무엇이든 인생에서 가장 큰돈을 벌게 해줄 일 한 가지를 한다면 어떤 일을 하겠는가? 곰곰이 생각해보고 그 일이 무엇인지 적어보자.

이번에는 돈의 목표를 정해보자. 우리는 앞에서 어디로 가고 싶은지 목적지를 정했다. 이 목록에서 구체적인 재정 상태를 생각해보자. 예를 들면 일찍 은퇴하고, 부모님을 돕고, 가족을 돌보기 위해 모으고 싶은 구체적인 금액이 얼마인가? 꿈의 집이 있다면 주거비용으로 필요한 돈이 얼마인가? 목표 매출은 얼마를 원하는가? 이런 목표들을 달성하기 위해 오늘부터 어떻게 행동해야 할지 생각해보길 바란다. 대부분 거창한 일보다는 사소한 행동들이겠지만 앞으로 추진력을 형성하기 위해 나아가야 할 방향이라는 것을 기억해야 한다. 크레이턴 에이브람스 장군(General Creighton Abrams)은 "코끼리 한 마리를 어떻게 먹는가? 한번에 한 입씩 먹는다."라고 말을 했다. 100마일의 경주는 어떻게 달릴까? 한번에 한 걸음씩 달린다. 마찬가지로 당신의 재정 상태를 끌어올리고, 새로운 사업을 시작하고, 경력을 쌓고, 직장에서 승진하고, 회사를 발전시키기 위해서는 한번에 한 걸음씩 나아가야 한다. 당신은 그 첫걸음을 오늘 내딛는 것이다. 오늘 당장 어떤 일부터 시작할 수 있을까? 주변의 부정적인 사람들을 인생에서 내보내기, 도움이 되는 사람들과 관계 맺기 등 무엇이든 다 적어보자.

하고 싶은 일, 잘하는 일, 목표를 향해 해야 하는 행동을 적었다. 이 연습은 인생의 모든 영역과 연관될 수 있지만 지금은 돈에 국한해서 이야기하자. 작성이 끝났다면 모든 목록을 자세히 들여다보기 바란다. 지금 목록에 적지 않은 것들은 돈을 벌고 싶다면 하지 말아야 할 목록에 들어갈 가능성이 크다. 성공하기 위해서는 하지 말아야 할 일이 해야 할 일보다 더 중요하다. 무엇을 하지 말아야 하는지를 명확하게 알게 될 때 시간적 여유가 생기고 다음 단계로 나아갈 수 있다. 미래에 도움이 되지 않으며 최고의 모습으로 발전하는 데 도움이 되지 않으므로 하지 말아야 할 일에는 어떤 것들이 있을까?

여기에 당신이 하지 말아야 할 일을 찾는 데 도움이 될 몇 가지 예시들이 있다.

- 자신을 우울하게 만드는 부정적인 친구들과 일주일에 이틀 이상 만나기
- 청구서를 수납하려고 인터넷에 접속했다가, 인터넷을 검색하고, 연예기사를 읽고, 부정적인 뉴스를 보며 몇 시간씩 낭비하기
- 제일 먼저 무엇을 해야 하는지 명확하지 않아 새로운 비즈니스를 한없이 미루기
- 소파에서 뒹구는 데 너무 많은 시간을 보내고, 헬스장에서 너무 많은 시간을 보내고 또는 쓸데없는 문제를 놓고 사람들과 공방을 벌이는 데 너무 많은 시간 보내기
- 다른 사람에게 돈을 주고 시키면 그 시간에 자신의 더 큰 목적 달성을 위해 시간과 에너지를 사용할 수 있는데, 매주 잔디 깎기(또는 시간이 오래 걸리는 다른 일상적인 활동)를 직접 하기

이것들이 당신의 시간을 잡아먹는 목록이다. 인생에서 더 많은 부를 추구한다면 하지 말아야 할 일을 담은 중요한 목록이다. 자신의 발전에 도움이 되지 않는 일을 하고 있을 때 그 사실을 인지할 수 있도록 하

지 말아야 할 일의 목록을 만들어서 기억하자.

일단 이 목록을 작성하면, 여기에 추가 보너스 단계가 있다. 목록의 각 항목 옆에 다음의 다섯 가지 중 한 가지를 적자.

1 | 없애기

2 | 자동화시키기

3 | 돈을 주고 맡기기

4 | 다른 사람에게 부탁하기

5 | 대체하기

예를 들어 앞선 예시의 2번 항목의 경우 이렇게 할 수 있다. 모든 청구서 납부를 자동납부로 신청하거나, 가족 중 한 명에게 청구서 납부를 맡기거나, 직원에게 모든 납부를 처리하도록 시킨 후에 한 달에 한 번씩 확인한다. 그리고 인터넷 검색은 없애고, 쓸데없이 인터넷을 이리저리 돌아다니는 대신 목표 달성에 도움이 되는 정보를 찾거나 동기부여가 될 수 있는 긍정적인 메시지를 얻는 것으로 대체하는 것이다.

아무 일이나 하면서 시간과 노력을 쏟지 말 것

도움이 되지 않는 것을 자신에게 힘을 북돋아주는 것으로 바꿀 계획이 있다면 잘못된 습관을 바꾸는 일은 훨씬 쉽다. 이 목록 작성이 하지 말아야 할 일에 해당하는 항목을 없애고 그 대신 힘을 북돋아주는 성공 습관으로 교체하기 위해 무엇을 어떻게 해야 하는지 잘 알려준다.

자신이 하는 일을 싫어하는 억만장자나 백만장자는 단 한 명도 본 적이 없다. 모두 자신들이 사랑하는 일을 하고 있고, 자신이 잘하는 일을 하기 때문에 열정이 불타오르는 것이다. 그들은 자신에게 가장 큰 부를 가져다 줄 일들이 무엇인지 알고 있다. 항상 뚜렷한 목표가 있고, 어디로 갈 것인지 목적지를 알고 있다. 그리고 매일 자신의 목표를 향해 올바른 행동을 한다. 행동하면 할수록 하지 말아야 할 일이 무엇인지 더 많이 깨달을 수 있게 된다. 당신의 비즈니스를 발전시키지 않거나 수입을 한 단계 더 끌어올려주지 못하는 일들을 제거할 수 있다.

이 책을 시작할 때 나는 마법의 돈 자판기는 없다고 말했다. 하지만 당신이 마법의 돈 자판기가 될 수는 있다. 그 기계를 작동시키려면 먼저 당신이 하지 말아야 할 일을 잘라내야 한다. '나는 B급이나 C급 선수에게 A급 기회를 주느니 차라리 A급 선수에게 B급 기회를 주겠다.'라는 구절을 나는 좋아한다. 당신에게는 A급 선수가 될 수 있는 능력이 있다. 그렇다면 삶과 부와 풍요로움을 한 단계 끌어올려줄 연속적인 기회가 발밑에 놓여 있다. 어떻게 하면 될까? 하지 말아야 할 일을 멀리하고 해야 할 일을 가까이하면 된다.

두려움을 극복하는 법: D.O.S 분석

변화는 항상 반대편에 있다
다음 단계로 올라가는 일은 항상 두렵다. 유치원에서 초등학교를 가는 일, 중학생에서 고등학생이 되는 일, 고등학교를 졸업하고 대학교에 진학할 때도 두렵지 않은가? 새로운 사람과 만나는 일, 결혼해서 아이를 낳는 일, 새 직장을 다니는 일, 새로운 친구를 사귀는 일, 새로운 인생을 시작하는 일 등 새로움에는 언제나 두려움이 따르기 마련이다. 하물며 처음 운전 면허증을 따기 위해 핸들을 잡는 것조차 무섭다. 모든 변화와 다음 단계로 올라서는 일은 새로운 만큼 낯설고 익숙하지 않은 일이기에 두려울 수밖에 없다.

그러나 두려운 변화를 경험할 때 가장 큰 돌파구가 생겨난다. 다음 단계로 올라서기 위해서는 항상 장애물을 넘어 건너편으로 가야 한다. 반대편으로 가기 위한 도전을 두려워하는 사람은 삶의 테두리에 갇히게 된다. 경력 면에서 잘 나가고, 소득은 오르고, 행복감은 커지다가 어느 순간 벽에 부딪힌 사람들을 본 적 있는가? 아마도 그들은 넘을 수 없는 장애물에 봉착했거나 어떻게 대처해야 할지 모르는 도전에 직면했을 것이다. 장애물이나 도전이 두려워 인생의 트랙에서의 달리기를 멈추었을 것이다. 그들이 알지 못하는 사실은 어떤 장벽을 마주했든 간에 모든 변화와 성장 혹은 발전은 그 장벽 너머의 반대편에 있다는 것이다.

어떤 장벽도 넘을 수 있는 무적의 3요소

사업을 처음 시작하는 두려움, 경력을 쌓아가는 동안의 두려움, 승진하기까지의 두려움, 사업을 확장하는 데 따르는 두려움을 어떻게 극복하는가? 두 가지 선택지가 있다.

한 가지 방법은 D.O.S 분석이다. D.O.S는 위험(Dangers), 기회 (Opportunities), 강점(Strengths)의 약자이다. 몇 해 전에 댄 설리번으로부터 내가 배운 여러 가지 훈련 중 하나로 우리의 목적에 맞게끔 변형시켰다. 그 내용은 다음과 같다.

자신만의 워크시트를 만들고 싶으면, 세로로 두 줄을 긋고, 상단에 DOS 제목을 적을 작은 가로 선을 한 줄 긋자. 상단의 제목란 왼편에는 위험, 중앙에는 기회, 오른편에는 강점이라고 쓰자. 제일 상단에는 '첫해에 수익 10만 달러를 창출하는 온라인 교육 사업 시작'과 같은 당신의 재정 목표를 쓰자. 어떤 목표를 적든 자기 자신에게 맞는 목표여야 한다.

첫 번째, 자신을 위해 세운 목표와 관련된 모든 위험 요소와 두려운 요소가 무엇인지 생각해보자. 창업할 돈이 없다거나 경쟁이 너무 치열한 시장이 걱정인가? 똑똑하지 못한 것이 문제인가? 아니면 가족의 응원을 받지 못할지도 모른다는 것이 걱정되는가? 혹은 돈에 집착하다가 타락하게 될까 봐 두려운가? 당신이 걱정하는 위험과 두려움이 무엇이든 전부 목록으로 작성해서 목표 달성에 장애물이 되는 것을 생각해보자. 직접 써보면 행동하지 못하게 만드는 두려움을 시각화할 수 있다. 사업을 시작하지 못하게 하거나, 돈을 더 벌지 못하게 막는 주범들을 시각적으로 확인할 수 있다.

이제 기회의 칸으로 이동해서 마음가짐을 바꾸고, 긍정적인 생각 외에는 아무것도 생각하지 말자. 이 사업을 시작하면서 주어진 기회는 무엇인가? 제목란에 적혀 있는 목표 달성을 위해 노력하고 흥분하게 만드는 것들은 무엇인가? 당신이 잘할 수 있다고 생각한 틈새 시장인가? 아니면 당신이 원하는 안정감, 자유, 가족과 함께할 시간을 줄 수 있는 일인가? 자신을 재발견하고, 싫어하는 일을 그만두고, 사업을 확장시키고, 더 많은 수익을 낼 수 있는가? 이런 기회들을 생각만 해도 두려움을 극복할 수 있는 용기가 생길 것이다.

지금까지 위험과 기회의 요소를 찾았다. 이제 강점을 찾아볼 때이다. 목표 달성에 도움이 될 수 있는 당신의 강점은 무엇인가? 앞에서 다루었던 자기 자랑 부분에서 빌려오거나 비즈니스와 관련된 강점을 새롭게 찾아보자. 어쩌면 당신은 인사 관리에 유능한 훌륭한 관리자이거나 탁월한 문제 해결사일지 모른다. 아니면 결심하는 순간 곧바로 행동으로 옮기는 행동파의 면모를 다른 사람들이 존경할지도 모른다. 끝까지 일을 완수하는 사람으로 절대 미적거리는 일이 없거나 뭐든지 빨리 배우는 흡수력으로 지식을 행동에 적용할 줄 아는 사람일 수도 있다. 혹은 습득한 지식을 지혜로 바꾸는 능력이 뛰어나거나 하물며 열정적인 탐구자로서 이 책을 읽는 것 또한 강점이 될 수 있다.

지금이 최고의 변화를 만들 기회

강점까지 찾으면 위험과 기회에 이어 총 세 가지 D.O.S 목록이 완성되었다. 이 연습을 통해 인생의 모든 영역에서 도사리고 있는 위험을 일종의 성장통으로 지나갈 수 있다. 비록 두려움이 따르는 일일지라도 장벽을 뛰어 넘으면 기회와 강점이 기다리고 있다는 것을 종이 한 장으로 깨닫길 바란다. 자신감을 갖고 크게 외치자. "절대로 나는 인생을 발전시키고 부를 얻을 수 있는 기회를 두려움 때문에 놓치지 않을 거야!" 그런 기회들이 사라지길 바라는가? 과거에 기회를 놓쳤던 것처럼 기회를 잡을 늘릴 시도조차 안 해볼 것인가? 이것을 절대 원하지는 않을 것이다. 우리는 자신의 진정한 목표를 향해 살아갈 수 있는 선택지가 무수히 많다. 돈을 더 많이 가질 수 있는 기회, 가족을 돌보며 원하는 삶을 살 기회는 바로 지금 이 순간이다! 매 순간 눈앞의 기회를 놓치지 말고 현재를 즐기며 용감하게 부딪혀보자.

가장 빨리 부자가 되는 방법

멍청한 노력은 보상받지 못한다

이제 마음속에 부자가 되고 번영을 누리기 위해 다음 단계로 올라갈 수 있는 구체적인 목표가 하나 생겼다. 그 목표를 향해 행동할 수 있는 시간을 만들어낼 수 있어야 한다. 그리고 목표 달성에 가장 도움이 될 일이 무엇인지 알아야 한다. 이 두 가지를 알기 위해서 당신의 '고유한 능력(Unique Ability)'에 대해 알아보자.

사람들은 저마다 재능을 태어난다. 그러한 타고난 소질 혹은 재능이 바로 고유한 능력에 속한다. 몰입하게 되는 일, 가장 돈을 잘 버는 일, 혹은 기분이 매우 좋아지는 일 등이다. 행동이 점점 그 능력과 멀어질수록 삶의 발전이나 소득의 증가로부터 멀어진다. 당신은 결국 아무런 성과도 없이 몸만 바쁘게 만드는 일에 집중하게 된다. 마치 러닝머신

위에서 숨이 차도록 달리지만 계속 같은 자리에 있는 것과 같다. 실제로 대부분의 사람들이 성공을 향해 달려가지만 제자리걸음만 반복하고 있다.

당신의 고유한 능력은 곧 가장 많은 돈을 벌어들일 수 있는 능력이다. 당신이 이 고유한 능력에 해당하는 일을 한다면, 시간당 5백 달러, 1천 달러, 심지어는 2천 달러까지 벌 수 있을지 모른다. 금액이 얼마가 되었든 자신이 사랑하는 일을 하고 가치 있다고 느끼는 일을 할 때 가장 많은 돈을 벌 수 있다.

효율성의 극대화

아주 훌륭한 성공 습관인 투자 대비 수익의 관점에서 시간을 따져보자. 예를 들어 고유한 능력의 영역에 없는 일들은 다른 사람에게 돈을 주고 시킨다고 하자. 그러면 나는 그 시간 동안 고유한 능력을 발휘할 수 있는 일에 에너지를 쓸 수 있다. 게다가 다른 사람들에게 돈을 벌 수 있는 기회를 제공함으로써 경제에도 일조할 수 있다.

이 내용을 핵심으로 담은 짧은 이야기가 있다. 내가 처음으로 부동산에 투자했을 때였다. 오래되고 낡은 주택을 아홉 개의 작은 아파트로 재건축했다. 그런데 그 이후에 건물을 관리하고 유지하는 일이 문제였다. 앞뜰이 엄청나게 넓어 토요일마다 관리하는 데 몇 시간씩 걸렸다. 그래서 나를 대신해서 그 일을 해줄 사람을 50달러에 고용했다. 그날 아버지가 내 얼굴도 볼 겸 오셨다가 직원이 잔디를 깎는 것을 보고는 내가 사람을 고용한 사실에 엄청 화를 내셨다. "세상에, 너 스스로 할 수 있는 일을 다른 사람에게 돈을 주고 시키다니! 너 그러다 한 푼도 안 남겠다. 네가 얼마나 돈이 많다고 겨우 잔디 깎는 일에 사람을 쓰니." 라고 말씀하셨다. 아버지의 반응은 충분히 이해가 된다. 많은 것이 부족한 시절인 대공황 때 태어난 시대적 배경이 아버지의 사고방식에 영향을 미쳤을 테니 말이다. 아버지는 돈을 빌리는 것을 좋아하지 않으셨다. 할 수 있는 일은 모두 직접 하면서 자신의 일도 옛날 방식으로 처리하곤 했다. 안타깝게도 이로 인해 아버지는 큰돈을 벌 수 있는 기회를 번번이 놓쳤다. 성실하게 일하는 것만으로는 더 많은 돈을 벌 수 없었다. 그의 스토리 자체가 아무리 열심히 일해도 연봉 3만 달러를 넘지 못하도록 제한하고 있었기 때문이다. 수많은 해를 러닝머신 위에서 달린 것이나 마찬가지다. 다행히 지금은 내가 아버지를 변화시켜서 크게 달라지셨지만 그 당시에는 엄청 화를 내셨다. 인사도 채 하지 않고 차를 타자마자 떠나버리셨다. 얼마나 서둘러 갔으면 자동차 타이어가 빠르게 굴러가는 바람에 마당에 있던 자갈이 사방팔방으로 튈 정도였다.

아버지가 이 일로 화가 났다는 사실에 기분이 썩 좋지 않고 그의 생각이 얼마나 잘못됐는지 깨달았다. 내가 커다란 아파트 단지의 잔디를 깎으려면 반나절이 걸렸다. 나의 본업은 따로 있었다. 다음번 부동산 거래 건을 찾으며 협상을 하고 중고차를 수리해서 팔고 있었다. 다른 사람에게 50달러를 주고 잔디를 깎도록 시키면 나는 잔디를 깎을 반나절 동안 차를 고치거나 고친 차를 팔아서 더 많은 돈을 벌 수 있었다. 혹은 50달러가 훨씬 넘는 이익의 부동산 거래를 성사시킬 수 있었다. 실질적으로 차를 고쳐서 파는 반나절의 시간은 나에게 5백 달러에서 1천 달러의 가치가 있었다. 그러나 돌아오는 결과로 보면 그보다 더 큰 가치가 있는 시간이다. 그러므로 자신이 잘하지 못하는 일은 인건비를 들여 다른 사람에게 맡기고, 그 시간에 자신이 잘하는 일에 집중해서 인건비로 지급한 돈보다 더 큰 투자 수익을 만들어내면 결과적으로 이득이다.

타고난 재능을 발견하라

이 상황을 본 어떤 사람들은 내게 이런 말을 할 수도 있다. "글쎄요 딘, 그것조차도 돈이 있으니까 사람을 쓸 수 있는 거죠." 지금 과거를 돌이켜보면 내가 돈이 많이 없던 시절에도 나는 못하는 일은 다른 사람에게 맡겼다는 것을 깨달았다. 여행에 필요한 예약을 하거나, 세탁물을 받아오거나, 장을 보거나, 집을 관리하는 일에 사람을 고용해 도움을 받을 수 있다면 그 시간을 고유한 능력에 투자해 최고의 수익률을 만들어낼 수 있다는 사실을 이미 알고 있었다. 이러한 철학 덕분에 현재 강연하고, 책을 쓰고, 사람들을 교육하고, 더 투자 가치가 있는 부동산 거래를 하고, 함께 거래를 진행할 사람들을 만나는 데 집중할 수 있게 되었다. 이 사실을 미처 깨닫지 못했더라면 아마도 나는 지금 아파트 단지에 있는 잔디밭을 관리하는 데 시간을 낭비하고 있을 것이다. 경험을 위해서 적은 돈을 받고도 일하려는 오늘날의 인턴은 자신의 고유한 능력을 찾으려는 하나의 방법으로 볼 수 있다.

평소에 시간을 어떻게 보내고 있는지 생각해보자. 당신은 당신의 고유한 능력이 아닌 일들을 단호하게 거절할 수 있는가? 그 대신 자신이 가장 잘한다고 생각하고 가장 돈을 잘 벌 수 있는 일을 할 시간을 만드는가? 약속한다. 부를 한층 더 성장시키지 못하는 일들을 거절하는 법을 배우면 상상했던 것보다 더 빠르게 원하는 만큼의 부를 얻게 될 것이다.

당신의 고유한 능력은 무엇이라고 생각하는가? 당신의 고유한 능력의 영역에 해당하지 않는 일은 무엇인가? 뛰어나게 잘하는 것, 꽤 잘하는 것, 그리고 못하는 것까지 모두 채워 넣자. 당신이 작성한 항목별로 시간당 비율을 함께 계산해서 작성할 수도 있다.

댄 설리번의 가르침대로 고유한 능력을 발달시키는 일은 양파 껍질을 벗기는 것과 같다. 매주, 매월, 매년, 한번에 한 겹씩 양파 껍질을 벗기는 것이다. 바깥 껍질일수록 당신이 못하는 일에 가깝다. 껍질을 한 겹씩 까다 보면 결국 가장 안에 들어 있는 양파 심만 남게 되듯 가장 마지막에 발견한 능력이 당신이 가진 최고의 능력이다. 이렇게 고유한 능력을 조금씩 찾아가는 일은 하루 24시간을 더 길게 효과적으로 쓰는 데 도움이 된다. 더 적은 시간을 일하지만 더 많은 돈을 벌어들일 수 있으며 차별성이 중요해진 경쟁 사회에서 자신만이 할 수 있는 일을 하게 만들 것이다.

지나친 완벽주의의 부작용

우울의 늪에 빠지는 최악의 비교 습관

이제 자신의 고유한 능력을 발휘하는 일의 가치를 이해하게 되었는 가? 열정을 불태우며 돈을 더 많이 벌 수 있는 일을 할 때 일이 얼마나 쉽고 매끄럽게 진행될지 알았을 것이다. 이론상 절대 두려움의 늪에 빠지거나 불안한 감정에 휘둘리지 않을 것이다. 이렇게 모든 게 예외 나 오차 없이 이론대로 이루어지면 얼마나 좋을까! 그러나 우리는 모 두 어느 순간 두려움의 늪에 빠진다. 스스로를 의심하고 충분히 잘하 지 못한다는 생각을 하게 된다. 대부분은 문제가 재발하고, 잠재력을 완전히 발휘하기 힘들 것이라고 생각하며 자신이 할 수 없는 일도 분 명 있다고 생각한다.

그래서 댄이 가르쳐준 한 가지 훈련을 더 해볼 것이다. 그가 GAP이 라고 부르는 연습이다. GAP은 우리가 빠지게 되는 늪을 의미하는 것 으로 달리던 트랙에서 꼼짝 못하고 멈추게 만든다. 이는 언제든지 일 어날 수 있는 일이다. 그러므로 그런 일이 실제로 일어났을 때 얼마나 빨리 회복할 수 있느냐의 문제다.

나는 살면서 정말 많은 실패를 경험했다. 그러나 내가 제일 잘했다 고 생각하는 점은 빨리 실패하고 빨리 회복했다는 점이다. 전략적으로 두려움에서 빨리 빠져나와 다시 열정적으로 달리던 트랙으로 돌아오 는 방법이 있다. 그 방법을 배우기 위해서 먼저 인정해야 할 사실이 있 다. 우리는 완벽함을 추구한다는 사실이다. 완벽한 재정, 완벽한 몸매,

완벽한 부모, 완벽한 배우자 등 모든 면에서 항상 완벽을 추구한다.

헬스장에 가서 거울에 비친 모습을 봤을 때 몸이 만족스러우면 더 이상 헬스장에 가지 않는다. 아내나 남편과 함께 시간을 충분히 보내고 있지 않다는 사실을 깨닫게 되면 사랑하는 사람에게 무관심했다고 자책한다. 또는 여러 면에서 인간관계가 좋지만 하고 있는 일이 즐겁지 않거나 수입이 적다면 자신에게 부족한 부분을 자책하기 시작한다. 돈을 매우 잘 벌어서 부자로 살지만 아이들에게 좋은 부모는 아니라고 생각한다. 우리는 끊임없이 스스로를 자책한다. 왜 그럴까?

누구나 살면서 크게 성취한 것들이 있다. 그러나 언제 마지막으로 자신의 목표 달성과 성공을 축하했는지 기억하는가? 잠시 멈추고 생각해보자. "앞으로 90일 동안 무엇을 할 거야!'라고 결심하고 목표를 달성했을 때, 자기 자신에게 보상을 해준 적이 언제인가? 장담하건대 아주 오랫동안 이런 일이 없었을 것이다. 우리 사회에서는 목표를 성취하는 순간 무의식적으로 달성하지 못한 다음의 목표를 찾으려고 한다. 예를 들면 당신은 작년에 승진했거나 창업했을 수 있다. 스스로 축하해야 할 일이지만 축하 대신에 이런 반응을 먼저 보인다. '내가 그동안 일이 바빠서 아이들을 너무 못 챙겼어. 아이들과의 관계에 신경을 쓰고 함께 시간을 보낼 수 있게 노력해야 해.' 그리고 아이들과의 관계가 발전하고 나면 이번에는 배가 나온 자신의 모습이 눈에 들어온다. 이렇게 말할 것이다. '아이들과 사이가 더 가까워졌지만 이 배 좀 봐.'

우리는 마음속에 가상의 완벽한 나를 만든다. 하지만 실제로는 항상 부족하다. 즉, 완벽한 이상과 부족한 현실의 간극에 빠지게 된다. 마치 일몰을 쫓아가는 것과 같다. 서쪽으로 아무리 빨리 달려가도 지는 해를 따라잡을 수는 없다. 가상의 완벽한 사람과 같은 상태가 되려는 노력도 마찬가지다. 불가능한 일을 좇아가려고 하다가 결국 실패하고 우울해지는 결과를 되풀이하게 된다.

당신은 생각보다 훌륭한 사람이다

자신을 상상 속의 완벽한 모습과 비교하면 현실 속의 우리는 항상 부족할 수밖에 없다. 이 사실에는 예외가 없다. 마찬가지로 다른 사람의 훌륭함을 나와 비교하면 자신감을 잃고 두려움의 덫에 빠지게 된다. 예를 들어 '이웃집 가정만큼 사랑이 넘치고 완벽한 가정을 절대로 이룰 수 없을 거야.'와 같이 말하기 시작한다. 또는 '내가 원하는 만큼의 돈을 벌지는 몰라도 존이나 메리가 버는 정도와는 비교가 안 돼.'라고 말하기도 한다. 대부분은 다른 사람들의 인생에 어떤 일이 벌어지는지 속속들이 다 알지 못한다. 우리의 눈에 보이지 않는 곳에서 어떤 골치 아픈 문제를 겪고 있는지 모른다. 모든 사실을 알지도 못하는데 어떻게 그들을 모든 면에서 완벽한 존재로 여길 수 있는가? 이는 주변 사람보다 능력, 성공, 행복, 부의 면에서 떨어진다고 생각하는 흔한 습관이다.

비교 대상이 상상 속 완벽한 자신의 모습이든 주변 사람이든 우울감으로부터 빠르게 헤어나오는 효과적인 방법이 있다. 먼저 당신이 인생에서 어디에 있는지 현재 위치부터 다시 살펴보자. 인생에서 무엇을 이루었는가? 어떤 목표를 달성했는가? 어떤 일을 뛰어나게 잘했는가?

잘하지 못했다고 느끼거나 충분히 달성하지 못했다고 느끼는 함정에 빠질 때는 과거를 되돌아보는 것이 빠져나오는 비법이다. 오늘의 나 자신이 있기까지 노력하고 성취한 모든 것들을 기억하자. 그동안 극복하고 지나온 길에 던져졌던 모든 장애물도 잊지 말자. 어떤 고난과 역경을 극복해서 얼마나 훌륭한 것들을 성취했는지 생각한다면 보람과 뿌듯함을 느낄 수 있을 것이다. 자신이 얼마나 발전했는지 깨닫자! 자신이 한 일에 스스로 감사하는 마음을 갖자! 과거에 저지른 실수를 생각한다 해도 실수에 초점을 맞추지 말자. 결과적으로는 그 실수를 이겨냈고 더 성장한 현재의 모습을 생각하자. 당신이 끝까지 포기하거나 숨지 않았다는 것에 박수를 보내자.

올바른 완벽주의 활용법

계속해서 앞으로 나아가고 있고 여전히 견디고 있는 당신은 충분히 훌륭하다! 당신은 이 책을 읽겠다고 선택했고, 그 선택은 당신이 인생에서 앞으로 나아가고 싶다는 뜻일 것이다. 그 점이 당신이 얼마나 멋진 사람인지 말해준다. 다른 누군가는 그런 노력조차 하지 않는다. 그러니 완벽한 자신의 모습을 향해 달려갈 때 더 이상 우울한 생각에 잠기지 말자. 오늘의 당신을 만들기까지 지나온 과정을 기억하자. 자신을 다른 누군가와 비교하거나 자책하지 않고 지금까지 얼마나 먼 길을 열심히 달려왔는지에 집중할수록 우울감에서 빨리 벗어날 수 있다. 우울감에서 벗어나면 곧바로 다시 달리던 트랙으로 돌아가 지금껏 해오던 것처럼 자신의 비전에 도움이 되는 일을 해나갈 수 있다.

왜 이상적인 사람 혹은 자신의 완벽한 모습이 존재하는지 아는가? 그 이상향과 비교해 자신의 현재 상태를 판단하기 위한 것도 아니고, 달성하지 못한 것을 자책하기 위해서도 아니다. 이상향은 목표의 원천으로 사용하기 위해 존재한다. 만일 당신이 자녀의 리틀 야구단의 코치가 되었는데 거울을 보니 배가 튀어나와 보인다고 하자. 그럴 때 자책하면서 이렇게 말하지 말자. '세상에, 내가 뚱뚱하다니 믿을 수 없어. 그동안 얼마나 게을렀던 거지?' 그냥 그 모습 그대로 받아들이고 새로운 목표를 세우면 된다. 자책하는 것과 새로운 목표를 세우는 것의 차이는 자신을 판단하지 않되 변화하기 위한 행동에 초점을 맞춰 생각하는 것이다. '설탕과 유제품을 끊고 앞으로 2주 동안 2킬로그램 감량할 거야. 일주일에 3일은 러닝머신을 뛰어야지.' '왜 이렇게 뚱뚱한 거야.'라고 말하는 것보다 얼마나 긍정적이고 생산적인 말인가! 이상적인 모습을 핵심이 바탕으로 목표를 세우되 지금의 자기 자신과 '비교'하지 않는 것이다. 둘은 완전히 다른 행동이라는 것을 기억하길 바란다.

성공의 준비 단계

6장에서 많은 내용을 다루었다. 핵심은 하나의 빛나는 목표가 당신을 부자로 만들어줄 수 있다는 것이다. 해야 하는 일과 하지 말아야 하는 일을 완벽히 파악할 수 있을 때 꿈꾸는 풍요로운 삶에 도달할 수 있을 것이다. 지금까지 위험, 기회, 강점 분석과 고유한 능력을 찾아 발휘하는 법, 그리고 비교의 늪에서 빠져나오는 훈련을 함께 했다. 이 모든 훈련은 하나의 빛나는 목표를 달성하는 데 큰 도움이 될 것이다. 마치 캄

캄캄한 밤의 불빛처럼 소중하고 고마운 존재가 되어 당신을 목표 지점으로 인도해줄 것이다.

물론 그 불빛만으로는 충분하지 않다. 목적지에 안전하고 빨리 도착하기 위해서는 목적지를 아는 것은 물론 다른 것도 필요하다. 다음 장에서는 그중 두 가지인 매력과 설득에 관해 이야기하겠다.

이 연습을 통해 한번에 두 가지 도움을 얻을 수 있다. 첫째, 당신이 하면 안 될 일이 무엇인지 구분할 수 있다. 둘째, 진정한 당신의 모습이 무엇인지 찾을 수 있는 기회를 포착하게 될 것이고 최고의 결과로 이어질 것이다.

첫 번째에 대한 답을 찾을 수 있는 질문은 '어떤 일을 사랑하는가?'이다. 그 다음에는 정말 자신이 잘하는 것에 대해 생각해보자. 혹은 다른 사람들이 당신에게 무엇을 잘한다고 하는지 찾아보는 것도 좋다. 두 번째에 대한 답을 찾기 위해서는 돈과 그보다 더 큰 가치에 대해 이야기할 필요가 있다. 당신의 삶에서 최고의 결과를 가져다줄 일이 있는가? 당신이 부의 목표를 세웠다면 그 목표를 향해 오늘 당장 시작해야 할 일이 무엇인지 생각해보자. 마지막으로 각각의 리스트를 확인하고 더 많은 돈을 버는 데 필요하지 않은 것을 하고 있다면 단호하게 거부하자.

- 당신은 어떤 일을 사랑하는가?
- 당신이 정말 잘하는 일은 무엇인가?
- 당신에게 최고의 결과를 가져다줄 일은 무엇인가?
- 당신의 경제적 목표는 무엇인가? 그 목표를 달성하기 위해 해야 할 일은 무엇인가?
- 리스트에 없는 것들 중에 하고 있는 것이 있다면 그 일은 중단해야 할 일이다. 어떤 것인가?

백만장자의
여섯 번 째 성공 습관:
매력과 설득의 힘

다른 사람을 설득할 때 가장 좋은 도구는
우리의 귀, 즉 상대편의 말에 먼저 귀를 기울여 듣는 것이다.

–데이비드 딘 러스크(David Dean Rusk), 미국 국무장관

인생에서 최고의 영업사원이 되는 비법

매력이 넘치거나 설득을 잘하거나

당신에게 질문을 하나 하겠다. 성공과 부를 향한 여정에서 매력과 설득은 얼마나 중요할까? 나라면 성공에 있어서 필수 요소 중에서도 특히 중요한 것이라고 대답할 것이다. 매력과 설득력을 다르게 말하면 자신에게 맞는 사람과 기회를 끌어당기는 능력과 타인을 행동하게 만드는 능력이다. 이러한 능력이 없다면 성공으로 가는 길이 너무도 멀고 험난한 길이 될 것이다. 이렇게 말할 수도 있을 것이다. "딘, 당연히 중요하죠. 맞는 말이에요." 그러나 이를 모르는 사람들을 위해 알고 나면 왜 동의할 수밖에 없는 사실인지 이유를 설명하겠다.

나의 사업적인 성과를 돌이켜보니 젊은 시절에 불가능해 보였던 부를 성취할 수 있게 도와준 습관 중 최고의 습관은 매력과 설득이었다. 이 두 가지 습관만으로도 엄청난 기회를 만들고 수익을 올릴 수 있다.

나는 중요한 부의 구성 요소인 매력과 설득의 가치가 폄하되고 때로는 무시되는 현상을 수차례 보았다. 나 또한 과거에 두 습관의 중요성을 미처 깨닫지 못해 비참한 실패를 당했다. 원한다면 내가 겪었던 실패를 당신이 똑같이 경험하면서 시간을 버릴 수도 있다. 그러나 그런 시행착오를 겪는 일은 현명하지 않다. 이 책을 손에 들고 있는 이상 시간 낭비할 필요 없이 내가 얻은 깨달음을 한번에 알 수 있다.

매력과 설득의 습관을 더 자세히 들여다보기 전에 한 가지 짚고 넘어갈 것이 있다. 나는 상품을 손쉽게 판매할 수 있는 광고 트릭을 알려주려는 게 아니다. 당신이 한 단계 위로 발전하고 부를 한 층 더 증식시킬 수 있는 깊숙한 토대를 세우기 위한 방법을 제시하는 것이다.

이제 본론으로 들어가자. 매력과 설득은 실제로 마케팅과 영업을 보다 우아하게 표현한 방식이다. 마케팅은 자신이 원하는 것을 끌어들이고 원하지 않는 것을 밀어내는 것이다. 고객이 될 수도 있고 잠재적 구매자 혹은 일상에서의 인간관계가 될 수도 있다. 그리고 영업이란 자신이 바라는 대로 사람들이 행동하도록 정서적으로 투자하는 것을 말한다. 예를 들어 어떤 물건을 구매하게 하거나, 가격과 서비스 혹은 파트너십이나 관계 형성에 동의하도록 만드는 것이다. 게다가 사람들이 자신의 인생까지 바꾸는 행동을 하게 만든다면 그야말로 대성공이다. 이 정의는 내가 알고 있는 마케팅과 영업에 관한 정의 중에 의미를 가장 잘 표현했다고 생각한다. 흔히 판매원이나 영업사원이라는 직업 또는 호칭을 부정적으로 받아들이는 사람들이 있다. 단순히 자신의 이익을 위해 포장된 말로 상대방을 꼬드긴다는 이미지가 거부반응을 일으킨다. 7장이 끝날 때쯤에는 당신이 마케팅과 영업에 대해 내가 말한 표현으로 받아들이길 바란다.

세상 모든 사람들에게 통한 세계적인 마케터들

마틴 루터킹 주니어는 사람들이 그의 말을 경청하도록 마케팅을 했는가? 물론이다! 사람들이 그의 말을 들을 때 그는 자신의 이상을 사람들에게 설득시키려고 했는가? 더욱 당연한 질문이다. 그가 전달한 메시지를 사람들이 결코 받아들이지 못했다면 어땠을까? 매력도 없고 설득력도 없어 더 나은 사회로 이끌어가지 못했더라면 어떻게 되었을까? 마더 테레사, 간디, 벤저민 프랭클린, 토머스 제퍼슨은 어떠한가? 만약 그들이 영업에 소질이 없었다면 그들의 이름은 물론 그들이 세상에 미친 영향력을 알지 못했을 것이다. 자기 자신을 윤리적으로 마케팅하고 영업하는 행위가 이 세상을 돌아가게 만들고 더 나은 사회로 발전시키고 있다. 애플이나 마이크로소프트가 신제품을 출시했을 때나 특정한 이벤트를 기획했을 때만 마케팅을 한다고 생각하는가? 그들은 알게 모르게 매순간 설득과 매력의 기술을 사용하고 있다. 우리가 아이폰이나 엑스박스(Xbox)를 우연히 좋아하는 것이 아니다.

내가 살면서 배운 진실이 하나 있다. 새로운 사업을 하고 싶거나 회사에서 고위직으로 승진하고 싶은데 영업이나 마케팅에서 성과를 내지 못하고 있다면 이는 두 가지를 의미한다. 첫째, 당신이 바라는 정도까지 성공할 수 없다. 둘째, 완전히 다른 것을 판매하려고 해야 한다.

자신이 마케팅에 꽤 소질이 있다는 사실을 알고 있거나 상품이나 서비스가 매우 뛰어난데도 사람들에게 소개하지 못한다면 아무런 도움이 되지 않는다. 그래서 보통의 경우 영업사원들은 미친 듯이 팔아야 한다는 의무감을 느끼고 고용주 입장에서는 일을 잘하는 사람을 고용하려고 한다. 다른 사람으로부터 원하는 것을 얻어내기 위한 방법은 두 가지뿐이다. 판매 열정을 더 불태우거나 아니면 제품이나 서비스의 질을 월등히 높여야 한다.

마케팅의 필요성은 삶의 모든 영역에 적용된다. 인간관계를 예로 들어보자. 당신이 미혼이라면 이상적인 배우자를 만나고 싶을 것이다. 일단 배우자감을 만나면 함께 데이트를 하기 위해 상대를 설득해야 한다. 그리고 연인이 되고 나서 결혼이 하고 싶어 지면 또 한번 설득을 해야 한다. 이는 통상적으로 우리가 생각하는 판매원처럼 비윤리적으로 설득하는 것이 아니다. 당신은 최선을 다해 상대방에게 긍정적인 면을 보여주려고 하는 것이다. 만약 마케팅이나 영업에 두려움을 갖고 있다면 비즈니스적인 영역을 넘어 인생의 전반적인 영역에서 장애물에 부딪혔을 거라고 확신한다. 인생에서 당신이 원하는 것이 무엇이든 매력과 설득 없이는 아무것도 이룰 수 없다.

다른 사람들에게 자신을 홍보하지 않고 자신의 매력과 가치를 설득하기가 꺼려진다면 내면 깊숙이 들여다보며 이유를 찾아야 한다. 무엇 때문에 자신을 마케팅하는 것을 꺼리는가? 어쩌면 마케팅 기술이 부족해서가 아니라 스스로의 발전이 필요한 것일 수도 있다. 마케팅의 기본은 자신이 홍보할 제품 또는 자기 자신에 대한 진정한 믿음이다. 7장에서는 스스로 생각하는 자기 자신의 모습이 어떠하든 멋진 사람으로 거듭나는 데 도움이 되는 효과적인 습관을 전수할 것이다. 생각보다 더 쉬운 과정일 것이다. 왜냐하면 출발점이 당신의 최고의 모습이기 때문이다. 지금부터 자세히 알아보자.

백만장자의 아주 작은 성공 습관

최고의 마케팅 기술

판매가 잘 안 될 수도 있지 않은가? 물론이다. 마약, 담배처럼 사람들에게 피해를 줄 수 있는 물건을 판다면 긍정적인 반응을 얻기 힘들다. 이처럼 모든 사람이 뛰어나거나 판매를 잘하는 것은 아니다. 만약 판매가 강점이 아니라면 매력과 설득의 기술을 적절하게 사용했을 때를 생각해보자. 예를 들어 내가 무대 위에서나 카메라 앞에서 책을 홍보할 때 이미 내 책은 다른 사람들의 인생을 변화시키는 데 도움을 줄 것이라고 확신하고 있었다. 그래서 열정과 목적을 가지고 진심을 담아 말할 수 있었다. 이처럼 우리는 자신이 하는 일이 옳은 일이라는 것을 알 때 다른 사람들과 공유해야 한다는 윤리적인 의무감을 느낀다.

사랑하는 사람이 금연하도록 설득해서 그의 건강을 지킬 수만 있다면 할 수 있는 건 다 하지 않겠는가? 설득이든 회유이든 담배를 끊게 할 수 있는 모든 수단을 동원할 것이다. 만일 당신이 도박중독자라고 가정할 때, 인생을 지옥으로 떨어뜨리는 도박을 중단시킬 수 있는 방법이 있다면 나는 내가 할 수 있는 모든 일을 할 것이다. 당신도 자신의 사업, 제품, 자기 자신에 대해 그렇게 느껴야 한다. 이렇게 생각할 수 있다면 그 일이 더 이상 마케팅이나 영업처럼 느껴지진 않을 것이다. 이 기적인 목적을 위해 꼼수를 부리거나 허위로 포장하는 것은 의미가 없다. 올바른 사람들을 끌어당겨 인생에 적절한 기회를 얻는 일이 필요하다. 이제 매력과 설득의 기술에 통달하기 위해 일과 삶에 모두 적용할 수 있는 몇 가지 습관들을 이야기해보자.

실패한 기업인은 모르는 성공한 기업인의 영업 비밀

거부감이 드는 영업 사원의 특징

나를 위해 일하고, 내 조언을 받아들이고, 나에게서 물건을 사도록 혹은 깨달음을 얻도록 다른 사람들을 어떻게 설득할 수 있을까?

내가 TV에 출연할 수 있게 해준 제일 중요한 일이 여기 있다. 15년 넘게 전 세계를 돌아다니며 사람들을 가르쳤고, 내 인생에 도움이 되는 사람들을 끌어들이려 했고, 커다란 거래를 성사시키려 했고, 수백만 달러 가치의 기업을 소유하려 했다. 사람들은 당신에게 배우고, 당신의 말을 듣고, 당신을 사랑하고, 당신에게서 물건을 사고, 당신을 이해하게 되었을 때가 아니라 당신이 사람들을 이해했을 때 당신을 고용하려고 한다. 이 말을 메모한 뒤 형광펜을 칠하고 옆에 별표까지 그려 눈에 잘 보이도록 강조하자. 당신이 상대방을 이해했을 때 원하는 대로 끌어들일 수 있다.

사람들은 당신의 이해를 받았다고 생각하면 당신과 함께 그리고 당신을 위해 행동할 가능성이 크다. 그러나 영업사원과 기업인들이 이 점을 완전히 놓치고 있다. 영업사원과 기업인들은 상대방의 말을 거의 듣지 않고 대화의 주도권을 장악하고 있다. 대부분 미팅에 가서 판매하고, 판매하고 또 판매하는 데만 집중하면서 정작 테이블 반대편에 앉아 있는 고객을 이해하려고 하지 않는다. 역으로 고객의 이해를 받고 싶어 하거나 자신들이 혜택을 준다는 사실을 어떻게든 입증하고 싶어 안달이다. 이것이 대부분의 사람들이 마케팅 전략 혹은 설득하는 과정에서 저지르는 실수다. 그들은 본래부터 자신의 고객이 진정 원하는 것이 무엇인지 알려고 집중하기보다 자신들이 어떤 가치를 더 그럴듯하게 전달할 수 있을지 상품의 우수성을 설명하는 데 치중한다.

'나'라는 말을 이 사회에서, 사람들 앞에서, 심지어는 인간관계에서 자주 쓰는 사람이 있다면 당신은 이미 그 사람이 실패할 거라고 예상할 수 있다. 반대로 조용하지만 자신감 있고, 거래를 성사시키고, 인간관계가 훌륭한 사람은 이 상황에서 무엇이 중요한지 아는 사람이다. 다른 사람을 이해시키려 하기보다는 상대에게 이해받고 있다는 느낌을 주는 사람에게 끌린다.

분명 당신은 자기 생각을 전달하기 위해 '내가(I)'와 '나를(Me)' 같은 '나' 중심적인 말을 하곤 한다. 이 책에서 내가 '나' 중심적인 말을 쓰는 이유는 나의 경험과 가르침을 전달할 수 있는 유일한 방법이기 때문이다. 그러나 이 책은 나의 이야기를 하기 위해서 쓴 책이 아니라 순전히 당신을 위한 책이다. 나는 한때 당신과 같은 위치에서 같은 입장에 있었고 현재 당신이 당면한 장애물을 극복한 경험이 있기 때문에 당신을 충분히 이해하고 있다. 그러니 당신 또한 나의 이해를 받고 있다고 느끼기 바란다. 그리고 나의 경험을 통해 당신이 성공 습관을 배운다면 나처럼 대단한 일들을 많이 성취할 수 있을 것이다.

상대방을 이해하는 것과 상대방의 이해를 받는 것에 대한 간단한 예가 있다. 이는 내가 전달하고자 하는 내용을 더 명확하게 이해하는 데 도움이 될 것이다. 자동차 전시장에 방문하면 영업사원이 당신에게 다가와서 이렇게 말한다. "18년 째 제가 이곳에서 차를 판매하고 있어요.

제가 이곳에서 제일 실력 있는 사람이니까 믿고 추천 받아보시는 게 어떠세요? 고객님은 똑똑하신 분이라 믿을 수 있는 차를 사고 싶어 하실 것 같은데 이 브랜드 어떠세요? 고객님이 찾으시는 제품일 겁니다. 이 차는 기본적으로 후방 카메라가 달려 있고, 무엇보다 최고의 주행거리를 자랑할 정도로 정말 빠릅니다." 그의 말을 들은 당신은 이해받고 있다는 느낌이 드는가? 아니면 그저 자기 자랑으로 시작해서 차를 팔기 위해 차의 장점을 줄줄이 설명하며 전형적인 영업 멘트를 날리는 것처럼 느껴지는가? 이 영업사원은 자신의 능력이 얼마나 뛰어난지 그가 판매하려는 차가 어떤 차인지 당신이 이해하기만을 바라고 있다. 이런 유형의 판매원에게 우리는 대부분 거부감을 느낀다. 무언가를 사기 위해 매장에 들어갔는데 이런 유형의 판매원이 다가온다면 피하고 싶지 않은가?

반면 다른 날에 같은 전시장에 방문했는데 다른 영업사원이 다가와서는 이렇게 말했다고 하자. "일요일에 어떻게 오셨어요? 주말인데 즐겁게 보내고 계세요? 자녀는 몇 명이나 있으세요? 어떤 차가 필요해서 방문해주셨나요? 어떤 것들을 원하시는지 말씀해주시면 최대한 고려해서 추천드릴게요. 안전, 편안한 승차감, 편리성, 디자인 중 차의 어떤 점이 중요하세요?" 그러고 나서는 입을 다물고 당신의 말을 경청한다. 이 두 가지 상황의 영업 기법의 차이점을 생각해보자. 첫 번째 사람은 고객이 자녀가 다섯 명이고 애완견이 있어서 미니밴이 필요한지 아니면 혼자 쓸 차를 찾는지 모른다. 당신이 인사를 채 하기도 전에 이미 영업 모드에 돌입했다. 그에게서는 당신을 이해하려는 태도를 찾아볼 수가 없고 말 그대로 판매가 목적인 사람이다. 이렇게 고객에게 제품만 들이미는 방식으로 영업을 하면 판매 결과는 끔찍하다. 다른 사람의 생각을 이해하는 것이 매력과 설득의 핵심이다. 이는 아무리 강조해도 지나치지 않을 정도로 중요한 사실이다. 살면서 우리는 다른 사람이 말을 그만하고 조용해질 때까지, 그래서 자신에게 말할 기회가 올 때까지 기다리는 경우를 자주 경험한다. 다른 사람을 이해하고 싶은가 아니면 자신을 이해해주길 바라는가? 누군가와 대화하면서 상대방의 눈을 쳐다보고, 상대방이 말하는 단어 하나하나를 귀 기울여 듣고, 상대방이 하는 모든 말을 이해하기 위해 집중하면서 들었던 적이 있는가?

설득의 효과적인 무기는 입이 아니라 귀다

나는 미팅에서 상대방이 거래를 성사시키려고만 하고 그가 하는 말이라고는 '나' 중심적인 말밖에 하지 않을 때 몹시 흥분하게 된다. 거래를 성공적으로 성사시키고 상대방으로 하여금 당신이 원하는 일을 하도록 만들 수 있는 좋은 방법이 있다! 생각해보면 많은 경우 판매란 그저 사람들의 문제에 대해 해결책을 주는 일이다.

직원들은 나를 '문제 해결사'라고 부른다. 내가 수년간의 경험을 통해 다른 어떤 방법보다도 사람들을 설득시키고 매료시키는 것이 훨씬 더 효과적이라는 사실을 알게 되었다. 최근, 회사의 한 회의에서 이벤트 담당자가 "문제나 충돌이 있으면 딘은 어떻게 개입해서 풀어야 하는지를 잘 알아요."라고 말했다. 사실 남을 설득하고 매료시키는 일이 생각보다 매우 쉬운 일이다. 내 말을 믿어라. 나는 어떤 상황이든 문제를 해결할 때 '내가 할 수 있어, 그러니까 내 말대로 해!'라고 큰소리로 주장하지 않는다. 사람들을 이해하기 위해 상대방의 말을 듣는 습관을 활용한다. 한 명은 왜 그렇게 생각하는지, 다른 한 명은 왜 다르게 생각하는지를 알려고 한다. 그들이 하는 말뿐 아니라 그 말의 숨은 뜻을 이해하려고 하는 것이다. 그러면 어떤 일이 벌어질까? 그 사람들이 어떤 사람인지 알게 되고 그들이 원하는 문제 해결방안이나 혼란을 정리할 방법을 알 수 있다. 그런 다음에 문제를 해결하면 마치 나를 대단한 능력이 있는 사람으로 생각한다. 그들이 나에게 어떻게 문제를 해결해야 하며 무엇을 원하는지 단서를 제공해놓고 말이다. 그래서 귀는 입보다 훨씬 더 좋은 설득의 수단이다. 일반적인 의사소통에서 말을 잘하는 것보다 경청이 더 중요한 것처럼 설득의 기술에서도 마찬가지다.

내가 20대였을 때, 너무 흥분해서 거래를 성사시키고 사람을 사귀려고 했던 기억이 난다. 나는 말하고, 또 말하고, 그냥 내가 하고 싶은 말만 했다. 이를테면 이런 식이었다. 나를 봐요, 내 제안을 들어봐요, 내 능력을 봐요, 내가 할 수 있는 걸 봐요. 상대방이 원하는 게 무엇인지 이해하려 하지 않았다. 그러나 이 시간을 통해 소중한 걸 배웠다. 이제 나에게는 다른 사람이 하는 말을 경청하는 습관이 있다. 열심히 듣고 깊이 들으면서 특히 이런 질문에 답해보자.

- 그들의 고통은 무엇인가?
- 그들의 두려움은 무엇인가?
- 그들은 왜 그렇게 생각하는가?

- 무엇이 그들의 스트레스 요인인가?
- 그들의 능력을 제한하는 생각은 무엇이며 또는 그들의 능력에 날개를 달아주는 생각은 무엇인가?
- 그들의 목표는 무엇인가?
- 내가 원하는 것을 얻으면서, 어떻게 그들의 문제를 해결하고, 그들이 다시 목표를 향해 나아가게 도와줄 수 있을까?

여러분은 회의실 밖에서도 많은 영역에서 이 기술이 어떻게 작용하는지 이해하리라 확신한다. 배우자 간의 가장 큰 충돌은 자신의 기분을 상대방에게 이해시키려 할 때, 그리고 서로가 하는 말을 절대 듣지 않을 때 일어난다. 우리는 마음속으로, '알아, 알아, 알아, 그런데 내 생각은 이래.'라고 생각한다. 말할 기회를 기다리다가 결국에는 다시 자기주장을 한다.

충돌을 끝내고 싶은가? 그렇다면 귀를 열자. 다른 사람의 속마음을 알아보려고 노력하자. 상대방이 나에게 이해받는다는 기분을 느끼게 하자. 그러면 문제 해결을 위해 힘을 뭉칠 수 있다. 자신과 맞는 사람을 찾으려고 하면서 묻지도 듣지도 않고 내가 모든 것을 다 아는 것처럼 행동하면 끝내 찾을 수가 없다. 설령 실제로 다 알고 있다 하더라도 말이다. 즉, 자기 혼자서만 일방적으로 말한다면 다른 사람을 절대 설득할 수 없다.

상대를 알면 백전백승이다

다른 사람의 생각을 알면 상상도 못할 정도로 설득에 도움이 된다. 매번 놀라운 성과를 낼 수 있고 수백만 달러의 가치가 있는 성공 습관이 있다. 상대방이 원하는 것을 알아내지 못하거나 거래를 성사시키는 데 문제가 있을 때 이 방법을 쓰자. 그러면 당신이 상황을 원하는 대로 주도할 수 있다. 나는 수없이 이 방법을 사용했고 항상 효과가 있었다. 정중하게 대화를 중단시키면서 1장에서 내가 던졌던 질문을 하는 것이다. "제가 이해를 하고 싶어서 그러는데요. 시계를 앞으로 돌려서 지금으로부터 1년 후라고 가정해봅시다. 이 거래는 성사되었고 일이 너무 잘 돼서 계약 성사 1주년을 축하하려고 이 자리에 모였다고 해요. 그 거래는 어떻게 성사되었을까요? 저에게 지난 1년이 어땠는지 설명해주시겠어요?" 여기까지 질문을 하고 나면 이제 입을 조용히 다물고 상대방의 대답에 귀를 기울이자. 미래를 상상해봄으로써 무의식적으로 각자 자신이 원하는 것을 드러낼 수 있는 방법이다. 이 질문을 하자 자신의 생각만을 밀어붙이거나 자신의 의견을 다른 사람들에게 관철시키기 바빴던 사람들이 조용해지며 각자의 생각에 잠겼다. 그들은 "정말 좋은 질문이에요." 혹은 "그런 식으로는 전혀 생각지 못했어요."와 같은 말만 내뱉었고 그 이후로 불편한 침묵이 흘렀다. 나는 이렇게 말했다. "그러면 우리는 지금 도대체 뭘 하고 있는 거죠?"

이 방법은 여러 상황에서 효과가 있었다. 자녀가 어느 대학을 갈지를 두고 고민 중이라면 이렇게 말하자. "네가 뭘 원하는지 알려줘. 지금으로부터 1년 뒤라고 상상해보자. 대학을 간다고 1년 동안 집을 떠나 있다가 이제 막 집에 돌아왔어. 집을 떠나 있던 1년은 네 인생에 최고의 한 해였어. 어떤 한 해였니? 나에게 말해주렴." 자녀로부터 듣게 되는 대답이 자녀의 어려운 결정에 도움이 될 것이다. 그리고 배우자와 다툴 때도 효과가 있었다. "먼저 난 내 생각을 당신에게 설득시키고 싶지 않아. 그냥 지금부터 1년 후를 상상해봐. 우리 관계가 살면서 최고로 좋은 1년이었다고 하자. 우리의 관계는 어떤 모습이었을까? 예를 들어 저녁에 데이트할 때는 어떻고, 어떤 집에서 아이들은 어떻게 키웠으며 휴가는 어떻게 함께 보냈을까? 한번 상상해봐."

이 방법은 사람들에게 답을 열심히 생각하게 만들기 때문에 효과가 아주 강력하다. 어쩌면 처음으로 1년 동안 어디로 가고 싶은지 생각하게 만드는 계기가 되기도 한다. 왜냐하면 대부분은 자신이 무엇을 원하는지 잘 모르기 때문이다. 한 번도 생각해본 적이 없다. 그래서 상상을 통해 자신이 무엇을 원하는지 깨달을 수 있는 연습이 된다. 이는 심지어 사람을 채용할 때도 놀라울 정도로 효과가 있다. 나라면 이러한 질문에 대답하지 못하는 사람을 채용하지 않을 것이다. 무엇을 원하는지 자기 자신도 모르는데 내가 어떻게 알 수 있겠는가?

답을 얻으면 계약을 어떻게 성사시킬지 또는 어떻게 다른 방향으로 진행할지 알게 된다. 그런데 만약 좋은 대답을 얻지 못하거나 어떠한 단서도 없고 너무 부정적인 반응일 때는 이렇게 말한다. "여러분, 다들 원하는 방향을 이해했을 때 이 미팅을 다시 하는 게 좋을 것 같아요. 나는 내가 이 미팅에서 어떤 결과를 얻고 싶은지 알고 있어요. 예를 들면 이런 것, 이런 것을 원해요. 우리가 함께 이런 것들을 이루어나갈 수 있다면 나에게는 정말 좋은 한 해가 될 것 같아요. 하지만 자기 스스로 무엇을 원하는지도 모른다면 합의점을 찾는 건 불가능해요. 일단 먼저 각자가 원하는 것을 명확하게 알고 나서 그때 다시 타협을 하는 게 좋다고 생각해요. 그 전까지는 협상 자체가 무의미한 시간 낭비라는 생각이 드네요."

그들이 원하는 것에 집중하라

대기업이든 스타트업이든 열정이 많은 회사들이 실패하고, 자금이 풍부한 기업이 성공하지 못하고, 사람들이 살 수 밖에 없다고 자신 있게 개발한 발명품이 반응이 없는 경우를 봤다. 사람들은 대부분 자신이 필요한 것보다 자신이 사고 싶은 것에 더 끌린다. 막대한 돈을 투자해서 기대되는 제품을 만들었는데 정작 소비자들이 실제로 원하는지 아닌지는 모르는 창업자들이 많다.

비즈니스에서만 이런 문제가 있을까? 때때로 우리는 배우자가 무엇을 원하는지, 자녀가 무엇을 원하는지, 가족이 무엇을 원하는지, 직원들은 무엇을 원하는지 정확하게 알고 있는가? 그랬다면 실패하지 않았을 것이다. 그들이 실제로 원하는 것은 완전히 다른 것이다. 이렇게 우리는 매번 그들이 무엇이 필요한지 알고 있다고 넘겨짚는다. 나는 가끔 자녀들과의 관계에서 이런 잘못을 저지른다. 내가 생각하기에 그들이 필요한 것에 너무 집중한 나머지 그들이 진정으로 원하는 것은 관심 밖으로 밀려난다. 다이어트가 필요한 사람은 많지만 그들이 원하는 것은 기름진 음식과 아이스크림, 빵을 많이 먹는 것이다. 아무리 운동이 필요한 사람이 많아도 그들이 운동하고 싶지 않다면 집에서 단한 발짝도 움직이지 않을 것이다. 특히 요즘 결혼 상담이 필요한 사람들이 많은데 그들은 술집에 가서 술을 마시며 결혼으로 인한 스트레스를 날려버리고 싶어 한다.

비즈니스적으로든 개인적으로든 사람들이 원하는 것을 제공하는 것이 그들에게 필요하다고 생각하는 것을 공급하는 것보다 항상 우선이라는 점을 기억하자. 잠재적인 고객이 원하는 것을 연구하고 이해하자. 최종 고객이 무엇을 원하고 당신은 만족시켜줄 수 있는가? 당신의 상사는 무엇을 원하고 당신은 그것을 해줄 수 있는가? 당신의 직원들이 무엇을 원하는지 알고 있고 무엇이 그들을 더 열심히 일하게 만들고, 더 큰 비전을 갖도록 만드는지 알 때 어떤 결과가 돌아올까?

"사람들이 원하는 것을 판매하고 사람들이 원하는 것을 줘라." 이 개념을 뒤집어보면 우리 생각에 사람들이 필요한 것을 팔면 실패하게된다는 의미다. 사람들이 원하는 것을 정확한 목표로 삼고 필요한 것처럼 포장하는 것이 최고의 결과를 얻을 수 있는 방법이다.

이러한 방법은 성공적인 마케팅과 광고에서 항상 볼 수 있다. 사람들에게 과체중이 건강을 해친다거나 수명을 단축시킨다 혹은 외모적으로 더 훌륭해질 수 있다는 이유만으로는 다이어트를 하게 만들 수없다. 이미 그들도 살을 빼야 한다는 필요성은 충분히 알고 있기 때문이다. 좋은 광고는 사람들의 내면에 있는 강력한 갈망을 자극한다. '여름에 바다로 놀러가서 비키니를 자신 있게 입고 싶어.' '연인이 달라진 내 모습을 보고 좋아했으면 좋겠어.' '피트니스 대회에서 우승해보고 싫어.' 이와 같은 또 다른 욕망을 활용하면 그들을 각성시키는 데 도움을 줘서 마침내 행동으로 이어진다. 그들의 삶에 도움이 되는 과정이나 행동을 통해 달성할 수 있는 구체적인 목표를 포착하고 그 목표에 대한 갈망에서 비롯되는 감정을 자극해야 한다. 그러면 그들이 행동하도록 유도하는 데 성공할 수 있다. 건강하지 않고 뚱뚱한 친구가 살을 빼고 건강해질 수 있도록 할 수 있는 모든 일을 하자. 그러나 그들이 해야 할 일이 무엇인지만 반복해서 말하며 설득하려 들면 결코 성공할 수 없을 것이다. 개인적인 생활에서든 비즈니스 혹은 부를 창출하는 일에서든 사람들이 매료되는 것은 그들이 필요로 하는 것이 아니라 원하는 것이라는 사실을 기억하자.

언제 어디서나 통하는 진정성의 절대 법칙

신뢰는 투명함에서 나온다

사람들의 이해를 받기보다 사람들을 이해하는 기술을 습득하고 나면 투명한 자신의 모습을 찾기 위해 노력할 수 있다. 남의 말을 경청하려고 했을 뿐 아니라 남이 아닌 진정한 자신의 모습을 있는 그대로 나타내려고 노력한 결과 내 인생은 정말 크게 발전했다.

내가 젊었을 때 나보다 나이가 약간 더 많고 더 성공한 남성과 함께 차에 타서 운전하고 있었다. 당시 나는 20대 초반이었고 여러모로 불행했던 시절을 지나 스스로 돈을 벌며 이제 막 나 스스로를 믿기 시작한 초창기였다. 한창 많이 성장하고 있을 때였다. 중고차 사업과 차체 수리 사업을 운영하고 있었고 아파트 20채를 소유하고 있었다. 그리고 새로운 주택을 또 한 군데 짓고 있었다. 나는 주민 약 7천여 명이 거주하는 작은 동네에서 거물로 여겨지기 시작했다. 그러나 나는 이쯤에서 멈추지 않고 더 높이 도약하고 싶었다. 그래서 그는 벤처캐피탈 회사에서 내가 E-테라피(E-Therapy)라고 부른 비즈니스 모델이라는 아이디어를 제안하기 위해 나를 뉴욕시로 데려가고 있었다. E-테라피는 온라인 상담을 통해 환자에게 적절한 치료사를 연결해주는 사업이다. 지금은 그다지 낯설지 않지만 1994년 당시에는 상당히 놀라운 아이디어였다. 이 모델과 비슷한 모델조차 없을 때였다.

나는 그의 재규어를 타고 뉴욕시로 가면서 그의 장단점에 관해 대화를 나누었던 기억이 난다. 그가 나를 보면서 물었다. "딘, 자네의 가장 큰 약점이 무엇이라 생각하나?" "사람을 너무 쉽게 믿는 것이 제일 큰 약점이에요. 몇 번이나 이용당한 적이 있어요."라고 답했다. 그리고 "저는 비즈니스 감각이 필요해요. 조금은 영악해질 필요가 있을 거 같아요."라고 덧붙였다. 이에 그가 "그러니까 자네의 가장 큰 약점은 너무 순진한 데다 남을 잘 믿는 거라고 생각하는가?"라고 물었다. 나는 그렇다고 대답했다. 그러자 그가 내 눈을 똑바로 쳐다보며 이렇게 말했다. "자네가 그렇게 생각하다니 정말 말도 안 돼. 나는 그게 자네의 가장 큰 강점이라고 생각하거든. 자네는 아직 어려서 비즈니스적인 큰 경험이 없고 자네가 제안하는 이 아이디어에 투자할 돈도 없네. 그리고 자네는 대학도 나오지 않았지. 그래도 자네를 뉴욕에 데려가면서 나의 명

예를 걸고 도박을 하는 건 자네가 그만큼 솔직했기 때문이야. 믿을 만한 사람이고 다른 사람들을 진심으로 생각하는 사람이기 때문이네." 그는 계속 말했다. "솔직하고 자신의 말을 지키는 신뢰감 높은 사람이 되면 남들에게 이용당할 수는 있겠지. 하지만 나중에 자네의 친절한 마음과 투명함 때문에 결국 인생에서 좋은 사람을 만나게 되고, 그들이 함께하길 자네가 설득한다면 나중에 돌이켜봤을 때 잃는 것보다 얻는 것이 훨씬 많을 걸세." 20년도 더 된 일이지만 그의 말은 지금 생각해보면 1천 퍼센트 정도 맞는 말이라는 게 증명되었다.

그런데 당시에는 이것이 나의 진정한 스토리가 아니었다. 어릴 때 아버지로부터 나를 구속하는 생각을 물려받았다. 아버지는 여느 부모들처럼 나를 많이 사랑하기 때문에 보호하려는 의도에서 이런 생각을 물려주셨다고 생각했었다. 그러나 그 생각은 뉴욕에 가던 날을 끝으로 흔적도 없이 사라져버렸다! 적절한 사람과 적절한 돈, 적절한 일자리, 적절한 비즈니스를 당신의 인생에 끌어들일 때 투명함이 항상 승리한다는 사실을 이제는 안다. 많은 사람들이 일부를 숨기거나 진짜 본모습을 감추려고 하는 사람들과 비즈니스를 하게 된다. 나는 젊었을 때 결과가 어떻든 나 자신을 결코 버리지 않겠다고 다짐했다. 어쩌면 내가 그랬던 것처럼 나의 비즈니스 방식이 너무 투명하고 신뢰감을 준다는 점이 단점이라고 생각하는 사람도 일부 있을 것이다. 하지만 나는 그 이유 때문에 사람들이 나와 비즈니스를 하고 싶어 한다는 사실을 이제 안다. 때로는 누군가가 나를 이용하면 어떤가! 내가 처음 성공한 인생을 위한 마인드 교육 프로그램을 시작했을 때 가능한 한 최대한 투명하게 운영하며 내가 직접 만든 비디오와 내가 직접 쓴 글에 대해 사람들의 피드백을 하나하나 받고 싶어 했다. 가끔은 별로 달갑지 않은 피드백을 받기도 했다. 하지만 끝까지 나 자신의 생각을 숨기지 않았고 사람들이 내게 해준 말을 들으면서 더욱 발전할 수 있었다.

사람의 마음을 움직이는 솔직한 매력

처음부터 나 자신에 대해 완전히 투명하게 드러낸 결과 회사는 다음 단계로 빠르게 성장했다. 이 책에서도 마찬가지로 나는 나의 진실한 이야기와 생각을 고스란히 이야기하고 있다. 개인적인 난관들뿐 아니라 가족과 다양한 인간관계, 그리고 인생 전체에 관해 솔직하게 당신에게 이야기한다. 이렇게 비즈니스 관계와 사적인 관계에서 좋든 나쁘든 자신이 느끼는 감정을 솔직하게 밝힐수록 관계는 더 좋아진다. 즉, 자신에 대해 더 많이 공개하고 있는 그대로의 자기 모습에 가깝게 드러낼수록 상호간의 유대감이 더 좋아진다. 그리고 우리가 다음 단계로 올라갈 수 있는 발판이 마련된다. 그래서 대부분 진정성과 열정이 완벽함과 체계적인 것보다 더 중요한 요소로 꼽힌다.

이제 이 개념을 비즈니스와 연관시켜보자. 비즈니스 혹은 경력적인 면에서 어떻게 더 투명해질 수 있을까? 항상 자신의 감정을 노골적으로 드러내거나 끊임없이 표현함으로써 모든 사람들을 지겹게 만드는 사람이 되자는 말이 아니다. 솔직하고, 열려 있고, 진실한 사람이 되자는 것이다. 왜냐하면 자신이 아닌 다른 사람인 척 가장하거나 자신을 과대포장할 수 없기 때문이다. 허위와 과장은 진실하지 못해서 일부를 숨기는 것만큼 나쁜 습관이다. 고객을 이해하기보다 작은 것을 부풀려 과장하는 방식의 홍보에 의존하는 영업사원은 대부분 성공하지 못한다. 소비자로서 과장 광고나 작업성 멘트를 알아차리게 되면 우리는 곧바로 그 자리를 떠나버리고 상황은 종결된다. 투명성은 언제 어떤 상황에서도 좋은 전략이다. 비즈니스이든 개인적인 일에서든 사람들은 불성실함과 거짓을 한눈에 꿰뚫어본다. 진정성은 매순간 통하며 항상 승리한다는 것을 기억하자.

지갑이 가난한 사람은 생각도 가난하다

마음에는 가난한 마음과 풍요로운 마음이 있다. 가난한 마음을 가진 사람들은 항상 모든 일에서 최악의 상황을 본다. 예를 들면 이런 말을 한다. "석유는 고갈되어 가고 있고 세상은 멸망하고 있어요." "빚이 너무 많아서 아무리 갚아도 평생 다 갚지 못하고 빚더미에서 살아갈 거예요." "내가 돈을 번다면 다른 사람에게서 훔친 돈일 거예요." "아메리칸 드림은 그저 꿈이에요. 혼자 힘으로 부자가 되고 자신의 부를 쌓는 날은 영원히 오지 않아요."

우리는 모두 결핍에 대한 두려움과 능력을 한정 짓는 생각과 의심을 통해 스스로를 가난하게 만들고 있다. 자신도 모르는 사이에 가난한 마음이 우리의 생각과 판단에 악영향을 끼칠 수 있기 때문에 잠시도 방심해서는 안 된다. 이를 알아차리지 못하면 결과는 그러한 생각대로 흘러갈 것이다. 매 순간 신경을 곤두세우고 어느새 생겨버린 가난한 사고방식을 인지하여 다른 결과를 내기 위해 달려가야 한다.

백만장자의 아주 작은 성공 습관

가난한 마음은 내면의 악인이 우리의 귀에 대고 속삭이는 것이다. "아냐, 넌 할 수 없어." "나에게 절대 그런 일은 일어나지 않겠지." "이미 늦었어." 우리의 마음을 진흙탕 물로 만들어서 집중력을 흐린다. 말이 씨가 된다는 말도 있다. 당신은 이런 부정적인 결과에 집중한 결과 실패를 경험하게 된다.

당신의 생각에 가난한 마음이 없는지 살펴보자. 피터 다이아맨디스(Peter Diamandis)의 저서 『풍요로움(Abundance-역자)』에서 피터는 "석유가 고갈되고 있어요. 이제 자동차는 어떻게 되는 걸까요?" 라고 하는 일부 사람들의 생각에 대해 이렇게 말한다. "석유는 낙타 발굽의 기름때에 불과했다. 지적 자산이 그것을 바꾸었다. 똑똑한 사람들이 어떻게 석유를 처리하고, 사용하고, 연소시키고, 내연 기관을 만들어 세상에 전력을 공급할지 방법을 알아냈다. 지적 자산과 풍요로운 마음이 우리를 지금의 세상으로 데려다준 것이다. 그렇다면 왜 풍요로운 마음과 사고방식이 우리를 다음 단계로 데려갈 수 없겠는가? 이미 전기차가 등장했고 머지않아 물이나 태양열을 차의 연료로 사용하게 될지도 모른다."

하지만 마음이 이미 가난한 사람들은 종종 이렇게 말한다. "네가 부자가 된 건 다른 사람의 것들을 빼앗았기 때문이다." 틀렸다. 부자가 될 수 있었던 것은 남의 것을 탐하고 그것들을 약탈한 것이 아니라 자신이 세상에 가치를 더할 방법을 찾았기 때문이다. 나는 사람들의 인생을 더 가치 있게 만들어 한 단계 끌어올려 줄 수 있는 방법을 찾았다. 당신이 이를 따르기만 한다면 가치를 창출하는 동시에 부를 창출하게 될 것이다. 가진 돈으로 훌륭한 일을 하고, 가족과 친구를 돕고, 안정된 삶을 구축하고, 자선단체에 기부하는 일을 한다면 이는 놀라운 결과로 돌아올 것이다. 마음이 풍요로운 삶이란 바로 이런 것이다.

돈과 시간이 없고 일자리가 없다는 생각이 드는가? 무언가 부족하다는 생각을 한다는 것은 이미 가난한 마음이 자리 잡고 있다는 뜻이다. 가난한 마음이 드는 걸 알아차릴 때마다 풍요로운 마음으로 180도 바꾸려고 노력하자. 사업이 잘 안 되는 것에 백 가지 이유를 탓하는 사업가들을 많이 봤다. 항상 다른 사람의 탓을 하거나 자신들이 통제할 수 없는 불가피한 상황의 결과로 여긴다. 그들의 수많은 변명을 들을 때마다 나는 항상 똑같은 생각을 한다. 가난한 마음이 그들의 비전을 흐린 것이라고 생각한다. 근본적으로 그들은 모든 것에 부정적이다. 하나를 알면 열을 안다고 예외적으로 한 가지 상황에 대해서만 부정적으로 받아들이는 사람은 없다. 사고 회로는 같기 때문에 모든 순간에 같은 방식으로 적용된다. 그런 그들이 고객을 상대할 때는 아닌 척 상반된 태도를 취한다. 잘못되었다고 여기면서 그들에게 옳다고 설득하는 것이다. 고객들은 즉시 그들의 그런 일관성 없는 태도를 알아차린다. 그리고 실제로 세상은 그들이 보는 것처럼만 돌아가지 않는다. 이 책에서 전략을 배워 매일 자신의 앞날의 풍요로움을 보려고 하자. 당신의 생각을 바꾸면 자신이 가진 가치는 자연스럽게 올라간다. 그리고 자신이 원하는 것을 얻기 위해 다른 사람들을 현명하게 설득할 수 있다.

스토리텔링은 어떻게 메시지를 강화하는가

훌륭한 스토리의 쓰임새

이 책에서 내 주장을 설명하기 위해 실제 사례를 많이 사용했다는 점을 알 것이다. 각종 일화, 경험, 스토리와 같은 예시가 설득에서 중요한 부분이라고 생각하기 때문이다. 이러한 스토리를 이용하면 설득력을 높일 수 있지만 어떻게 전달하느냐에 따라 효과는 달라진다. 큰 효과를 보기 위해서는 올바른 방식으로 전달해야 한다. 사람들은 나에게 종종 이렇게 말한다. "딘 당신은 무대에도 서고 카메라 앞에도 여러 번 서본 경험이 있지만 저는 수줍음이 많아서 아무도 설득할 수 없을 거예요. 내 말에 아무도 공감하지 못할 거예요." 카메라 앞에서 그리고 수천 명의 사람이 모인 무대 위에서 내가 외향적인 사람처럼 보인다는 것을 안다. 그러나 나는 사실 지극히 내성적인 사람이다. 아이들의 행사에 갔을 때 학부모들이 모여 있으면 눈에 안 띄는 구석에 가서 숨고 싶다. 그 정도로 완전히 내성적인 사람이다. 그런데 어떻게 카메라나 사람들 앞에서는 외향적인 사람으로 보이는 걸까?

좋은 스토리를 이야기하려고 하면 나는 무대 위에서 자신감이 생긴다. 당신도 스토리를 잘 말하는 방법을 배운다면 사람들을 설득하고 매료시킬 수 있다. 중심 내용을 설명하면서 메시지와 연관된 스토리를 적절히 섞을 때 당신의 설득력에는 더욱 힘이 실릴 것이다. 훌륭한 스토리텔러가 되면 뛰어난 능력을 효과적으로 보여줄 수 있고 상대방이 이해받고 있다는 느낌까지 줄 수 있다.

당신은 사람들을 웃길 수 있는 이야기가 있는가? 당신의 직업관이나 똑똑함을 보여줄 수 있는 이야기가 있는가? 어떤 재능을 가지고 있고 살면서 무엇을 성취할 수 있는지 말할 수 있는가? 당신이 가진 메시지의 힘을 더 키울 수 있는 최고의 스토리를 만들어 연습할 것을 제안한다.

나는 15년간 TV에 출연하고 있다. 내가 출연한 모든 프로그램에서 강력한 메시지를 담은 스토리를 들려주었다. 어쩌다 TV에서 나를 보게 되거나 무대에서 나를 만나게 되면 내 메시지들을 담고 있는 예들을 귀담아 듣길 바란다. 나는 어려서부터 교실 앞에서 발표를 해야 하는 날이면 학교를 가지 않을 정도로 반에서 수줍음이 제일 많았다. 만 오천 명의 사람들 앞에서 강연할 수 있게 된 것은 스토리의 힘 덕분이다. 내가 가진 스토리 덕분에 무대 위에서 자신 있게 하고 싶은 말을 할 수 있는 것이다. 구체적으로 어떤 스토리가 나를 이토록 변화시켰을까?

확신이 없더라도 자신에게 좋은 스토리가 있는지 잠시 목록을 적어보자. 교훈을 줄 수 있거나 난관을 극복한 이야기가 될 수도 있고, 피나는 노력이나 성실함을 보여주는 이야기일 수도 있고, 인간관계에서 사람들을 얼마나 배려하는 사람인지 보여주는 이야기일 수도 있다. '나는 _____에 관한 좋은 스토리가 있다(빈칸을 채우자).' 잠시 시간을 내서 하나의 스토리를 완성해보자. 그리고 거기에서 당신이 강조하고 싶거나 공유하고 싶은 부분을 찾기 위해 스토리를 분석하자. 이때 고려해야 할 중요한 것은 반드시 상대방과 관련된 부분이 일정 부분 있어야 한다는 것이다. 왜냐하면 그래야만 그들은 당신의 스토리에 관심을 갖고 듣고 싶어 안달날 것이기 때문이다. 그렇게 되었을 때 그들은 당신의 스토리로부터 교훈을 얻거나 무언가 가르침을 얻게 될 것이다. 이 연습을 하면서 열정과 진정성이 완벽함보다 더 큰 힘이 있다는 사실을 기억하자.

우스꽝스럽게 생긴 늑대인간 이야기의 효과

나의 스토리텔링 실력은 몇 년 전 가족들과 함께 캘리포니아로 휴가를 가서 스모어(s'more, 구운 마시멜로와 초콜릿, 크래커를 이용한 캠핑용 간식)를 만들며 야외 모닥불 앞에 앉아 있을 때 시험대에 올랐다. 당시 아들은 다섯 살이었고 어린 시절 나를 닮아 학교에서 키가 제일 작았다. 아들이 같은 반 친구에게 놀림을 당했다는 사실을 알게 되었다. 나는 그의 얼굴에서 어두운 기색을 발견하고는 무슨 일이냐고 물었다. 아들이 며칠 후면 다시 학교를 가야 하는데 학교를 가고 싶은지 잘 모르겠다고 말했다.

직접적으로 누가 놀리는지는 말하지 않았지만 학교에서 어떤 상황인지 무엇 때문에 학교에 가는 것을 꺼리는지 충분히 짐작할 수 있었다. 나는 그때 이렇게 말할 수도 있었다. "브로디, 아빠도 어렸을 때 너만큼 작았어. 그래서 네가 어떤 기분인지 아주 잘 알아. 하지만 그것 때문에 아빠는 더 강해질 수 있었고 더 많은 것을 이룰 수 있었어. 너도 크면 괜찮아질 거야." 이렇게 말했다면 그건 아들에게 나의 감정을 이해하라고 하는 행동이었을 것이다. 이런 방식으로는 아들은 이해받았다는 느낌을 전혀 받을 수가 없다.

'걱정하지 마. 별일 아니야. 괜찮아질 거야.'라고 말하는 것은 한마디로 공감을 못해주는 것이나 다름없다. 그렇기 때문에 아들은 정서적으로 나와의 유대감을 전혀 느낄 수가 없다. 나는 아들이 힘을 얻을 수 있도록 작은 키의 이점을 어떻게 설명해야 할지 머릿속에서 생각했다. 어떻게 말을 해야 내가 가르쳐 주는 것을 아들이 진정으로 이해하고 받아들일 수 있을까? 그때 한 이야기가 번뜩 떠올랐다. 나는 그 이야기를 토대로 살을 붙이며 즉석에서 하나의 스토리를 만들어냈다.

"브로디, 투프라고 들어봤니? 투스가 아니고 투프야. 철자가 t-o-o-f야." 아이는 들어본 적 없다고 말했다. "아뇨, 투프가 누구에요, 아빠?"라고 딸 브레나도 귀를 쫑긋 세우고 끼어들었다. "투프는 이빨이 하나 있는 늑대인간이야. 그는 반만 늑대야. 늑대의 모습은 반달이 뜰 때만 나타나. 그런데 늑대로 변신하면 얼마나 못생겼는지 몰라. 몸에 기다란 털뭉치가 듬성듬성 나있는데다 이빨은 하나뿐이고 그냥 우스꽝스럽게 생겼어. 심지어 울부짖는 소리도 이상해." 그러자 아이들이 물었다. "정말요? 그래서 투프한테 무슨 일이 생겼는데요?" 나는 말했다. "투프가 학교에 갔는데 다들 처음에는 투프를 그냥 평범한 학생이라고 생각했어. 그런데 어느 날 반달이 뜬 거야! 갑자기 투프는 늑대로 변신하게 됐지. 커다란 털 뭉치가 여기저기 생겨나고 이빨 하나는 뻐드렁니처럼 옆으로 튀어나왔고, 정말 요상한 모습을 하고 화장실에서 나왔어. 그랬더니 무슨 일이 벌어진 줄 알아? 어디를 가나 투프를 항상 괴롭히는 친구가 있었는데 그 친구가 투프를 보고 못생겼다고 놀리면서 여기저기 나쁘게 말하고 다녔어. 그래서 투프는 무척 슬펐지." 아이들은 질문이 가득한 눈으로 나를 쳐다보았다. "불쌍한 투프는 어떻게 됐어요?"

나는 이야기를 계속했다. "그러던 어느 날 투프가 학교에 걸어가고 있는데 투프를 항상 놀리던 친구가 아버지 차에서 내리는 걸 봤어. 그 친구는 아버지한테 괴롭힘을 당하고 있었어. 그의 아버지는 그를 차 밖으로 밀어냈어. 그 모습을 보고 투프는 마음이 아팠고 이제 그 친구가 어떻게 하든 신경을 안 쓰기로했어. 그리고 그 친구에게 다가가서 말했지. '나도 너한테 못되게 굴 수 있지만 이제 네가 나한테 왜 그러는지 이해해. 너의 아버지가 널 그렇게 대하는 걸 보고 네가 진심으로 안타까웠어.' 투프는 친구를 감싸 안으려고 했지만 그가 밀쳐냈지. 어느 날 둘은 점심시간에 같이 앉게 됐어. 서로 대화를 나누다가 마침내 친구가 되었단다. 투프는 더 이상 다른 사람이 자신의 기분을 상하게 내버려 두지 않겠다고 생각했어. 자신의 감정과 기분을 스스로 통제할 수 있다는 사실을 깨달았기 때문이야. 자신의 모습이 어떻든, 털이 어떻든, 반은 인간이고 반은 늑대이든 말든 그런 건 중요하지 않다는 사실을 깨닫고는 이제 다른 사람이 뭐라고 말하든지 항상 행복하겠다고 마음먹었어. 얘들아 투프처럼 스스로 어떻게 생각하고 어떤 감정을 느끼는가가 중요한 거야. 밖에서 하는 사람들의 말은 투프에게 영향을 줄 수 없어."

"투프에게 힘이 생기자 학교에서 인기도 많아졌어. 머지않아 자신감도 커져서 학생회 회장까지 되었어. 그리고 유명한 대학교에 진학했고 결혼해서 행복하게 살았어. 해피엔딩이 될 수 있었던 건 자신의 가치가 다른 사람의 생각에 있지 않고 그의 내면에 있다고 생각했기 때문이야."

세상에, 아이들이 이야기에 홀딱 빠졌다! 아이들은 투프를 너무 좋아했다. "투프는 정말 멋져요. 투프를 만나고 싶어요. 다른 이야기도 해주세요!"라고 아이들이 말했다. 그리고 몇 시간이고 모닥불 옆에 앉아 이야기를 계속해서 만들어 들려주었다. 어떤 이야기에서는 투프가 결혼하고, 또 다른 이야기에서는 아이들을 낳았다. 우리는 투프 아이들의 이름을 실리, 릴리, 딜리라고 지었다. 내가 한 일은 무엇인가? 나는 재미있는 이야기 한 편을 들려주었을 뿐인데 아들에게 말하고자 했던 메시지가 효과적으로 전달되었다. 강력한 메시지를 담은 스토리를 통해 아들과 딸에게 힘을 줬다. 스토리 없이 말했다면 아이들이 받아들이지 못했을 것이다. 그 이후로 아들은 학교 문제와 키 걱정에서 완전히 벗어났다. 아들을 놀리던 아이 역시 더는 신경 쓰지 않게 되었다. 당신도 나처럼 내면에 사실이든 가상이든 훌륭한 스토리를 가지고 있다. 당신이 들려줄 수 있는 스토리를 생각해보자.

원하는 것을 얻은 후에 우리가 잊어버리는 것

계약을 성공적으로 성사시킨 적이 있는가? 이 계약이란 사업적인 것만 뜻하는 것이 아니다. 어릴 적에 부모님을 설득해서 놀러갔거나, 친구네 집에서 잔다거나, 밤늦게까지 놀게 해달라고 설득한 일 등 일상

속 아주 사소한 것들까지 모두 포함한다. 집이나 차를 팔아본 적이 있는가? 상사에게 제출한 기획안이 통과된 적이 있는가? 승낙을 받았는데 당신이 말을 너무 많이 하는 바람에 상대방이 마음을 바꿔 거절한 적이 있는가?

첫 데이트를 하고 두 번째 데이트까지 약속했으나 이후 데이트에 관한 말을 계속 꺼냈더니 어떤 이유에서인지 상대가 약속을 취소했던 경우가 있는가? 젊은 시절 아버지가 이런 실수를 하시는 걸 보고 아직도 아버지를 놀린다. 내가 스무 살쯤 되었을 때 중고차 가게를 운영하고 있었고 토요일마다 아버지와 차를 팔았다. 누군가 차를 보러 오면 나는 아버지에게 농담을 했다. "내가 나가서 차를 팔고 올까요? 아니면 아버지가 나가서 고객이 놀라 도망가게 하실래요?" 그리고 우리는 한바탕 웃었다.

나는 운 좋게도 젊은 나이에 아버지의 실수를 알아차렸다. 아버지가 나가서 차에 대한 장점을 말하면 처음에는 고객이 "좋습니다. 제가 살게요."라고 말한다. 문제는 그 이후에도 아버지가 그 차 이야기를 쉬지 않고 계속하는 것이다. 그러다 "최근에 전체를 다시 칠했습니다."와 같은 불필요한 말을 즉, 안 해도 될 말을 해서 오히려 해로운 영향을 미치게 한다. 그러면 고객은 "페인트칠을 했군요. 새로 페인트칠한 차는 좀 불안한데요. 조금 더 생각해볼게요."라고 말한다. 결국 판매는 불발되고 다시 원점으로 돌아간다.

최근에 나는 내 딸과 똑같은 일을 경험했다. 딸이 무언가를 부탁했고 설득을 잘해서 내 승낙을 받아냈다. 딸은 주중에 친구 라슨의 집에 가고 싶어 했는데 정말 허락해주기 싫었다. 그러나 숙제도 다 했고, 이번에 친구네 집에 가는 건 특별한 일이 있다고 잘 설득을 해서 끝내 나는 허락했다.

그런데 딸은 내 허락을 받고도 계속 그 이야기를 하다 실수를 했다. 다음날 아침 일찍 시험이 있는데 아직 시험 공부를 하지 않았다는 사실을 말해버린 것이다. "안타깝지만 브레나 라슨의 집에는 갈 수 없을 것 같구나."라고 나는 말했다. "하지만 아빠, 된다고 하셨잖아요!"라고 브레나가 말했다. "그건 네가 그 얘기를 하기 전의 결정이야. 이번 일을 좋은 교훈으로 삼길 바란다. 브레나, 아빠가 허락하면 그때는 고맙다고 하고 그에 대해서는 더 이상 말하지 않는 것이 좋단다."

아버지한테서 차를 사려고 했던 사람이 "좋아요. 제가 살게요!"라고 말했을 때, 아버지는 말을 그만하고 "고맙습니다. 이제 서류 작성하시죠."라고 말을 할 때다. 누군가가 행동하도록 설득하고 싶거나, 여러분의 제품을 사도록 설득하고 싶거나, 은행에서 돈을 대출받고 싶거나, 계약 건을 위해 개인적인 돈을 구하려고 설득하고자 할 때, 이미 성사된 건에 대해 계속 얘기하지 말자. 성사가 되고 나면 입을 다물고 조용히 해야 할 때다.

나는 이것을 내가 부동산 교육을 할 때 항상 가르친다. 왜 그 집을 원하는지 어느 정도 가치인지 설명할 때 이렇게 말하면 된다. "제가 지급할 수 있는 금액은 10만 달러입니다." 그리고 나서 입을 다물자. 보통은 협상 과정에서 먼저 말을 하는 사람이 지게 된다. 침묵은 협상을 할 때 강력한 무기다. 침묵의 시간을 잘 활용하면 자신에게 유리한 쪽으로 거래의 주도권을 가져올 수 있다.

열정 없이는 아무것도 얻어낼 수 없다

끝으로 열정에 관해 이야기하지 않고는 매력과 설득의 장을 마칠 수 없다. 당신이 무언가에 열정이 있으면 하루 종일 마음에서 떠나지 않을 정도로 매우 신경 쓰게 된다. 자신이 판매하는 제품에 열정을 가지고 판매하는 사람이 멋진 프레젠테이션이나 통계 수치만으로 판매하려는 사람보다 더 믿음직스러운 이유이기도 하다. 자신의 제품에 열정을 갖고 소개를 하거나 추천을 하면 사람들은 당신을 더 신뢰하게 된다. 사람들은 당신이 판매하는 제품을 진심으로 생각할 때 마음이 움직인다. 이런 이유로 나는 '당신은 어디에 있는가?' '당신은 어디로 향해 가고 싶은가?' '왜 그것을 원하는가?'와 같은 많은 연습 문제를 통해 스스로 생각하도록 만들었다.

여러분이 목표를 얼마나 달성하고 싶어 하는지가 곧 열정이다. 그래서 열정은 성취와 설득의 궁극적인 연료가 된다. 나는 똑똑한 사람은 아니지만 하는 일에 대한 열정만큼은 누구와 견주어도 지지 않는다. 그리고 나는 내가 필요할 때 자신감을 끄집어낼 수 있다. 이 두 가지 성공 습관과 사람들을 이해한다는 생각으로 수많은 장애물을 뛰어넘을 수 있었고, 마케팅과 영업 면에서 뛰어난 실력을 보였다. 당신에게는 이러한 것들이 어떤 도움이 될지 생각해보자!

타인으로부터 원하는 것을 얻어내려고 할 때 진정성, 열정, 자신감, 그리고 상대방을 이해하는 것이 내 성공의 비법들이다. 쉿! 다른 사람들한테는 비밀로 하자. 7장에서 논의한 사항들은 무엇이 당신을 원하는 곳으로 가장 빠르게 데려다줄 수 있는지에 관한 내용이다. 매력과 설득의 기술을 배우면 놀라운 일을 빠르게 성취하게 될 것이다. 남은 인생에서 내가 공유한 내용대로 한다면 폭발적인 성장을 경험하게 될 것이다.

설득하는 방법을 알려주는 책은 아주 많다. 그러나 대부분은 전략적이고 심리적인 속임수에 의존하고 있다. 내가 말하는 건 단순 속임수가 아니다. 당신이 모든 것을 올바르고 현명한 방법으로 끌어들이는 사람으로 변화시킬 수 있는 방법이다. 다른 사람들이 당신을 보면서 이렇게 말하길 바란다. "그 사람은 무슨 일이든지 항상 잘 돼. 인간관계도 좋고, 직업도 좋고, 비즈니스에서도 좋은 것들이 늘 따라다녀. 모든 사람에게서 자신이 원하는 것을 얻을 줄 알아. 매번 혜택을 봐. 정말 운이 좋아." 그러나 이제 우리는 이런 일들이 행운과는 아무 상관이 없다는 것을 안다. 이 모든 것은 내가 지금까지 공유한 올바른 성공 습관을 받아들였을 때 이루어질 수 있다.

백만장자의
일곱 번째 습관 :
돈보다 먼저 사람을 얻어라

8장

믿음은 경험에 대한 빈약한 변명이다.
중국이 어떤 나라인지 알고 있다고 생각한다면 직접 가보자.
그러면 중국이 실제로 어떤 국가인지 알게 될 것이다.
머릿속에서 자의적으로 이야기를 만들어내지 말자.

─토니 로빈스

최고의 성공을 누릴 수 있는 투자 기술: 인간관계

상대방은 나에게 무엇을 원하는가

7장에서 자신의 가치를 높이고 다른 사람으로부터 원하는 것을 손쉽게 얻어낼 수 있는 기술을 이야기했다. 8장에서는 그 이후에 대한 이야기를 해보겠다. 당신이 한 단계 더 성장할 수 있는 근간을 마련해줄 것이다. 원하는 것을 얻고 나면 그것으로 끝일까? 여기서 성공한 사람과 당신의 차이가 드러난다. 보통은 자신이 원하는 것을 얻고 나면 목표를 달성했으므로 끝맺음을 짓는 경우가 대부분이다. 그러나 성공한 사람들은 획득한 이후에 무엇을 하는지에 따라 성공과 실패가 결정된다는 것을 안다. 무슨 말인지 자세히 설명해보겠다.

지금까지 배운 것을 요약해보자.

- 인생에서 어디로 가고 싶은지에 대한 명확한 생각이 잡혔다.
- 내면의 악인을 알아채고 없앴다.
- 자신의 한계를 정하는 스토리를 한계를 없애는 스토리로 바꾸었다.
- 자신이 될 수 있는 최고의 모습을 머릿속에 그릴 수 있고 최고의 모

습 덕분에 얻을 수 있는 이익을 깨달았다.

- 성공 습관을 통해 부를 한 단계 더 성장시킬 수 있는 놀라운 효과를 발견했다.

대부분의 사람들이 간과하거나 어쩌면 한 번도 생각해보지 못한 부분에 8장 전체를 할애했다. 이 성공 습관을 간과했기 때문에 사람들은 오래도록 성공에 머무르지 못하며 더 큰 성공을 이루지 못한다. 세계적으로 성공한 사람들은 원하는 것을 얻은 이후에 상대와의 관계, 상대의 감정 상태를 지속적으로 살피며 관리한다. 나는 어떻게 수억 달러를 벌어들일 수 있었는지 돌이켜보았다. 나는 지속적인 고객 관리에 힘썼다. 이는 언뜻 보면 그냥 지나칠 만큼 사소해 보이지만 사실은 거대한 성공을 위한 결정적인 부분이다. 고객의 마음을 얻고 나서 취해야 할 행동에 대해 알아보자. 이 장에서는 경제적 성공 즉, 부의 창출을 중심으로 전략을 소개할 것이다. 그러나 삶의 모든 영역에서 도움이 되는 전략이므로 목표가 경제적인 부가 아닐지라도 자신만의 성공을 위해 적절히 활용하길 바란다.

당신이 결혼하고 싶은 사람에게 청혼하는 상황을 상상해보자. 상대방이 청혼을 받아주었다면 당신은 이제부터 무엇을 해야 할까? 혹시 주변에 결혼한 사람들로부터 이런 말을 들어본 적 있는가? "세상에, 연애할 때는 너무 착하고, 다정하고 로맨틱하던 사람이 결혼하고 나서는 완전히 다른 사람이 됐어요." 아니면 친구와 함께 새로운 사업을 시작하기로 하고 사업 파트너로서 최고의 관계를 맺었지만 몇 달 만에 법정 싸움을 벌이며 사업을 정리하는 경우를 보았는가? 당신이 필요한 물건을 사기 위해 매장에 들어갔는데 판매원이 추천한 것을 구매했다고 하자. 그런데 그 이후에 제품과 관련해서 문의하려고 전화를 걸었더니 연결이 안 된다면 어떤 기분이 들겠는가?

지금까지 내가 공유한 모든 습관들은 상상 이상의 기회를 만들어낼 것이다. 그렇지만 성공을 더 오랫동안 유지하고 싶고, 더 큰 성공으로 발전시키고 싶고, 꿈도 꿀 수 없을 줄 알았던 거대한 성공을 이루고 싶다면 원하는 것을 얻은 후에 해야 할 일이 있다. 거래가 성사된 후에도 상대방과의 우호적인 관계를 이어갈 수 있도록 지속적으로 살피는 것이다. 이 습관을 무시했을 때 어떤 결과로 이어지는지 지금부터 경고의 메시지를 던지겠다.

기부 활동을 하던 자선단체를 바꾼 이유

몇 년 전 나는 나의 친한 친구 조와 함께 버진 그룹에서 설립한 세계적인 자선단체 버진 유나이티(Virgin Unite)의 모금 활동을 돕기로 했다. 버진 그룹의 회장인 리처드 브랜슨은 자선단체 설립을 통해 어려운 사람들을 돕고 있을 뿐 아니라 버진 레코드, 버진 에어라인, 버진 모바일 등 수많은 사업 부문을 성공적으로 확장시킨 훌륭한 사람이다. 그래서 나와 조는 그와 함께 모금 활동을 하며 좋은 일에 일조하기로 했다. 우리는 백만 달러 모금에 성공했고 개인적으로도 상당한 금액을 기부하여 전 세계에 도움이 필요한 사람들에게 전달하고자 했다. 그러나 나는 기부를 한 후에 버진 유나이티로부터 어떠한 연락도 받지 못했다.

기부금이 어떻게 사용되었는지 전혀 알 수가 없었다. 기부금으로 설립한 학교의 사진을 받지도 못했고 도움의 손길을 받은 아이의 소식을 접할 수도 없었다. 리처드에게 실망했다는 이야기를 하는 것이 아니다. 버진 유나이티는 모금 활동을 도와준 것에 대해 우리에게 진심으로 고마워했다. 하지만 모금 활동이 끝나고 나서 소통이 단절되었다는 이야기를 하는 것이다. 한번은 버진 유나이티를 통해서 미국의 노숙자 아이들을 위해 옷값을 기부한 적이 있다. 그런데 그 옷들이 중서부 지역에 뿌려진다는 사실을 나중에야 알게 되었다. 기부 직후에는 자선단체로부터 아무런 소식도 듣지 못했다. 그래서 기부가 끝나고 나서부터는 그들과의 관계가 끊어진 듯한 느낌을 받았다. 나는 리처드 브랜슨을 진심으로 좋아하고 존경했으며 버진 유나이티의 훌륭한 자선 활동에 관심이 많았지만 계속해서 그 단체를 돕고자 하는 마음이 점차 사라지게 되었다. 결국 다른 자선단체를 돕게 되었고 이번에는 기부금이 사용되는 과정과 결과에 대해 자세히 알려 달라고 미리 요청했다.

강의를 들은 학생들에게 주는 작은 선물

존 폴 디조리아가 명성을 얻은 이유 중 하나는 직원들이 그와 함께 일하겠다고 손을 잡았을 때, 그는 그들이 어떤 사람이며 어떤 생각을 하는지 이해하는 것을 중요하게 생각했기 때문이다. 또한 자신이 만든 테킬라와 샴푸를 구매하는 고객들의 요구 사항을 파악하는 데 집중함으로써 재구매로 이어질 수 있도록 애썼다. 존 폴은 이렇게 말했다. "나의 사업 목적은 판매가 아니라 재판매하는 일이다. 나는 사람들이 내

제품을 사용하고 만족감을 느껴 또 사게 만들고 싶다." 만약 멀어지거나 달라진 관계를 다시 회복하고 싶다면 존 폴처럼 생각하며 어떤 결과로 이어지는지 지켜보자. 연애할 때와는 확연히 달라진 결혼 관계에서 다시 연인 관계에서 느꼈던 감정을 느끼고 싶다면 처음에 배우자의 호감을 사기 위해 했던 태도와 행동을 똑같이 하자. 그리고 관계가 어떻게 달라지는지 지켜보자. 비즈니스 관계에서도 마찬가지다.

나는 인생을 변화시킬 수 있는 힘을 주고 실현할 수 있는 방법을 매주 하나씩 영상으로 제작하고 있다. 그리고 그 영상들을 나의 강의를 들었던 학생들에게 무료로 공유하고 있다. 강의를 신청받기 전에 무료로 영상을 공유할 것이라는 사실을 미리 공지하지는 않았다. 왜냐하면 영상을 제공하는 목적이 학생들의 환심을 사기 위해서가 아니기 때문이다. 강의가 끝나도 학생들을 여전히 챙기고 있고 그들과의 관계를 중요시 여긴다는 뜻을 전하기 위함이었다. 쉽게 말해 일종의 판매후 고객 관리 차원이다. 내 말에 귀 기울여 준 이들에 대한 감사의 표시를 한 것이다. 이메일로 영상을 받은 사람들은 자신을 소중한 존재로 대우한다는 느낌을 받았다. 그들은 나와 내 교육 콘텐츠에 대한 호감과 신뢰를 갖게 되어 나를 주변인들에게 추천하고 더 많은 제품을 구매하며 호평을 했다. 내가 그들에게 그에 상응하는 대가를 지급하거나 뇌물을 주어서가 아니다. 단지 그들과의 우호적인 관계에 힘쓴 결과이다. 그들의 호감에 결정적으로 영향을 미친 것은 무료로 제공한 투자 정보가 아니다. 자신들을 단순히 상품을 팔기 위한 거래 대상으로 생각하지 않고 진심으로 도움을 주고자 한 나의 진정성이다.

나랑 조 폴리쉬와 함께 하는 고급 마스터마인드(Master Mind) 그룹 중에 한 그룹은 일 년에 이틀 활동하는 데 10만 달러를 지불해야 한다. 그들은 이틀의 시간을 우리 두 사람과 함께 보내기 위해 많은 돈을 기꺼이 지불하는 사람들이다. 그래서 나는 그들과의 활동이 끝났다고 해서 곧바로 관계를 끊어내지 않았다. 그들에게 도움이 되는 정보를 지속적으로 공유해줌으로써 관계를 이어나가고 싶다는 뜻을 전했다.

우리는 보통 누군가의 이름이나 직업, 학교, 혹은 어떻게 만나 친해졌는지 등 상대방에 관한 사소한 정보를 쉽게 잊어버리곤 한다. 그러나 상대로부터 전달받은 감정은 절대 잊지 못한다. 우리가 일을 하고 돈을 더 벌려고 애쓰고, 술을 마시고 운동을 하는 이유가 무엇인가? 기분이 좋아지기 위해서다. 고객과의 관계에서는 고객이 제일 중요하다. 특히 당신의 서비스나 제품 아니면 그 무엇이든 그들이 구매를 한 이후에 당신에 대해 갖는 감정이 중요하다. 당신이 생각하기에 그들이 원하는 것은 중요하지 않다. 당신이 그들에게 무엇이 필요하다고 생각하든 그것 역시 중요한 것이 아니다. 그들이 무엇을 원하고 무엇을 필요로 하는지 당신의 생각이 중요한 것이 아니라 그들이 당신으로부터 어떤 느낌을 받는지가 가장 중요하다는 말이다.

덜 사랑받는다는 브레나의 오해

다른 사람이 어떤 마음인지 이해하지 못하는 게 왜 문제가 되는지 어느 정도 이해했을 것이다. 비즈니스에서 멀리 보는 사람은 고객에 대한 작은 관심 표현 하나로 더 큰 결과를 얻을 수 있다는 것도 안다. 그렇다면 상대방의 마음을 이해해주지 못하면 일상생활에서는 어떤 문제를 낳는지 한 일화를 소개하겠다.

나는 아침 식사를 하는 시간에 아이들과 식탁에 함께 앉아 있었다. 아들은 기억력이 뛰어난 편이다. 그는 일반적인 빨간색이나 초록색이 아니라 잉글리시 버밀리언(English Vermillion), 다크 베네치안 레드(Dark Venetian Red), 퍼머넌트 제라늄 레이크(Permanent Geranium Lake)와 같은 고급 크레용 색깔을 좋아한다. 내가 식탁 위에 있는 50개짜리 크레용 상자를 꺼내며 말했다. "이건 무슨 색깔?" 그러면 아들은 망설임 없이 색깔을 정확히 맞췄다. 나는 매우 감탄했다. 특이한 색깔의 크레용 50개 모두 다 물어봐도 전부 맞췄다. 충격적이었다. 어찌나 놀랐는지 의자에서 떨어질 뻔했다. 아들에게 대단하다는 반응을 보이자 옆에 있던 딸이 "저한테 주세요. 저도 외울 수 있어요."라고 말했다. 2분 동안 크레용 색깔을 열심히 외우려고 애쓰고 있었다. 그때 나는 말했다. "애들아, 우리 모두 각자의 재능과 능력이 다르단다. 기억력이 뛰어난 건 브로디의 재능이야. 아빠는 브로디처럼 크레용 색깔을 빠른 시간 안에 다 외운다든지 기억력을 요하는 일에는 그다지 재능이 없지. 브레나도 마찬가지야. 하지만 브레나에게는 또 브로디에게 없는 자신만의 능력이 있어." 그러나 첫 번째 색깔 맞추기에 실패한 딸이 고집을 피웠다. "이제 저한테 물어보세요. 다시 해볼게요." 등교를 하려면 시간이 5분밖에 남지 않아서 나는 "브레나, 학교 가야지. 이거 더 할 시간 없어. 그만 포기하고 학교 갈 준비 마치자." 라고 말하며 색깔 맞추기를 끝내려고 했다. 그러자 브레나가 울기 시작했다. "아빠는 항상 브로디만 좋아해요. 매일 아침마다 브로디만 놀아주잖아요." 나는 브레나가 잘 못하는 일로 좌절감을 느끼지 않도록 잘 대처했다고 생각했다. 하지만 정작 브레나의 마음을 읽지는 못했다는 사실을 뒤늦게 깨달았다. "브레나, 그건 말도 안 돼. 너도 아니라는 걸 잘 알잖니. 아빠는 매일 너와 브로디 둘 다 똑같이 사랑하고 같이 시간을 보내려고 얼마나 애쓰는데. 네가 오해한 거야. 그런 생각 말고 어서 학교 갈 준비하자." 나는 그녀가 오해하고 있다는 사실을 분명하게 설명했다. 그럼에도 불구하고 브레나는 여전히 눈물을 흘렸다. 아홉 살인 브레나는 지금까지 매일 아침 "아빠 사랑해요."라고 하며 뽀뽀를 해주었는데 처음으로 그냥 집을 나섰다.

아이들을 등교시키고 삼십 분 동안 나는 내가 큰 실수를 했다는 생각이 강하게 들었다. 브레나의 감정을 무시하는 실수를 저질렀다. 브레나가 어떤 기분인지는 신경 쓰지 않고 그녀의 말이 사실이 아니라는 것을 알리는 데만 집중했기 때문이다. 브레나에게 오해라고 설명했지만 그 말이 사실인지 아닌지는 중요한 것이 아니었다. 브레나가 나에게 서운함을 느꼈다면 그런 것이다. 얼른 차에 올라타 학교로 갔다. 담임 선생님께 양해를 구하고 브레나를 데리고 나왔다. 학교 운동장 벤치에 앉아 나는 딸의 눈을 쳐다보며 말했다. "브레나, 아빠가 잘못했어. 아빠는 너와 브로디랑 똑같이 시간을 보낸다고 생각했는데 네가 서운했다니 미안하구나. 네가 그렇게 느끼는지 몰랐어. 그것도 모르고 그냥 무시하라고 말해서 미안해. 아빠는 브로디와 너 둘 다 똑같이 사랑하니까 네가 오해하고 있다는 것을 알려줘야 한다고 생각했어. 다시는 안 그러도록 노력할게. 약속해. 혹시 또 너의 기분을 몰라주고 오늘처럼 상처를 주면 말을 해줄래? 아빠한테 상처 받고 닫힌 마음을 열어줬으면 좋겠구나." 실수를 깨닫고 사과하자 브레나는 금세 환한 미소로 화답했다. 그때 또 한번 확실하게 알았다. 딸이 나에게 바란 것은 오해를 풀어주는 게 아니라 자신의 기분을 조금이라도 이해해주길 바랐다는 것을 말이다. 그제야 나는 짊어지고 있던 무거운 짐을 내려놓은 듯했다.

인생에서 놓치고 있는 중요한 것들

다른 사람의 마음을 꺼내볼 수만 있다면

아들이 지난주에 폭망이라는 말을 했다. 우리는 인생에서든 사업에서든 일상에서 폭망이란 말을 꽤 자주 사용한다. 배우자나 자녀, 직원이나 고용주의 마음이 안중에 없는 사람은 폭망의 길로 접어든다. 즉, 그들의 마음속에 들어가봐야 한다는 말이다. 그런데 실제로 다른 사람의 마음속에 들어가볼 수는 없지 않은가? 물리적으로 마음속에 들어가보라는 말이 아니라 그들에 대해 속속들이 알려고 노력해야 한다는 것이다. 2주 동안 친구네 집 소파에서 먹고 자며 24시간 내내 친구의 일상을 관찰하면 친구가 어떤 습관을 갖고 있는지, 친구의 걱정과 목표가 무엇인지, 무엇을 싫어하는지 모두 직접 눈으로 확인할 수 있을 것이다. 그러면 수차례 대화를 하는 것보다 백 배 더 정확하고 구체적으로 친구에 대해 파악할 수 있다.

그래서 나는 당신에게 자신의 고객과 관심 있는 모든 사람의 마음속에 진을 치라고 비유적으로 말하고 싶다. 그랬을 때 풍요로운 삶을 향해 한 발자국 더 나아갈 수 있다. 사람들은 너무 많은 돈을 마케팅과 광고, 사람들을 끌어들이고 설득하는 데 사용하고, 그들의 환심을 사기 위해 애쓴다. 그러나 막상 영업에 성공하고 나면 다수의 사람은 영업이 끝난 고객에 대해서 더 이상 관심을 갖지 않는다. 심지어 어떤 고객이었으며 무엇을 원했는지조차 잊어버린다. 얼마나 쉽게 잊어버릴 수 있는지 예를 들어보자.

창업 후에 저지르는 흔한 실수

스타트업을 시작하면 전 직원이 열정적으로 일을 한다. 직원들은 잠재적 고객의 니즈를 파악하는 데 여념이 없다. 제대로 파악을 했을 때 사업은 번창하기 시작하고 새로운 직원들을 추가로 채용한다. 최고재무책임자(CFO), 개인 비서와 영업사원들을 뽑고 고객 만족팀을 만들어 체계적인 고객 관리에 돌입할 수 있도록 준비할 때다. 회사가 성장하고 사업이 번창하자 교외에서도 도시 생활을 자유롭게 즐길 수 있도록 골프장, 테니스장, 수영장 등 각종 시설을 갖추고 있는 지역 컨트리클럽에 가입한다. 사무실도 더 크고 좋은 위치로 이사한다.

이러한 시나리오는 어떤 비즈니스에서든 가능한 이야기다. 네 명의 고객으로 시작한 법률사무소가 현재 백 명의 고객을 담당하고 있을 수 있고 온라인 쇼핑몰 사업이 초반에는 구매자가 열 명 남짓이었는데 오

백 명으로 늘어날 수 있다. 일주일에 네 명의 환자가 있던 개인 병원에서 이제는 한 시간에 진료를 네 명 볼 수 있다. 이는 일은 더 바빠지고 시간적 여유는 없어진다는 의미다. 그런데 당신은 사업을 더 키우는 데 전념하여 마케팅 전략에 집중하고 사업 확장으로 생긴 다른 활동 및 업무에 집중한다. 대신 현재 고객에 대한 관리에는 소홀해진다. 처음 회사를 차렸을 때처럼 고객의 특성과 그들이 필요로 하거나 원하는 것을 파악하는 데 열정을 쏟지 않는다. 그저 회사를 더 원활하게 운영할 수 있는 프로세스와 시스템을 구축하는 데 집중한다. 물론 사업을 하려면 이 모든 것들이 다 필요한 과정이다. 하지만 고객에 대한 관심이 줄어드는 순간 그들 역시 자신들이 구매한 제품과 그 제품을 생산한 회사에 대해 무관심해진다. 결국 돌아선 고객의 마음은 당신이 성공에 도달하지 못하는 결정적인 원인이 된다.

고객의 마음속을 들여다보는 법

내가 본 최악의 상황은 특히 큰 기업일수록 사람들이 원하고 필요한 것을 위원회가 결정하려 할 때이다. 앞서 나는 사람들은 필요한 것이 아니라 원하는 것을 산다고 말했다. 그러나 사람들이 당신의 고객이 된 다음에는 어떤 일이 벌어지는지 이야기해보자.

수익을 많이 내지만 충성 고객들이 많이 없다면 회사가 고객들의 마음속에 들어가서 살지 않았기 때문이다. 대신 그들이 원하는 것과 필요한 것이 무엇인지 넘겨짚기만 반복한다. 위원회에서 가만히 자리에 앉아 목소리만 높인다고 문제가 해결되지 않는다. 고객의 소리를 듣지 않는다면 언젠가 그 회사는 망할 수밖에 없다.

이러한 결과를 피하기 위해 고객의 마음속에 효과적으로 머물 수 있는 전략이 몇 가지 있다.

- 고객들이 원하고 필요로 하는 것을 조사하기 위한 설문 조사지를 고객에게 보낸다.
- 그들의 요구 사항을 직접 물어본다.
- 회사가 고객 한 명 한 명을 소중하게 관리한다는 느낌을 줄 수 있도록 유용한 정보들을 일부 무료로 제공한다.
- 고객이 무엇을 클릭하는지, 어떤 사이트를 방문하는지 파악하기 위해 소셜미디어를 통해 관련 동향과 데이터를 조사한다.
- 여러분의 웹사이트 분석 도구를 확인한다. 웹사이트에서 가장 방문자 수가 적은 부분이 어디인지 파악한다.
- 아무런 피드백이나 데이터도 없이 추측만으로 고객의 니즈를 아는 척하지 않는다.

이 모든 전략은 고객의 마음을 듣고 고객의 마음속에 머무는 데 도움이 된다. 그들이 무엇을 원하고 무엇을 제공받길 바라는지 여러분에게 말할 기회를 주자.

직원의 속마음에 귀 기울여라

비즈니스에서 고객에 관심을 가져야 하는 것은 어쩌면 지극히 상식적인 이야기다. 아이러니하게도 회사에서는 많은 경우 이를 간과하고 있다. 이와 더불어 한 가지 더 간과하고 있는 것이 있다. 당신과 함께 일하며 고객들을 관리해야 하는 직원들 또한 많은 회사들이 살피지 않는다. 만일 당신이 운영하고 있는 회사의 직원들이 일을 열심히 하지 않거나 성과가 부진하다면 그들과 그들의 세계를 이해하는 데 시간을 내야 할 때다. 그들은 당신을 위해 일하겠다고 결정했다. 그런데 그들이 생각하는 회사 비전이 당신과 다르다면 당연히 회사는 발전할 수 없지 않겠는가? 직원들이 무엇을 위해 당신의 회사에서 일을 하고 어떤 목표를 갖고 있는지 고용주로서 이해할 필요가 있다. 또한 그들에게 어떠한 장애물이 있다면 그것을 당신이 해결해주었을 때 최종적으로 이득을 얻는 사람은 직원이 아니라 고용주다. 그러니 직원들이 어떤 생각을 하는지 들어보며 그들의 감정에 집중하자. 점심시간에 무슨 이야기를 하는지, 오너의 경영 방식에 대해 어떻게 평가하는지, 외부에서 회사에 대해 어떻게 이야기하는지 등 귀를 기울이자. 그러면 지금은 상상도 할 수 없는 결과를 얻을 수 있다.

이제 상황을 바꿔보자. 당신이 다른 회사에서 직원으로 일한다고 하자. 그런데 힘든 상사 밑에서 일을 하고 있다면 어떻겠는가? 자신에게 이런 질문을 던져보자. 당신의 상사는 자기 일에 대해 어떻게 생각하는 사람인가? 사람들에게 경솔하게 행동하는 오만한 사람인가? 아니면 단지 사람들이 그를 오해한 것인가? 그의 걱정이나 스트레스 요인은 무엇인가? 인생에서 어떤 문제를 겪고 있나? 그의 상사는 그에게 어떻게 대하는가? 이러한 질문에 답하려고 노력한다면 당신의 이해심은 완전히 새로운 단계에 올라설 것이다. 알게 된 사실을 이용해 당신이 상사를 이해한다는 것을 상사가 느끼게 하자. 그리고 당신이 상사의 문제 중 하나가 아니라 해결책의 하나가 될 수 있다는 점을 전달하자.

앞서 내가 말한 똑같은 가르침을 가지고 함께 일하고 싶은 사람의 마음속에 들어가서 살자. 그러면 상황을 보는 새로운 시각이 생길 것이다. 결국 그들의 말을 대신 해줄 수 있을 정도로 그들을 속속들이 이해하게 될 것이다. 최종 결과는 당신이 그들의 문제의 일부가 아닌 해결책의 일부가 되는 방법을 이해하는 것이다.

때로는 가족 관계도 비즈니스처럼

자신과 얽혀 있는 사람의 마음을 읽는 일은 인생의 모든 영역에서 필요한 일이다. 부모님과의 관계, 배우자 혹은 자녀와의 관계에서도 매우 중요한 부분임에도 불구하고 대부분의 사람들이 놓치고 있다. 내 주변에는 항상 바쁘다고 말하는 친구들이 있다. 그들은 매일 일이 바쁘다는 이유로 자녀들과 유대감을 쌓을 기회를 만들지 않다가 시간적 여유가 생겨서야 비로소 자녀와 함께 하려고 한다. 하지만 그러면 때는 늦는다. 이미 자녀는 부모님과 시간을 보내는 데 흥미를 많이 잃어버린 상태가 되어 있기 때문이다. 사실 바쁘다는 말은 핑계에 지나지 않는다. 의지만 있다면 자녀에게 좀 더 관심을 가지고 친밀한 관계를 쌓아나가는 일은 매우 간단하다. 예를 들어 자녀와 친한 친구들의 이름을 외우는 것쯤은 틈틈이 할 수 있는 일이다. 혹은 쉬는 시간에 자녀에게 오늘 하루 어떤 일이 있었는지 묻거나 어떤 수업이 재밌고 어떤 수업이 힘든지, 아이들의 세대에서는 무엇이 유행인지, 이성 친구와의 문제를 겪고 있는지 등을 알려고 한다면 어떨까? 어떤 것이든 아주 작은 노력만으로도 자녀와의 관계를 더 좋게 만들 수 있다. 가족과 더 가까워지고 친밀해지길 바라면서 그들에 대해 관심을 갖지 않는다는 것은 모순적이다. 아이들이 무슨 생각을 하는지 말을 하면 우리는 기다려주지 않는다. 오히려 말을 끊으며 자신이 원하는 걸 아이에게 가르치려 든다. 아이들의 눈을 쳐다보면서 대화를 이어갈 수 있고, 관계를 발전시킬 수 있는 질문을 아이들에게 던진다면 어떨까?

인간적인 사람이 계산적인 사람을 이기는 이유

선의에는 선의로 돌아오기 마련이다

사전적인 의미를 떠나 내가 생각하는 상호주의란 조금 다른 뜻이다. 정확히 말하면 조건 없는 상호주의라는 표현이 더 적합하다. 대가를 요구하지 않고 다른 사람에게 가치를 제공하는 행위 혹은 다른 사람이 당신을 위해 어떤 일을 해주기 전에 먼저 상대방에게 무언가 해주는 것이다. 상호주의가 판매 이후의 관계에 어떤 영향을 미칠 수 있을지 알아보자.

'나한테 이득이 되는 게 있으면 할 거야.' 혹은 '내가 그 사람을 도와준다면 그 사람도 나를 도와줄까?'라고 생각하는 사람들이 많다. 그런데 나는 타인에게 어떤 일을 해주면서 그 대가로 아무것도 바라지 않

있기 때문에 훌륭하고 위대한 사람들과 좋은 관계를 맺을 수 있는 축복을 누렸다. 조건 없는 상호주의는 나뿐만 아니라 많은 성공한 사람들과 기업의 근간이 되었다. '남에게도 자신에게 하는 것처럼 하라.'나 '카르마'라'는 말을 믿든 안 믿든 먼저 베푸는 사람이 되면 그만큼 좋은 결과로 돌아올 것이다. 반드시 성공을 바라고서가 아니라 자신의 인격을 위해서 그렇게 하자. 보상을 바라지 않아도 자연스럽게 기회와 돌파구가 끝없이 만들어질 것이다.

말 한 마디가 천 냥 빛도 갚는다

당신은 얼마나 자주 배우자나 자녀, 직원, 친구에게 실망했다는 말을 하는가? 무엇을 잘못했고 어떤 벌을 주겠다고 자주 말하는가? 아니면 올바른 일을 한 사람들에게 좋은 말을 건네고 선물을 주는 일이 더 많은가? "너무 잘해줘서 고마워요. 당신이 훌륭한 엄마 혹은 아빠라서 감사해요."라고 배우자에게 말한 적이 언제였는가? "오늘 침대를 정리해줘서 고맙구나. 외식하러 나가서도 말썽 피우지 않고 얌전하게 있어줘서 고마워."라고 자녀에게 말한 적이 언제인가? 비즈니스 관계에서도 마찬가지다. 고객에게 '우리 회사와 함께 해주셔서 감사합니다. 제 감사의 표시로 선물을 드립니다.'와 같은 말을 언제 마지막으로 했는가?

나는 내가 소유하고 있는 집을 빌려서 살고 있는 사람이 6개월 동안 집세를 제때 내면 50달러 스타벅스 카드가 들어 있는 편지를 보낸다. 편지에는 이렇게 쓴다. '집세를 제때 낼 수도 있고 늦게 낼 수도 있는데 신경 써주셔서 감사합니다.' 사람들은 이런 편지나 선물을 바라고 집세를 제때 낸 것이 아니다. 그렇지만 뜻밖의 보상을 받으면 그들 또한 나에게 호의적인 태도를 보인다. 이를테면 계약 기간을 늘리거나 집에 대한 불만을 크게 제기하지 않는다거나 심지어 그 집을 사려고까지 한다. 한 문장짜리 감사 편지가 집주인과 세입자 사이의 관계를 인정 넘치고 따뜻한 관계로 맺어주었다. 이와 같은 나의 행동은 꼼수가 아니라 그들에게 감사한 마음을 진심으로 전달하기 위한 표현 방법이다. 그러면 단순히 임대인과 임차인이라는 비즈니스상의 거래 관계를 넘어 진정한 관계로 발전할 수 있다. 나는 그들에게 집을 제공하는 대신 그들은 나에게 돈을 지불한다는 점에서 이미 공정한 거래라고 생각할 수도 있다. 그렇지만 집을 하나 빌려주면 나의 입장에서 투자 대비 수익률(ROI)은 업계 수준을 훨씬 뛰어넘는다. 그렇기 때문에 나의 감사 편지 한 통으로 세입자들이 나로부터 배려받는다는 느낌을 받아 이사를 가지 않고 계약을 연장하면 내 입장에서는 더 많은 수익을 얻을 수 있는 최고의 방법인 셈이다.

이것이 바로 당신의 목표여야 한다. 업무적으로든 개인적으로든 당신과 물질적 혹은 정서적 관계를 맺고 있는 사람들에게 다음과 같이 관심을 표현하자. 이번주에 자신의 인생에 영향을 준 사람들에게 감사의 뜻을 담아 손 편지 다섯 통을 써보자. 손 편지를 언제 마지막으로 써 보았는지 기억나는가? 혹시 악필이거나 글씨체가 신경 쓰인다면 컴퓨터로 작성해서 이메일로 보내도 괜찮다. 한 통 한 통의 편지마다 놀라운 효과를 경험하게 될 것이다. 작은 편지 한 통이 어떤 결과를 낳을지 아직은 알 수 없지만 나는 반드시 당신에게 큰 이익으로 돌아올 것이라고 확신한다. 남편이나 아내, 부모님, 형제자매, 자녀, 멘토, 선생님, 고객, 직원, 동료 혹은 상사에게 편지를 보내자. '오늘 내 삶을 돌아보다가 문득 그런 생각이 들었어요. 당신이 나에게 책임감을 길러주지 않았더라면, 나에게 엄격하게 대하지 않았더라면, 나를 사랑해주지 않았더라면, 우리가 제공하는 서비스를 사용하지 않았더라면 오늘의 나는 없었을지도 모른다는 생각이요. 그리고...라고 말씀드리고 싶어요.' 생략된 뒷부분은 당신이 채워보자. 누구에게 감사 표현을 하느냐에 따라서 그 내용은 조금씩 달라질 것이다.

　이번주에 꼭 이 연습을 해보길 바란다. 손 편지든 이메일이든 상관없다. 편지만으로도 큰 효과를 볼 수 있지만 더 좋은 방법은 편지와 함께 작은 선물도 같이 보내는 것이다. 이를테면 꽃다발이나 꽃바구니에 카드를 꽂아서 보내는 것이다. 뜻밖의 선물을 받고 당신이 자신을 얼마나 소중하게 생각하는지 느끼게 되면 비로소 당신과의 상호관계가 형성될 수 있다. 서로 우호적인 관계를 구축하면 그 관계는 오래 지속된다. 비즈니스적으로는 당신의 서비스나 상품을 오랜 기간 사용할 것이고 주변 사람들에게 추천할 수도 있다. 이는 한 번의 거래나 일시적인 관계와는 차원이 다른 결과를 가져온다. 그래서 최고로 성공한 사람들이 공통적으로 장기적인 인간관계를 형성하기 위해 투자한다.

넘겨짚는 습관이 불러온 참사

거래와 관계의 온도 차이

8장에서 공유한 성공 습관의 핵심은 거래에 집중하지 말고 관계 형성에 노력하라는 것이다. 오늘과 같은 환경에서 비즈니스를 한 단계 더 발전시키길 원한다면 반드시 바꿔야 할 습관이다. 왜냐하면 거래를 했을 때는 환불을 요청하지만 관계를 맺었을 때는 거의 환불하지 않는다. 예를 들어 당신이 한 식당에 들어가 식당 주인과 이런 대화를 나눈다고 하자. "어디 앉고 싶으세요? 여기 메뉴판이 있고, 스페셜 메뉴는 여기 있습니다. 어떤 음식을 주문하시겠어요?" 그는 미소를 지으며 주문한 음식을 가져다준다. 당신은 음식을 맛있게 먹은 후에 돈을 내고 식당을 떠난다. 매우 흔한 경우고 딱히 흠 잡을 데가 없다. 다만 순전히 음식을 사고 파는 거래만 이루어지고 관계는 찾아볼 수 없다는 것이 특징이다.

그런데 식당 주인이 실제로 당신에 대해 알아가려고 시간을 투자하고 친밀한 관계를 형성한다면 어떨까? "딘, 자주 보니까 좋네요. 가족들은 요즘 어떻게 지내요? 애들도 조만간 한번 데려와요. 애들이 좋아하는 스페셜 썬데이 다시 만들어줄게요. 지난번에 애들이 정말 잘 먹었잖아요. 늘 앉는 자리에 앉으실 거죠? 녹차 드실 거죠? 갖다 드릴게요!" 당신이라면 이 둘 중 어느 식당에서 점심을 먹으러 다시 방문하고 싶겠는가? 대부분은 인간관계를 더 깊이 맺은 곳을 방문할 것이다. 이것이 관계의 힘이다. 단순히 돈을 대가로 지불하는 거래 관계에서는 사람들이 떠나버리기 쉽다. 그러나 진정한 인간관계에서는 거래의 목적이 약화되기 때문에 떠나지 못할 가능성이 높아진다. 세상에서 가장 깨지기 쉬운 관계가 돈이나 대가로 이루어지는 거래 관계이고 반대로 가장 깨지기 어려운 관계가 정서적인 유대감을 공유한 관계이다. 쉽게 생각해서 가족이나 친구 관계와 직장에서의 비즈니스 관계를 비교해 보면 온도 차이와 그 이유를 바로 알아차릴 수 있을 것이다.

고객과의 관계가 거래를 위주로 이루어지면 고객들은 이 사실을 단번에 알아차린다. 회사에서 제품만 전달하거나 제품을 판매하는 데만 신경을 쓰기 때문이다. 오늘날처럼 최고의 제품이 계속 쏟아져 나오는 사회에서는 고객과의 관계를 쌓지 않고 충성심을 확보하기란 어렵다. 이제는 제품의 차별성이 거의 미미한 수준인 경우가 많기 때문에 기업의 이미지가 매출에 큰 영향을 미친다. 반대로 여러분이 고객이나 클라이언트의 감정을 이해한다면, 그들이 어떻게 알고 구매했는지, 그들이 당신의 제품의 어떤 점을 좋아하고 싫어하는지 알고 그들의 개인적인 니즈를 이해한다면, 그들과는 거래를 뛰어넘는 유대감을 형성하게될 것이다. 그리고 이런 유대감은 한 번의 거래에 그치지 않고 오랜 기간 함께 하는 고객을 만들게 된다.

TV 진행자가 게스트를 무시했다는 착각

현재 상대와의 관계에서 가지고 있는 가장 해로운 습관은 그들의 생각이나 느낌을 안다고 넘겨짚는 것이다. 우리는 개인의 인생에서도 비즈니스에서도 상대방의 생각과 느낌을 추측하고, 그 결과 금전적인 손실과 쓸데없는 스트레스를 유발한다. 다른 사람의 생각을 내가 알 수 있다고 생각하지 말고 실제로 그들의 생각을 알아봐야 한다. 이러한 교훈을 깨닫게 된 계기를 이야기하고자 한다. 나는 이때 이후로 기존의 넘겨짚는 해로운 습관을 버리고 직접 관찰하고 알아보는 새로운 성공 습관을 배울 수 있었다.

2006년에 처음으로 쓴 책『완전한 성공』이 뉴욕타임스 베스트셀러 도서가 되었고, 그다음 해에 나는『부동산 백만장자 되기(Be A Real Estate Millionaire)-역자』를 썼다. 두 번째 책은 다른 방식으로 홍보했다. 두 권의 책 모두 서점과 소매점에서 판매했지만, 두 번째 책의 경우 고객들에게 직접 판매하는 인포머셜을 방영했다. 그리고 대박을 터뜨렸다. 지금까지 내가 판매한 책 중 제일 많이 판매되었다. 어느 정도인가 하면 거의 18개월 동안 인포머셜 영상이 미국 전역에 매일 방영되었다. TV를 틀면 어디에서나 방송되면서 매주 수천 부씩 팔렸다. 만일 출판사 마케팅팀이 무슨 생각을 하는지 내가 안다고 넘겨짚었다면 결코 이런 결과는 없었을 것이다.

TV 인터뷰도 이어서 진행하기로 했다. 함께 할 진행자는 매우 실력 있는 사람으로 추천받았다. 당시 나는 이미 7년 이상 인포머셜로 TV에 출연해왔던 상황이었지만 그때 처음으로 미국 대표 인터뷰 쇼인 래리 킹 라이브 같은 인터뷰를 하게 되었다. 어느 날 저녁, 래리 킹이 조엘 오스틴을 인터뷰하는 것을 보면서 그런 식의 쇼를 만들어야겠다는 영감을 얻었다. "조엘을 좋아하든 싫어하든 그가 쓴 새 책을 사고 싶다면 서점에 갈 필요가 뭐가 있겠어요. 아래 번호로 전화해서 지금 당장

할인된 가격에 구매하세요."라고 래리 킹이 말을 한 덕분에 엄청난 히트를 쳤을 거라고 생각했다! 그 생각이 머리에서 떠나지 않았다. 그래서 훌륭한 진행자와 함께 그런 형태의 쇼를 따라 하기로 했다. 이러한 인터뷰 쇼에 완벽하다고 생각되는 사람을 발견해 그와 계약을 했고 촬영일을 잡았다.

촬영을 하기로 한 날, 나는 스튜디오에 도착하고 약간 긴장되었다. 왜냐하면 대본 없이 촬영을 하기로 했기 때문이다. 대본 없이 내 마음에서 우러나오는 말을 하고 싶었다. 실제 이야기와 실제 감정을 스크립트 없이 질문을 주고받으며 꾸밈없이 대답하고 싶었다. 그때 당시는 경제 불황기가 시작되는 시점이었다. 경제가 바닥을 쳤고, 주택담보대출이 회수되지 않아 압류되는 집들이 많았다. 그런 시국에 내가 TV에 출연해서 부동산 투자에 관한 책을 판매하려고 한 것이다. 그야말로 최악의 타이밍이었다. 모든 사람이 나보고 제정신이 아니라고 했다. "이 시국에 부동산으로 돈 벌려고 하는 사람은 없을 거야. 사람들이 집을 잃어버리고 있는 판국에 지금은 살아남는 게 중요해, 딘!" 친구들과 심지어 가족들까지도 이렇게 말하며 말렸다.

나는 나 자신을 믿고 긍정적인 마음을 잃지 않았다. 부정적인 말로 반대하는 사람들을 무시하면서 계획대로 이 책을 출간하고 인포머셜을 방영했다. 지나치게 생각을 많이 하다 보니 인포머셜을 촬영하기 위해 스튜디오로 가는 길에 긴장감이 심해졌다. '잘 말할 수 있을까? 카메라 앞에서 긴장하지 않고 마음에서 우러나오는 말을 할 수 있을까?'

그래서 나는 약간 긴장한 채 스튜디오로 들어갔다. 그런데 인터뷰 진행자가 나에게 모욕감을 주었다. 처음에는 그의 반응에 당황했는데 어느 순간 이런 생각이 들었다. '아 이 사람도 내가 제정신이 아니라고 생각하는구나.'

아직 촬영을 들어가기까지 시간이 남아 진행자가 나에게 미리 물었다. "어떤 질문을 해주길 바라세요?" "원하는 질문은 없습니다. 지금은 투자하기에 좋은 시기가 아니라는 걸 강조해주세요. 저는 당신이 내 책에 대해 강력히 반박했으면 좋겠어요. 그러면 저는 진심에서 우러나오는 말로 솔직한 생각을 말할 것입니다. 사람들은 내 생각이 결코 틀리지 않았음을 느낄 거예요." 진행자는 내가 지금 잘못하고 있다는 생각을 또 하고 있음이 분명했다. 나를 회의적인 시선으로 쳐다보더니 곧바로 분장실로 들어갔다. 마치 그가 내 책과 메시지를 부정하는 것 같았다. 그리고 그런 감정이 내 안에서 퍼지게 내버려 두었다. 너무 화가 나서 인터뷰를 취소하고 싶었다. '어쩌면 아직 내가 충분히 준비되지 않았을지도 몰라. 다음에 하는 게 좋을까?' 심지어 이런 생각까지 들었다.

나는 머릿속에서 그에 관해 온갖 상상의 나래를 펼쳤다. '그는 나를 안 믿고 있어. 내가 하는 생각을 우습게 생각하고 무시하고 있어.' 이런 생각을 했다. 그러자 점점 더 긴장되고 안절부절못했다.

우리는 다시 촬영 세트장에 마주 앉았다. 그가 나를 보며 말했다 "딘, 제가 이상하게 행동한 것 같아 미안합니다. 인터뷰를 이끌어갈 생각에 좀 걱정이 되었나 봐요. 제가 괜한 걱정을 했어요. 당신은 카메라 앞에서 너무 잘해요. 아마 인터뷰 쇼에서 전설적인 게스트로 남을 거예요. 사실 저는 오랫동안 당신의 열렬한 팬이었는데 이렇게 인터뷰를 할 수 있는 기회가 되어서 너무 기쁘네요. 오히려 제가 약간 긴장이 됐어요. 하필 독감에 걸려서 인터뷰를 망칠까 봐 걱정이 많았거든요. 혹시라도 오해가 없었으면 좋겠네요."

이게 대체 어떻게 된 일인가? 방금 전까지만 해도 나는 진행자가 나를 무시했다고 한 시간 동안 스트레스를 받으며 안절부절못하는 지경에까지 이르렀는데 괜한 짓이었던 것이다. 내가 긴장한 탓에 자신감을 잃고 내면에서 부정적인 생각이 차올라 그가 나를 조롱거리로 생각한다고 착각한 것이다. 내가 틀려도 한참 틀렸던 것이다! 얼마나 많은 에너지를 낭비한 것인가? 너무 바보 같았다. 혼자 걱정한 게 무색할 만큼 촬영은 매우 순조롭게 끝났고, 이 인포머셜은 내가 한 쇼 중 최고의 쇼가 되었다. 정말 대단한 인기를 끌었다. 그 쇼만으로도 책 수십만 부를 판매했고 미국 전역에서 사람들이 안전하게 부동산에 투자할 수 있게 도움을 주었다.

자기 생각의 늪에서 벗어나라

그렇다면 이 이야기가 큰 성공의 비법으로서 거래 이후의 전략과 무슨 관계가 있을까? 당시에 나는 이미 경험이 많은 사업주로 많은 것을 이룬 백만장자였고, 절대로 짐작하지 않겠다는 원칙을 지키면서 살았다. 그럼에도 불구하고 나도 모르게 사실이 아닌 가설에 극도로 집착하는 실수를 범했다. 만약 그날 내가 끝까지 멋대로 상상한 그림에서 헤어나오지 못하고 결국 촬영을 취소했더라면 아마 지금의 나 또한 없었을지 모른다. 그러니까 짐작하지 않는 습관을 계속 기억하자. 내가 멋대로 진행자에 대해 판단하지 않고, 그와 대화를 나누면서 관심을 갖고, 그가 어떤 사람인지 알려고 했다면 시간 낭비나 에너지 소모는 없었을 것이다. 다행히 운이 좋아서 촬영이 시작되기 전에 오해가 풀려 망정이지 하마터면 대참사로 이어질 뻔하지 않았는가! 혹시라도 당신도 나처럼 다른 사람을 멋대로 판단하며 짐작하고 있다면 관계 중심적으로 행동하고 있지 않다는 사실을 깨닫자.

과거를 돌이켜보면 비즈니스 관계나, 배우자, 자녀, 동료, 상사 또는 직원과 이런 똑같은 실수를 얼마나 자주 했는지 물어보자. 당신의 마음은 달리는 화물 기차처럼 움직인다. 걷잡을 수 없이 만들어낸 이야기들이 아무런 이유 없이 당신의 인생에 스트레스를 더하고 시간 낭비를 하게 만든다. 당신의 개인사에서 이런 일이 일어난다면, 당신의 고객과의 관계에서도 얼마든지 일어날 수 있다. 그들이 무슨 생각을 하는지 당신이 알고 있다고 생각하는가? 또는 당신은 정말로 그들의 생각을 알고 있는가? 진정으로 고객의 생각을 알려면 무엇이든지 하자. 그리고 인생의 어떤 일에 이 철학을 적용하든 진정성을 갖고 알려고 한다면 최소한 성공할 수 있는 기회를 날려버리는 실수를 피할 수 있다.

9장

백만장자의
여덟 번째 습관:
행복을 우선순위에 두어라

성공이 행복의 열쇠는 아니다. 오히려 행복이 성공의 열쇠가 된다.
만약 당신이 하는 일을 사랑한다면, 당신은 반드시 성공할 것이다.

―알버트 슈바이처(Albert Schweitzer), 프랑스 의사 겸 사상가

반쪽짜리 성공이 아닌 완전한 성공을 위해

경제적 자유를 얻은 어느 부부의 불행

성공과 수익 그리고 그에 따른 책임감이 커지면서 자신의 행복을 무시할 수 없다. 의식적으로 행복을 지키지 않으면 행복은 사라질 수 있다. 성공이 행복의 핵심이 아니라 행복을 성공의 핵심으로 만들 수 있는 열 가지 행복 습관을 여러분과 함께 나누고 싶다. 제대로 본 게 맞다. 행복이 성공으로 이어질 수 있는 방법을 알려줄 것이다. 흔히 돈이 매우 많으면, 돈 잘 버는 기업의 사장이라면, 돈과 그에 못지않은 명성이 있다면 행복할 것이라고 생각하는 사람들이 있다.

성인이 된 이후 친구에게 계속해서 웨스트 코스트(West Coast)로 이사를 하고 싶어 하던 한 부부에 관한 이야기를 들었다. 아내는 매일 해가 바다 건너 지평선으로 가라앉는 모습을 보고 싶어 했다. 그래서 부부는 수년간 일을 하며 열심히 저축해서 은퇴했을 때 마침내 캘리포니아로 이사를 했다. 매일 밤 테라스에 앉아서 태평양 아래로 해가 지는 모습을 보았다. 그들은 목표를 이루었다는 사실이 믿기지 않았다. 그 이후로 그들은 행복하게 살았을 거라는 생각이 자연스럽게 드는가?

틀렸다! 부부는 그 집에서 산 지 18개월이 지났을 때 화를 내며 불만을 토로하기 시작했다. "창문에 블라인드를 설치해야겠어요! 매일 밤마다 햇빛이 너무 강해서 저녁 준비를 할 때 눈을 못 뜨겠어요." 이렇게 외부적인 만족감은 일시적인 행복만 줄 수 있다.

당신은 어떤가? 연봉이 높은 일자리를 구하거나 자기 사업을 시작했는데 잘되면 행복할 거라고 생각해본 적 있는가? 원하는 만큼 돈을 벌고, 당신을 사랑하는 아내나 남편이 있다면, 또는 자녀가 있다면, 체중을 감량한다면, 당신은 행복할 거라고 느낀 적이 있는가? 이런 식으로 생각하는 많은 사람은 결국 자신이 틀렸다는 것을 나중에 알게 된다.

오래가지 못하는 공허한 성공

그동안 당신이 거꾸로 해왔다면 어떻게 될까? 행복이 모든 다른 것들의 전제조건이라면 어떻게 될까? 행복이 성공과 풍요로움, 번영, 체중 감량, 열정, 친밀감과 사랑의 전제조건이라면 어떻게 될까? 행복해지는 방법을 모르는 채로 원하는 것을 손에 얻고 성공을 이루었을 때 비로소 행복해진다고 생각한다면 어떻게 될까? 우리가 자신에게 어떤 말을 하는지 생각해보자. '내가 사업을 시작해서 운영하기만 하면 나는 행복해질 거야'라고 생각하거나 '저 그림 같은 집을 사기만 하면, 난 행복할 거야'라고 생각하는가?

대부분의 사람들이 외부적인 것에 대한 우리의 욕망이 내면의 행복에 큰 영향을 미친다고 생각한다. 이를테면 새집을 갖거나 연봉이 높은 직장이 생기면, 내 월급만 인상되면, 소득이 한 계단 더 올라가면 행복해질 거라고 생각한다. 하지만 외부적인 것이 가져다주는 즐거움은 곧 사라진다. 소망이 현실이 되면 원하는 소비를 할 수 있으므로 새로운 물건을 사고, 더 좋은 아파트로 이사를 하면서 느낀다. 전보다 돈이 많아서 행복해! 그러나 몇 달이 지나고 추가로 벌어들인 소득과 사들인 물건은 여러분을 더는 만족시키지 못한다.

나도 당신이 올바른 습관을 통해 부와 성공을 이루길 진심으로 바랐다. 하지만 내면의 만족감을 찾지 못한다면 돈이 아무리 많아도 영원히 행복할 수 없다. 더 많은 부를 이루면서 행복해지는 길을 가자. 이제는 완전한 성공으로 향해 갈 시간이다.

올바른 습관을 지니고 있으면 한 단계 더 높은 수준의 부유함을 누릴 수 있다. 돈을 위해 자신의 행복을 포기할 필요도 없고 포기해서도 안 된다. 행복 없이 얻는 부유함은 공허한 성공이다. 나는 여러분이 모두 다 성취할 수 있게 도움을 주고 싶다.

어떻게 부와 행복을 동시에 누릴 수 있을까?

우리는 모두 소득이 한 단계 더 높아지기를 바라고 환상적인 몸매와 건강한 몸, 이상적인 라이프 스타일, 많은 돈, 진정한 사랑, 친밀감과 열정을 원한다. 욕망에는 특권이 같이 따라온다는 것을 나도 안다. 그러나 내면이 행복해지는 방법을 배우지 못하면 모든 것들은 물거품처럼 어느 순간 사라져버린다. 반면 내면의 행복을 찾는다면 원하는 다른 모든 것들을 오래오래 쟁취할 수 있다. 당신이 바라는 것들은 모두 행복의 부산물이기 때문에 내면의 행복 하나만 만들 수 있으면 그 다음은 알아서 따라오게 되어 있다. 성공, 돈, 좋은 차, 다이아몬드 반지를 먼저 손에 넣어야 행복해질 수 있다고 생각한다면 큰 오산이다. 많은 사람들이 이렇게 정반대로 생각하고 있기 때문에 우울한 삶을 살아간다. 내면의 행복을 먼저 얻어야 성공한다는 사실을 모르기 때문에 평생 불행하다고 느끼며 산다. 물론 내면의 행복을 찾기란 결코 쉬운 일이 아니다.

이제 행복과 관련해서 내가 오랫동안 책을 쓰고, 성공과 실패를 직접 경험하며, 성공에 관한 다른 훌륭한 책들을 읽고, 억만장자들과 대통령들 그리고 세계를 바꾼 위대한 사람들과 친구로 지내며 배운 것들을 살펴보자. 이를 통해서 행복에 도달하는 가장 빠른 길이라고 생각하는 열 가지 구체적인 습관과 사고방식의 목록을 만들었다. 반복해서 말하지만 나는 당신에게 재료와 요리법을 제시해줄 뿐이다. 어떤 요리를 만들지는 당신의 선택이다. 당신이 이루고자 하는 자신만의 성공을 먼저 정의하고 설명에 따라 적절히 적용해보길 바란다.

행복해지는 열 가지 습관

행복 습관 1: 자신의 행복을 찾아라

레스토랑에 앉아 있는 당신에게 내가 이 질문을 던졌다고 상상해보자. "당신의 내면 가장 깊은 곳에서부터 행복을 느끼게 하는 것은 무엇인가요?" 뭐라고 대답하겠는가? 무엇이 자신을 행복하게 하는지 알고 있는가? 누구에게나 어려운 질문일 것이다. 우리는 항상 자신의 행복을 남과 비교하려고 하기 때문이다. 다른 사람의 행복이 스포츠카와 저택이라고 해서 당신의 행복도 그래야 하는 것은 아니다! 행복의 기준은 사람마다 다르다. 솔직히 5년 전에 내가 그 질문을 받았다면 대답하지 못했을 것이다. 당시 나는 행복한 인생이라는 것이 어떤 것인지 전혀 몰랐다. 행복이란 무엇일까?

지금 시간을 내서 당신의 마음을 미소 짓게 하고, 눈을 반짝이게 하고, 생기가 돌게 만드는 것이 무엇인지 생각하거나 종이에 적어보자. 여러분을 진정으로 행복하게 만드는 것이 무엇인가? 이 질문에 답해보자. 단, 조건반사적으로 아무 생각 없이 대답하지 말자. 언제 마음이 평온했고 언제 자신이 빛났는지 생각해보자. 주로 언제 환하게 웃었는가? 숲속에서 친구들과 신선한 공기를 마시며 함께 시간을 보낼 때인가? 스포츠 경기를 관람하거나 낚시하러 갈 때인가? 바닷가에서 발가락 사이로 모래를 느끼길 좋아하는가? 나는 개인적으로 큰 나무들이 많은 숲이나 산속의 계곡을 좋아해서 주로 자연에 있을 때 진정한 행복을 느꼈다. 아마도 내가 어릴 적에 뉴욕 주 북부 지역에서 자라 할아버지와 함께 자주 낚시를 다녀서 그런 것 같다. 온종일 큰 나무들과 맑고 아름다운 계곡이 있는 숲속에서 보내면 말로 설명할 수 없는 행복감이 든다. 그런 의미에서 할아버지는 내 인생의 롤 모델이었다. 그리고 아이들과 함께 시간을 보내거나 아이들을 인생의 올바른 길로 인도할 때도 행복감을 느낀다. 사람들이 각자 최고의 모습이 될 수 있도록 영감을 불어넣을 때(지금도 그렇길 바란다), 무대 위나 카메라 앞에서 내 메시지를 전달할 때, 이 모든 일이 나에게 깊은 행복감을 준다. 당신의 행복 목록에는 어떤 것이 있는가?

조금 더 정확히 말하자면 현재 당신은 무엇에 행복감을 느끼는가? 5년이나 10년 전에 이 목록을 작성했다면 내 대답은 달랐을 것이다. 물질적인 것도 있었을 것이고 말하기 부끄러운 것도 있었을 것이다. 현재의 행복에 대해 생각해 보기 바란다.

행복을 목표와 혼동하지 말자. 나는 행복과 별개로 여전히 물질주의적인 목표, 경제적 목표, 성취감을 느낄 수 있는 목표가 있다. 앞으로도 계속 발전하는 것을 멈추지 않을 것이다. 내가 이루고 싶은 목표와 나를 행복하게 하는 것은 다르다. 나는 이루고자 하는 경제적인 목표를 갖고 있지만 그만큼의 돈을 가진다고 해서 행복해지지는 않는다. 돈은 나의 행복과 무관하다. 나를 행복하게 하는 요소는 아름다운 자연과 사랑하는 아이들이다. 이처럼 행복과 목표가 같을 수는 있지만 목표 달성이 반드시 행복으로 이어지는 것은 아니다. 목표와 행복의 차이점을 이해하고 구분하기 바란다.

모든 행복은 행복이 무엇인지 생각하고 행복이 무엇인지 정의하는 데서 시작된다. 너무 깊게 생각하지 말고 생각나는 대로 적어보자. 당신이 하는 일에만 국한해서 목록을 작성하지는 말자. 당신을 행복하게 만드는 생각들, 감사하게 생각하는 축복들, 당신에게 기쁨을 주는 활동들도 포함하자. 쓰고, 쓰고, 또 쓰자! 그다음 작성한 목록을 보면서 확실한 느낌이 드는 것 몇 가지에 동그라미를 치자. 그것들이 보통 자신에게 제일 중요한 것들이다.

행복 습관 2: 미래를 걱정하며 현재를 낭비하지 마라

크리스마스 때 트리 밑에 두는 선물을 열어보는 일처럼 나중에 할 일이 아니다. 오늘 지금 당장 시작하자. 우리는 현재보다는 다음 주, 내년을 바라보며 늘 미래를 향해 살아간다. 하지만 현재와 친해져야 한다. 이번에 승진하면, 내가 창업을 하면, 우리 회사가 수익을 내면, 내 아내 또는 남편이 나를 진정으로 이해하게 된다면, 내 아이들이 기저귀만 뗀다면, 아이들이 대학만 가면, 내가 살만 빼면, 그때는 내가 행복해질 거야! 이러한 생각은 행복을 알 수 없는 불확실한 시점으로 미루려는 변명에 불과하다. 그러나 이렇게 계속 변명하면 무슨 일이 생길까? 우리는 더 이상 미래가 없을 때까지 즉, 죽을 때까지 불행할 것이다. 행복하게 살고 싶다면 현재를 살아야 한다. 왜 지금 행복해지길 결심하지 않는가? 행복한 미래란 영원히 오지 않는다.

'내가 승진을 하면 편안하게 인생을 즐길 수 있을 거야.'처럼 '~하면'이나 '그때'라는 말을 너무 자주 하면 정신적으로 지금 현재가 아닌 다른 시간대에 살게 된다. 즉, 행복을 내일로 보류하는 것이다. 어떤 특정한 일이 생길 때까지 행복을 기다리는 사람이 얼마나 많은가? 그런 사고방식을 던져버리고 '오늘'을 친구로 만든다면 어떨까? 오늘이 놀라운 하루라면 어떨까? 더는 과거나 미래에 살지 않고, 지금 이 순간에 행복해지겠다고 결심하면 어떨까? 오늘 나 자신을 행복하게 만드는 일을 더 많이 하고 기쁨을 가져다주는 생각을 더 많이 하는 데 집중하면 어떨까? 바로 이 순간! 행복은 당신의 선택이다.

미래에 어떤 일이 잘못될지 하루에 몇 번이나 생각하는가? '내가 지금 이 일을 하면, 다음 달이나 내년에 이런 일이 일어날지도 몰라.'라고 살면서 몇 번이나 생각했는가? 그런 생각을 하고 나면 어떤 일이 벌어질까? 이렇게 한번 부정적인 생각의 비탈길을 내려가기 시작하면 걷잡을 수가 없다. 언제 무슨 문제가 생길지 생각하면서 부정적인 생각이 눈덩이처럼 커진다. 이는 예정되어 있는 부정적 미래를 걱정하는 것이 아니라 미래를 부정적으로 예상하는 것이다. 사실은 미래가 어떻게 될지 아무도 모른다. 무엇이든 간에 어떻게 흘러갈지 다음 상황을 예측할 수 없고 어떤 결말을 맺을지 알 수 없다. 부정적인 그림을 그리면서 너무 먼 미래를 살게 되면 현재의 행복이 줄어들 수밖에 없다.

알 수 없는 미래를 걱정하면서 현재를 낭비하지 말고 지금 이 순간의 삶을 선택하자! 매일의 하루는 이유가 있어서 벌어지고 있고, 현재를 사는 마음으로 매 순간을 붙잡아야 한다. 이 조언이 단순하게 들리겠지만, 그 여파를 생각해보자. 건강하게 살아가는 지금 이 순간 여러분이 가진 모든 기회를 감사하게 생각한다면 어떻게 될까? 과거가 사라지게 내버려 둘 수 있다면 허구의 미래에 그만 집착하고 현재를 사는 것을 배우자. 그곳에서 내면의 행복이 시작된다. 에크하르트 톨레는『지금 이 순간을 살아라』라는 훌륭한 책에서 '현재'에 살고 있을 때 마침내 내적 평안과 행복을 찾을 것이라고 했다. 더 이상 감사함을 뒤로 미루지 말자! 당신은 오늘 행복해질 권리가 있다.

행복 습관 3: 지나치게 많이 생각하지 마라

'마비는 지나친 분석에서 생겨난다.'는 말을 들어본 적이 있는가? 우리가 바라는 인생을 살고자 하는 길에서 우리를 멈추게 하는 것은 바로 지나치게 많은 생각이다. 다양한 상황에서 이런 현상을 수차례 목격했다. 특히 비즈니스와 경제적으로 한 단계 위로 올라가려고 할 때 그렇다. 지나치게 많이 생각하고 지나치게 분석함으로써 그 틀에 갇힌다.

목표가 무엇인지는 중요하지 않다. 하지만 죽을 때까지 그 목표에 대해 지나치게 생각할 수 있다는 점이 문제다. 수년째 나의 부동산 강의 수업에서 이런 현상을 봤다. 나는 행사에 가서 사람들을 만나고, 학생들과 악수하고, 책에 사인을 한다. 많은 사람들이 나에게 이렇게 말한다. "딘, 그거 알아요? 첫 번째 거래를 성사시키고 싶어 몸이 근질근질해요. 근데 아직 계약서를 다 읽지 못했어요. 우선 세부 내용 하나하나를 다 살펴봐야 해요. 시작하기 전에 MBA 학위를 받아야 하고, 비상금을 모을 때까지 저축해야 하고, 파트너를 찾아야 한다(또는 빈칸을 채워야 한다)." 나는 부동산 거래를 수천 건 성사시켰음에도 불구하고 그들이 보통 말하는 것들 중에 내가 해본 것은 단 하나도 없다. 성공의 요리법이 있다면 다른 것은 다 필요 없고 그 요리법만 따라 하면 된다. 시간과 에너지를 써서 처음부터 힘들게 음식을 만들 필요가 없다. 그렇지 않은가? 지나치게 깊이 생각하지 말자. 그러면 아무것도 못하게 될 것이다.

지나치게 생각하는 습관은 평상시 일상에서도 흔히 나온다. 연애를 너무나도 하고 싶어 하면서 관계에 대해 너무 깊게 생각하는 사람들이 있다. "그녀랑 사귀어야 할까요? 글쎄요, 그녀가 바람을 피우고 떠나면 어떡하죠? 내 마음을 아프게 할지도 모르잖아요. 종교는 같았으면 좋겠어요. 다르면 문제가 될 수 있으니까요. 그냥 사귀지 않는 것이 좋겠네요." 이렇게 시도도 해보지 않고 포기한다! 그 사람이 인연일지도 모르는데 너무 깊게 생각하는 바람에 만나볼 기회조차 놓친 것이라면 어떡할 것인가?

경우에 따라서 자신감이 생기는 데 필요한 지식을 얻을 수 있다. 그러나 끊임없이 질문하고, 결정을 번복하고, 끝도 없는 분석에 발목이 잡히지는 말자. 마음속에서 행동하라고 말한다면, 자신의 무의식이 해보라고 한다면, 그만 생각하고 행동으로 옮기자.

행복 습관 4: 긍정적인 결과에 집중하라

인생에 행복을 불러오고 원하는 것을 미리 얻을 수 있는 강력한 방법이 있다. 몇몇 사람들은 이 방법에 대해 "저런, 딘! 당신은 너무 낙관주의자예요."라고 말한다. 눈치 챘는가? 사실은 이런 말을 얼마나 많이 들었는지 모른다. 행복과 성공을 얻는 데 긍정적인 사고방식만큼 중요하고 필수적인 요소는 없다. 당신도 내가 너무 낙관적이라고 생각하는가? 아니면 무의식의 영향력이 얼마나 강력한지 아는가? 내 말을 들어보자. 여러분의 에너지는 여러분이 원하는 방향으로 움직이게 될 것이다. 긍정적인 것에 에너지를 쓸지 부정적인 것에 에너지를 쓸지는 여러분의 선택이다.

인생에서 잘될 수 있는 일보다 잘못될 수 있는 일에 집중하는 사람들을 너무나도 많이 안다. 그들은 시시때때로 우울해하며 최악의 경우를 생각한다. '이번에 내가 많이 아프면 어떡하지? 지금까지 독감 예방

주사를 한 번도 안 맞았는데 이게 독감이면 어떡하지? 내가 죽을병에 걸린 것이라면 어떡하지? 나는 건강보험이 없는데 큰일 났어!' 자신이 아프길 바라는 사람이 아니라면 이런 생각을 할 이유가 하나도 없다! 정말로 최악의 결과를 바라는 것이 아니라면 모든 에너지를 긍정적인 결과와 건강한 몸, 더 많은 부와 행복과 풍요로움에 집중하는 게 어떨까? 한 그루의 나무밖에 없는 기다란 도로 위에서의 운전에 관한 연구 결과를 생각해보자. 무조건 그런 것은 아니지만, 대부분 사고는 누군가가 그 도로에 뛰어들면서 생긴다. 하지만 빨리 달리거나 핸들을 놓칠 수 있기 때문에 사람들은 '저 나무에 안 부딪히고 싶어, 안 부딪히고 싶어, 안 부딪히고 싶어.'라고 생각하면서 운전한다. 그리고 그들은 어떻게 되는가? 결국 그 나무에 부딪히고 만다.

이 세상은 우리가 처한 상황을 특정한 방식으로 생각하게끔 우리를 프로그래밍했다. 어떤 일이 일어나면, 우리의 마음은 곧바로 이렇게 생각한다. '오 저런, 좋지 않아! 이 일이 생기면 어떡하지? 일이 생기면 어쩌지? 오 저런, 어쩌지, 어쩌지.' 여기에는 해독제가 있다. 자기 생각을 예의 주시하는 관찰자가 되자. 이 방법이 나에게는 효과가 있었다. 이제 있지도 않은 가정형 생각이 마음속에 끼어들려고 하면 나는 이렇게 말한다. "안 돼. 안 돼. 안 돼. 내 마음이 그렇게 흘러가게 가만두지 않을 거야." 당신은 앞으로 일어날 수 있는 나쁜 일에 집중할 수도 있고 아니면 좋은 일에 집중할 수도 있다. 이왕이면 좋은 일에 당신의 에너지를 집중하는 게 어떨까?

나 역시 나쁜 결과에 집중했었던 시절이 있었다. 지금부터 들려줄 이야기는 그 시절에 내가 직접 겪었던 지옥 같은 끔찍한 이야기다. 듣고 나면 자신이 하고 있는 생각이 얼마나 위험한지 깨닫게 될 것이다. 여러 가지 생각에 마음이 복잡해서 몇 년 동안 새벽 2시에 기상했었다. 한동안은 이렇게 아침 일찍 일어나는 것이 내 성공 요인이라고 생각했다. 일어나자마자 그날 있을 모든 일을 생각했다. 그리고 잘못될 수 있는 일을 생각하며 문제가 생기기 전에 미리 예방하려고 했다! 아침에 눈 뜨자마자 이런 상상 속의 나쁜 결과들에 집착하면 스트레스를 받아서 다시 잠들 수가 없었다. 그러던 어느 날 스스로 다짐했다. '더는 안 돼! 부정적인 생각들을 바꾸기 위해서 내 마음과 무의식을 조종해야 겠어. 이제부터 마음속에서 부정적인 결과는 상상하지 않을 거야. 이런 상황에서 일어날 수 있는 긍정적인 일에만 집중할 거야.' 그랬더니 무슨 일이 벌어졌는지 아는가? 성공과 행복의 미래를 그리기 시작했다. 마침내 숙면도 취할 수 있었다. 부정적인 결과에서 긍정적인 결과로 완전히 생각을 바꾸기까지는 어느 정도 시간이 걸렸다. 하지만 이를 통해 힘을 빼앗는 습관이 사라지고 힘이 생기는 새로운 습관이 자리 잡았다.

트렌트 쉘톤(Trent Shelton)은 전직 NFL(전미 미식축구) 선수로 매주 소셜미디어를 통해 자신의 강력하고 영감을 불러일으키며 기분 좋은 메시지를 전달하는 리햅 타임(Rehab Time)의 창업주이다. 그는 미식축구 선수에서 경이로운 동기부여 전문가이자 영감을 주는 리더로 변신했다. 그는 미식축구 선수로 이미 화려하게 스포트라이트를 받았지만, 수백만 명의 사람들이 자신의 비디오와 글을 매달 읽음으로써 전보다 훨씬 더 눈에 띄고 유명해지고 싶었다. 그의 바람대로 사람들을 위해 노력하는 그의 노고에 감사하다는 수만 개의 댓글이 달리고 있다. 그러나 사람들에게 노출이 많이 되다 보니 부정적인 반응도 있다. 바로 그를 싫어하는 사람들이다. 내가 트렌트를 인터뷰했을 때 그는 자신에 대한 회의주의자들과 부정적인 사람들을 효과적으로 대처하는 데 도움이 되는 행복 습관을 공유했다. 그밖에도 훌륭한 습관들을 많이 제시했다.

'처음에 저를 싫어하는 팬의 혐오성 댓글을 읽게 되었어요. 제가 만든 영상 밑에 달린 댓글을 읽다보면 악성 댓글을 쉽게 찾을 수 있죠. 그런 부정적인 댓글에 다른 의미를 부여하면 새로운 일이 생겨요. 저는 이런 댓글이 달리는 건 내 잘못이라는 생각에서 이제는 '이 사람이 아직 내 도움이 필요하구나. 그가 변할 때까지 영상을 더 열심히 만들어야겠다.'라고 생각을 바꾸었어요. 제가 그들을 통제할 수는 없지만 제 머릿속 생각은 통제할 수 있으니까요. 저를 싫어하는 사람들이 남긴 댓글에 상처 받기보다 제 말에 영감을 받은 사람들이 올린 수만 개의 댓글에서 힘을 얻어요. 누구를 팔로우 할지, 무엇을 할지, 무엇을 볼지, 솔직히 말해서 어떤 대화를 할지까지도 정말 까다롭게 선별해서 스스로를 보호해요. 저에게 연락하는 사람들도 아주 까다롭게 선별해서 받아요. 왜냐하면 무언가를 노골적으로 원하는 사람도 있고, 가십을 이야기하거나 자극적인 사건을 이야기하려고 하는 사람들이 있거든요. 내면의 평화를 스스로 지키기 위해 저와 그들의 부정적인 마음 사이에 항상 벽을 세워야 해요. 그렇게 하면 매일 마음의 평화를 지키고 행복과 즐거움으로 가득할 수 있어요.

그리고 나는 매일 최선을 다해 하루를 시작하는 습관이 있어요. 아침에 일어나면 가장 먼저 '대회 모드 마음가짐'이라고 부르는 일을 해요. 일생일대의 기회에 감사하고 최선을 다할 수 있는 또 다른 하루가 주어진 것에 감사하는 시간이죠. 인생에서 제 자신감을 지키고 내면의 평화를 지키는 것보다 중요한 일은 없어요. 우리는 흔히 자신이 가진 기회를 깨닫지 못하고, 하루하루 최선의 모습을 보여주지 않으니까요. 모든 사람들은 태어날 때 훌륭한 능력을 하나씩은 갖고 태어나지만 마음이 불안정하다면 제대로 발휘할 수 없어요. 당신이 반드시 해야 할 일은 외부의 위협으로부터 스스로를 지킴으로써 세상에 당신이 어떤 사람인지 당당하게 보여주는 것이에요."

"당신의 평화를 지키세요."는 트렌트가 자주 쓰는 말이다. 당신도 트렌트처럼 행동하기 바란다. 부정적인 말을 하는 사람들이 자신의 삶의 어떤 부분도 끌어내리지 못하게 하자. 바꾸자. 새로운 의미를 찾아 자신에게 이로운 방식으로 해석하고 받아들이자. 어차피 당신이 이해하기 나름이다. 어떻게 받아들이냐에 따라서 같은 말도 상처가 될 수 있고 오히려 건강한 자극이 될 수도 있다. 그래서 많은 경우 고통은 자신의 선택이다. 해야 할 일을 하고, 새로운 습관을 만들고, 가능한 한 고통을 피하자. 당신은 훌륭하고 멋진 존재다. 매일 세상에 자신의 놀라운 능력을 보여주자.

행복 습관 5: 예상치 못한 변수에 집착하지 마라

이 습관으로 모든 것이 달라진다. 쉽지는 않지만 훈련만 잘 한다면 효과는 굉장하다. 우리는 종종 예상치 못한 결론에 이르렀을 때 잘 대처하지 못한다. 보통은 어떤 다른 결과가 있었을지 상상하며 그 상상에 지나치게 집착한다. 특히 많이 하는 생각이 '이 돈을 이 거래에 투자하면, 이 사람과 동업을 하게 될 것이고, 그러면 이만큼의 돈을 벌고 인생은 이렇게 변할 거야.' 와 같은 식으로 미래를 예측한다. 그런데 막상 그런 결과가 나오지 않으면 행복은 완전히 사라져버린다. 스스로 생각한다. '그건 내가 바란 게 아니야! 그건 내가 예상한 게 아니야! 어쩌다 이렇게 된 거야!' 레스토랑에서 스테이크를 주문했는데 점원이 닭 요리를 가져온다면 화가 난다. '이건 내가 주문한 게 아니잖아! 왜 스테이크가 아니라 닭 요리가 나온 거야!'

인간관계에서도 똑같은 실수를 어떻게 하는지 보자. '내년에 우리는 결혼을 하고, 하와이로 신혼여행을 가고, 이렇게 하는 게 최고야'라고 생각했다고 하자. 그런데 계획이 틀어지는 순간 그 관계에서 화가 나거나 즐거움이 사라진다.

토니 로빈스는 이런 말을 했다. "우리에게 벌어지는 게 아니라 우리를 위해 벌어진다면?" 당신이 카누를 타고 강 하류로 노를 저어가고 있는데 갑작스러운 급류 때문에 경로를 이탈했다고 상상해보자. 당신은 저항하면서 이렇게 말할 수 있다. '이 강한 물살을 거슬러 상류를 향해 노를 저어 내가 예상한 경로로 돌아가야 해.' 그러나 그렇게 하려면 엄청나게 큰 노력이 필요하지 않은가? 우리의 경로가 바뀌었을 때 화를 내기보다는 '방향이 이렇게 약간 달라진 것이 내 인생의 다음 단계의 전략적인 부분이 아닐까? 어쩌면 나에게 불행한 일이 생긴 게 아니라 나를 위해 일이 생기는 것일지 몰라. 그냥 이 물살을 타고 가보자. 그래서 어디로 가는지 보자.'라고 말해보자.

많은 경우 기업가가 사업을 시작하면 원래 계획했던 아이디어가 안 먹힌다. 그래서 기업가는 방향을 수정해 나가다가 예상치 못한 순간에 성공한다. 예를 들어 트위터는 우연히 탄생했다고 할 수 있다. 시초는 팟캐스트를 하고 싶은 사람들이 전화하면 만들 수 있는 팟캐스트 기업이었다. 트위터라고 불리지도 않았다. 그러다 갑자기 아이튠즈가 모든 주요 애플 기기에 팟캐스트를 만들어 운영할 수 있게 하겠다고 발표하면서 Odeo(현재 트위터라고 알려진 기업)는 망하게 된 것이다! 그래서 새로운 방향을 생각하기 위해 회의에 회의를 거듭해 마침내 오늘날 우리가 아는 트위터라는 아이디어를 내게 되었다! 그 성공은 창업자들이 자신의 원래 콘셉트를 펼치지 못했다고 해서 포기했다면 절대로 있을 수 없었을 것이다.

하나의 특정 결과를 달성하는 데 집착한다면 상황이 원하는 대로 흘러가지 않았을 때 불행하다. 불행의 늪에 빠지면 결코 성공할 수 없다. 오히려 자신감을 잃고 우울한 채 살아갈 것이다. 이 깨달음을 얻고 나서부터 내 인생은 모든 것이 바뀌었다.

창업을 한 후 예상하지 못한 방향으로 나아간다면 나는 그냥 물살을 타고 흘러가는 대로 가볼 것이다. 비록 예상치 못한 길로 접어든다 해도 그 길 끝에는 더 위대한 성공이 기다리고 있을 것이다! 처음부터 끝까지 완벽한 시나리오를 없애면 기대감이라는 무거운 짐을 어깨에서 내려놓을 수 있다. 그 즉시 당신은 다른 사람이 될 것이고 행복은 하늘 높이 솟아오를 것이다.

행복 습관 6: 실패를 두려워하지 마라

우리가 실패를 두려워하는 이유는 어릴 때부터 실패는 안 좋은 것이라는 편견 속에서 자랐기 때문이다. 그러나 실패는 꼭 나쁜 것만이 아니다. 오히려 성공의 초석이 된다는 점에서 필요한 경험이다. 윈스턴 처칠의 명언을 인용하자면, "성공이란 당신의 열정을 잃지 않고 실패에서 실패로 나아가는 것이다."라고 한다. 당신의 인생에서 마지막으로 실패를 받아들인 적이 언제인가?

실패하지 않는다는 것은 그만큼 도전하지 않는다는 의미이기도 하다. 자신의 한계를 검증해본다는 마음으로 충분히 밀어붙이지 않고 새로운 것에 대한 두려움을 깨려는 시도를 하지 않는다는 것이다. 그저 틀에 박힌 생활 속에서 가만히 흘러가는 대로 살거나 당신이 잘 닦아놓은 일상의 틀에서 벗어나지 않는다는 것을 의미한다. 1장에서 말한 것처럼 몇십 년 동안 닦아놓은 길에 바퀴가 저절로 굴러가도록 내버려두면 매일 같은 곳에 도착할 수밖에 없다. 이와 같이 새로운 곳을 향해 가고자 하면서 인생의 바퀴가 굴러가는 대로 살면 영원히 원하는 목표를 달성할 수 없다. 아무것도 하지 않으면 아무 일도 일어나지 않는다는 것을 기억하자.

그래서 나는 마음속에 있는 실패의 정의를 바꾸라고 말한다. 당신이 자주 실패할수록 더 큰 성공을 이룰 수 있다. 어딘가에 거대한 성공이 기다리고 있는데 어떤 곳에 도착할지 모른다는 두려움 때문에 새로운 길로 나서지 않는다면 영원히 도달할 수 없다. 나는 오늘부터 당신이 자랑스럽게 말할 수 있게 되길 바란다. "나는 오늘 실패했다. 하지만 내일 또 다른 시도를 할 거야." 나는 아이들에게 항상 물어본다. "오늘 실패를 경험했니?" 아이들이 "아니요."라고 대답하면, "그럼, 똑같은 일상에서 벗어나지 않았구나." 아니면 "새로운 것을 시도하지 않았구나."라고 말한다. 아이들이 가진 실패에 대한 생각을 바꿀 수 있도록 노력한다. 그래서 아이들이 실패를 두려워하지 않고 성공으로 가는 길에 거쳐야 할 과정으로 받아들일 수 있게 돕고자 한다.

실패를 받아들이는 연습을 하고 면역이 생기면 계획대로 상황이 흘러가지 않았을 때 좌절하지 않는다. 나는 이메일을 통해 수십만 명의 고객들에게 자신의 꿈을 시작하지 못하게 발목을 잡는 것들이 무엇인지 물었다. 실패에 대한 두려움이 공통된 대답이었다. 두려움을 피하려는 태도를 바꾸면 어떻게 될까? 두려움의 자리가 인생의 변화를 받아들일 준비 자세로 대체될 것이다. 웨인 그레츠키(캐나다의 전설적인 아이스하키 선수-역자)가 멋진 말을 했다. "당신이 쏘지 않은 슛은 100퍼센트 놓친 골이다." 실패를 성공으로 만들기 위한 필수 재료로 받아들이고 매일 실패하려고 노력하자.

행복 습관 7: 원한을 버려라

이 습관을 달리 말하자면 기분 나쁘게 받아들이지 말자는 말이다. 이 또한 마음먹은 대로 하기 어렵다는 걸 안다. 그러나 원한을 품고 있으면 행복과 건강, 성공으로부터 점점 멀어진다. 부모님에 대한 원한, 상사나 친척에 대한 나쁜 감정, 당신에게 끔찍한 짓을 한 사람에게 원한을 갖고 항상 마음에 담아 두는가? 만일 원한을 품고 있다면 기억하자. 원망하고 미워하는 마음은 가해자에게 아무런 영향을 미치지 않는다는 것을 말이다. 아무리 그들에 대한 원한을 사골 국물 끓이듯이 우려내도 그들의 머리카락 한 올도 해치지 못한다. 오히려 이미 당신에게 상처를 준 그들 때문에 앞으로 남은 인생까지 망치게 되는 길이다. 그들 때문에 성공하지 못한다면 너무도 억울하지 않겠는가? 모든 원한을 버려야 한다. 물론 말이 쉽지 실제로 매우 어렵다는 것을 나도 안다.

어린 시절 나도 부모님과 갈등이 있었고 미친 듯이 화도 났다. 때로는 나는 부모님의 응원을 받지 못하는 외톨이라고 느꼈다. 아무도 모르게 오랫동안 원한을 품었다. 원한 때문에 꿈도 꾸고 계속 생각하며 분노가 생겨도 내버려 두었다. 결국 이런 집착은 내가 행복의 다음 단계로 나아가지 못하게 막았다. 그래서 나는 원한을 버렸다. 그리고 말했다. "나에게 지금껏 일어난 일들이 다르게 일어났더라면 지금의 내가 되지 못했을 것이다. 나는 아이들에게 지금 같은 아버지가 되지 못했을 것이다. 지금처럼 사람들에게 동기부여 하는 사람이 되지 못했을 것이다. 어쩌면 나에게 생긴 일들은 좋든 나쁘든 일어나야 할 일들이었다. 내가 그동안 원한을 품었던 사람들을 용서한다!"

원한을 버리자 나의 행복은 가뿐하게 한 단계 뛰어올랐다. 과거의 원한을 버리는 일은 내가 지금까지 한 일 중 가장 해방감이 들었던 일이다. 당신도 인생을 돌이켜보면서 버려야 할 원한이 있는지 찾아보기 바란다. 남을 미워하는 데 집중하느라 얽매여 있던 마음에 자유를 되찾으면 성공 세계를 향해 날아가는 최고의 당신이 될 수 있을 것이다!

행복 습관 8: 작은 것에 감사하라

감사하는 마음이 행복의 주춧돌이라는 것을 우리는 모두 알고 있다. 감사하는 마음은 매일같이 의식적으로 가지려고 노력해야 하는 것 중 하나다. 하루가 힘겹고, 돈이 필요하고, 빚을 지고 있거나 청구서가 밀렸거나 이혼을 하는 등 여러 가지 힘든 상황을 겪고 있을 수 있다. 하지만 누구나 인생에서 항상 감사한 일은 있다.

인생은 때때로 우리에게 실망감을 안겨준다. 그러나 감사하는 마음하나면 무엇이든 이겨낼 수 있다. 최고의 방법은 소중하게 생각하는 작은 것에 집중하는 것이다. 낯선 사람의 미소에 감사하고, 자녀의 포옹에 감사하고, 배우자의 사랑스러운 눈길에 감사할 수 있다. 파란 하늘과 흰 구름에 감사하고, 아름다운 꽃과 푸른 초록에 감사하자. 심장이 뛰고 있음에 감사하자.

성취와 행복이 없는 성공은 거대한 실패나 마찬가지다. 오늘 하루도 작은 것에서 감사함을 느끼고 감사함이 무럭무럭 자라나게 하자. 감사한 마음이 든다는 것은 이미 무언가 성취한 것이고 행복이 더해졌다는 것이다. 맛있는 점심 식사나 따뜻한 포옹에도 감사하도록 자신을 훈련할 수 있다면, 이런 작은 것들이 모이고 모여서 매일 더 의미 있는 하루가 계속될 것이다.

행복 습관 9: '적당히'에 만족하지 마라

적당하다는 말은 당신의 행복을 한순간에 앗아갈 것이다. '내 관계는 괜찮아.'라는 말을 하지 말자. 대신 '더 좋은 관계, 더 완벽한 관계를 쌓기 위해 노력할 거야.'라고 말하자. 비록 앞에서 모든 사람은 그 어떤 것도 완벽해질 수 없기 때문에 완벽이라는 이상에 집착하지 말라고 말했지만 노력을 그만두고 발전을 멈추라는 뜻은 아니다. 끝내 완벽해지지는 못하더라도 인생의 모든 면에서 최대한 우수해지려고 노력하자. 그냥저냥 괜찮은 것, 나쁘지 않은 것에 안주하면 그것이 돈이든 일이든 인간관계이든 인생에서 많은 기회를 놓치게 된다.

적당히 괜찮은 것을 경계하자. 그 말 자체를 인생에서 없애자. 겉으로는 자신을 질책하지 않고 저평가하지 않음으로써 내면의 악인을 물리치는 것처럼 보이지만 그렇지 않다. 그럭저럭 괜찮다는 말에는 '나는 훌륭하지 않아. 더 좋아질 수 없어. 다른 사람들은 행복하고 풍요로운 삶을 살지만 나는 아냐. 지금 그 수준에 만족해.'라는 의미가 숨어 있다. 무슨 말인가! 자신에게 적당하다는 말을 그만하자. 당신은 지금 앞에 놓인 행복과 즐거움을 얻고 성취할 기회를 무의식적으로 차단하고 있다.

굳이 '내 인생은 지금 완벽해!'라고 말할 필요는 없다. 솔직하게 말하면 된다. 단, '오늘 나쁘지 않았어. 그러나 내일은 훨씬 좋을 거야.' 와 같이 가능성을 충분히 열어두자. 사실 당신은 충분하다고 말하면서 더 많은 것을 추구하지 않는가? 그러니까 계속 노력하자! 나의 학생들과 이 책을 읽는 당신에게 적당하다는 말은 적당하지 않다.

인생의 다음 단계가 눈앞에 있다. 이제 그 단계에 올라설 때다.

행복 습관 10: 신념과 맞는 종교를 가져라

종교적 연결고리를 찾거나 하나님 또는 다른 높은 권위자와 관계를 만들자. 당신의 신념을 다음 단계로 끌어올려주는 더 큰 존재의 일부분이 되어야 한다. 자신의 신념과 가치에 맞는 종교를 알아보자. 일반적인 종교, 선불교, 조직적인 종교나 하나님과의 관계일 수도 있다. 자신보다 큰 존재에 속하게 될 때 행복감은 증폭될 수 있다.

당신이 재산을 늘리고 풍요로움을 만드는 습관을 발견하기 위해 이책을 구매한 것을 안다. 그 목표를 위해 노력하라고 말하고 싶다. 원하는 모든 돈을 벌기를 바란다. 그러나 공허한 성공이 아닌 완전한 성공을 위해 9장을 가볍게 여기지 않기를 바란다. 10가지 행복 습관을 통해 행복이 인생의 근간이 되고 그 위에 부와 번영을 자연스럽게 쌓아올릴 수 있길 기대한다. 만일 이 책에서 딱 한 부분만 읽을 수 있다면이 장을 읽으라고 추천한다. 9장은 행복해지는 습관을 배우고 마음속에 새기는 데 도움이 될 것이다. 앞으로 서서히 10가지 행복 습관을 하나씩 적용해보기 바란다. 10주 동안 매주 한 가지 습관에 집중해보는것도 좋을 것이다. 이제부터 행복해지자!

지금 당장
써먹을 수 있는
성공 습관

영화 〈루디 이야기(Rudy)〉는 약자의 근성을 보여준다.
약자에게는 누구보다 강력한 힘이 있다.
그들은 우수해지기 위해 끊임없이 노력하며
완벽한 순간을 향해 나아가지만, 완벽해지려고 애쓰지 않는다.

─루디 루에티거(Rudy Ruettiger), 미국 영화 〈루디 이야기〉 주인공

부자가 되기 위해 지금 바로 실천해야 할 17가지 전략

최소한의 성공 습관

10장에서는 지금 당장 인생에 적용할 수 있는 성공 전략에 관한 스피드 퀴즈 같은 것이다. 성공으로 향한 여정에서 도움을 줄 수 있는 습관과 일상적인 전략에는 수천 가지가 있다. 이 장에 모아놓은 것들은 그중에서도 내가 특별히 좋아하는 것들로 선별한 것들이다. 누구나 쉽고 빠르게 적용할 수 있으며 생각하는 것보다 인생을 변화시키는 데 훨씬 더 큰 영향을 미칠 수 있다.

창의력을 깨워라

우리는 규칙적으로 반복되는 일상에 갇혀 매일 하나의 똑같은 계획표대로 하루하루를 보낸다. 때로는 다람쥐 쳇바퀴를 돌고 있는 것 같거나 러닝머신에서 제자리걸음을 열심히 하고 있는 것 같은 느낌이 든다. 그러면 창의력, 새로운 생각, 꿈, 비전, 발명이 꽃을 피울 기회를 잃게 된다.

   매일 10~30분의 시간을 투자하여 창의적인 생각을 하자. 이메일에 회신하지 말고, 해야 할 일의 목록을 확인하지 말고, 문자 메시지를 보내지 말고, 소셜미디어를 보지 말자. 그냥 생각하자. 나는 아침에 아이들이 일어나기 전에 먼저 기상한 후 잠시 생각에 잠겨 내 인생의 다음 장에 집중한다. 이 책에서 어떤 내용을 이야기할지, 사람들에게 인생을 바꿀 힘을 갖게 할 수 있는 어떤 새로운 아이디어를 공유할 수 있을지, 나의 다음 TV 쇼는 어떤 내용이 될지 등 생각하고 또 생각한다.

스스로에게 발휘할 수 있는 기회만 주면 창의력이 흘러나올 것이다. 설령 당신이 창의적이지 않다고 생각한다 해도 상관없다. 당신이 어떻게 생각하든 우리는 모두 창의적이다. 당신뿐만 아니라 대다수의 사람들이 자신이 만든 혁신을 자기가 만들었다고 생각하지 않는다. 그러나 새로운 관계를 맺고, 비즈니스 경력을 쌓고, 아이들과 함께 하는 게임을 만들고, 정원 일을 더 효과적으로 하는 방법을 터득하고, 배우자를 웃게 하는 법을 알아내는 것도 창의적이기 때문에 가능한 일이다. 인생에서 우리가 먼저 생각하지 않으면 아무것도 일어나지 않는다. 주변을 돌아보자. 저기 있는 램프, 의자, 그림. 누군가는 창의적으로 처음에 생각해냈기에 이 모든 것이 현실 속에 존재하는 것이다.

매일 창의적인 시간을 내야 하는 걸 잊어버린다면 자신의 영혼에 영양분을 주지 않는 것과 같다. 아무도 자신의 영혼이 시드는 것을 원하지 않을 것이다. 나는 어떤 날에는 하루 내내 창의력을 발휘하려고 노력한다. 내 마음에 불꽃을 만들고 불을 피워서 인생의 다음 단계를 향해 계속 돌진하게 만드는 것을 찾으려고 시간을 낸다. 우리는 창의적인 시간을 각자 다르게 보낸다. 그림, 작문, 조각, 발명, 디지털 디자인

백만장자의 아주 작은 성공 습관

또는 당신만의 창의력이 흘러나오게 만드는 수많은 일들이 될 수 있다. 어떤 일이든 시간을 내서 매일 창의력을 발휘하자.

다른 사람으로부터 자극을 받아라

앞서 아홉 번째 행복 습관에서 감사하는 마음에 관해 이야기했다. 그러나 감사하는 마음을 알아차리고 표현하는 다른 방법들을 더 알려주고 싶다. 큰일에든 작은 일에든 감사한 마음을 세상에 표현하는 방법을 알아야 한다. 그런데 때로는 감사함을 표현하기 힘든 순간이 있다. 하루하루가 너무 바쁘게 지나간다면 감사함을 찾는 일이 당신에게 제일 중요한 일이 되지 않는다.

그래서 나는 감사한 마음을 의식적으로 가지기 위해 다른 사람들의 직업을 관찰한다. 당신이 생계를 위해 어떤 직업을 가졌는지 모르지만 누구나 일에서 스트레스를 받을 수 있다. 일이 버거울 수도 있고, 사소하거나 지루한 일을 한다는 느낌을 받나, 중요하지 않은 일을 한다고 느낄 수도 있다. 나는 그럴 때마다 손을 더럽혀가며 열심히 일하는 사람들을 보면 마음속으로 '고맙습니다.'라고 말을 한다. 나의 감사한 마음과 고마운 마음을 보낸다.

예를 하나 더 들어보자. 나는 지금 파닉스에 살고 있는데, 여름이 되면 푹푹 찌는 듯이 덥다. 최근에 운전하다가 41도의 더위에 옥상에서 일하는 노동자 다섯 명의 모습을 보았다. 그들을 보면서 '고생하시네요. 감사합니다.'라고 마음속으로 생각했다. 그들은 가족을 위해서 일하고, 우리 동네에 있는 집을 더 좋게 만들고 있고, 동시에 내가 하는 일에 소중함과 감사함까지 느끼게 만든다. 매일 열심히 힘든 일을 하는 사람들을 보면 내 삶에 감사함을 느끼며 그분들께 고마운 마음을 전한다.

하루에 딱 세 번만 감사하면 얻을 수 있는 것

화장실에 가는 것을 빼고는 핸드폰이 거의 모든 일을 대신할 수 있다. 나는 항상 감사함을 잃지 않도록 매일 핸드폰 알람을 설정하기를 좋아한다. 내 친구 브렌든 버처드로부터 배운 작지만 멋진 방법이다. 바쁜 하루를 살다보면 감사함을 잊기도 하고, 좌절감을 느끼기도 하고, 버겁다는 생각도 하고, 짜증이 나기도 하고, 회의적이거나 미소를 잃을 때가 있다. 그래서 하루에 세 번 알람이 울리도록 설정한다. 알람이 울리면 화면에 메모도 같이 뜬다. 이를테면 아침 10시에 알람이 울리면서 메시지가 뜬다. '긍정적으로 생각하자, 열정적으로 임하자, 사랑하자.' 오후 3시에 알람이 울리면서 메시지가 뜬다. '넌 무엇이든 할 수 있어.' 그리고 보통 가족과 함께 집에 있는 시간인 저녁 7시에도 알람이 울리면서 메시지가 뜬다. '넌 정말 축복받았어. 감사하게 생각하자.' 정확히 그 시간에 그 메시지들이 얼마나 큰 효과가 있는지 말로 표현할 수 없을 정도다. 내가 하던 일을 30초간 멈추고 이 세상에 내가 가진 모든 것에 감사한 마음을 갖게 한다. 알람과 메시지는 내가 더 나은 나의 모습으로 돌아오게 만드는 효과가 있다. 이건 덤이다.

만약을 대비해 수중에 돈을 쥐고 있어라

내 말을 믿자. 저축하는 습관을 들여야 한다. 매주 50만 원을 벌든 5억을 벌든 금액은 중요하지 않다. 그러나 버는 돈의 일부를 반드시 저축하자. 세상에는 특정 부류의 사람들이 있다. 자신이 버는 돈보다 더 쓰는 사람들이다. 당신이 아는 사람 중에도 이런 사람들이 한 명쯤 있을 것이다. 만약 그들이 1천 원을 벌면, 그들은 1천 250원을 쓸 것이다.

보통 부모님이나 재무상담사나 배우자에게 저축하라는 말을 여러 번 들었을 것이다. 내가 이야기하려는 저축 습관은 돈보다 자신감과 관련 있다. 저축한 돈이 있으면 자신감에도 영향을 미친다. 어떠한 어려움이 와도 버틸 수 있다고 무의식적으로 생각하기 때문이다. 한 달 동안 운이 안 좋든 석 달 동안 운이 안 좋든, 다리가 부러져서 일을 할 수 없게 되어도 모아둔 여윳돈이 있으면 큰 문제가 안 된다. 당신의 상황이 다시 좋아질 때까지 당신과 당신의 가족이 문제없으리라는 것을 알기 때문에 마음에 변화가 없다.

반면에 저축한 돈이 없다면, 무의식중에라도 앞날을 항상 걱정하게 된다. 그리고 그런 기분은 세상 최악의 기분이다. 자신감을 앗아가고 마음의 불안정을 가져올 뿐이다. 당신은 이렇게 생각하게 된다. '앞으로 두 달간 운이 나쁘다면, 집세를 못 내게 될 거야. 노후를 위해 모아둔 돈도 없고 비상금이 전혀 없어. 무슨 일이 생기면 기댈 곳이 없다고!' 그러므로 소득과 상관없이 인생에서 매주 비상금을 마련하는 습관을 들일 것을 권장한다. 운이 나쁜 주에도 그렇게 하자. 이는 비상금으로 모아두는 돈보다 자신감의 문제다. 앞으로 좋은 결정을 내리는 데 도움이 된다.

'두려운 돈은 돈을 벌어들이지 못한다.'는 말을 들어본 적이 있는가? 나는 이 말이 진실이라고 믿는다. 비자금으로 모아둔 돈이 없다면 의사결정을 내리기가 아주 신중해지게 되고, 안정감을 느끼기 위해 위험을 피하게 된다. 이런 이유로 큰 수익이 날 수 있는 절호의 기회를 놓치게 될 수도 있다. 비상금이 없고 기댈 곳이 없다면 당신은 싫어하는 일자리를 계속 벗어날 수도 없다. 3~4년간 돈을 모아 두면 당신의 상사가 들어와서 참을 수 없는 모욕을 주었을 때 적어도 일을 그만둘 수 있는 선택권이 있다. 그러나 약간의 돈도 없다면 자존심을 누르고 자존감이 깎여가며 모욕을 받아들여야 한다. 일주일에 만 원을 저축하든, 십만 원을 저축하든, 백만 원을 저축하든 금액은 중요하지 않다. 저축은 훗날 돈 이상의 의미가 될 것이다.

더 큰 성공을 위해 자신에게 투자하라

내가 앞서 주장한 내용과 상충될지도 모른다. 그래도 일단 들어보자. 당신은 저축할 수도 있고 자신을 위해 돈을 쓸 수도 있다. 방금 전에 조언한 것처럼 반드시 소득의 일정 부분을 저축해서 미래를 대비할 필요는 있다. 그렇다고 해서 한 푼도 쓰지 않을 수는 없지 않은가? 필요한 경우 돈을 쓰되 자신을 위해 돈을 가치 있게 쓸 수 있도록 현명한 방법을 선택하기만 하면 된다. 나는 돈이 아무리 많아도 자동차 수백 대, 신발 수천 켤레를 갖고 있지는 않다. 왜냐하면 나에게 그것은 낭비이기 때문이다. 그러나 정말 중요하고 가치 있는 것은 나 자신과 가족에게 마음껏 쓴다.

예를 들어 우리 집에서는 유기농 재료만 쓰기 때문에 평균 가구당 나가는 식료품비의 세 배가 든다. 하나를 사도 더 비싸서 매월 식비가 많이 나가지만 가족들의 몸에 화학물질이 쌓이길 원치 않는다. 그리고 가끔은 즐거운 가족 여행을 떠나기도 하고 최고급 호텔에 머무르며 시간을 보내기도 한다. 가족과 훌륭한 식사를 하는 데 있어서는 가격을 따지지 않는다. 이것이 내가 힘들게 일한 것에 대한 보상이고, 앞으로 더 큰 성공을 위해 열심히 달리게 하는 원동력이다. 자신에게 사치하라는 말은 바로 이런 뜻이다. 긍정적인 동기부여를 하고 더 멀리 나아갈 수 있는 힘이 생기게 하는 것들에 돈을 쓰자. 동시에 잊지 못할 추억거리까지 생긴다면 최고로 현명한 지출인 것이다.

대신 이렇게 돈을 써야 할 때 쓰기 위해서는 가치가 없는 소비를 줄여서 저축해둘 필요가 있다. 그러면 언젠가 정말 중요한 일이 있을 때나 열심히 일한 스스로를 위해 보상이 필요할 때 쓸 수 있는 충분한 돈이 마련되어 있을 것이다. 자기 자신을 대접하면 나아갈 수 있는 힘이 생기고, 자신에게 중요한 가치가 무엇인지 명확해지고, 더 나은 삶을 위한 전략을 세우고 결정을 내리도록 스스로를 밀어붙이게 된다.

자기계발을 게을리 하지 마라

나는 배움을 중단한 삶은 죽은 것이나 마찬가지라고 생각한다. 돈을 더 벌고 싶다면, 은퇴 후 돈을 더 갖고 싶다면, 시간을 더 갖고 싶다면, 자유를 더 갖고 싶다면 절대 자기계발을 멈추지 말자. 지식을 쌓으면 인생을 지혜롭게 살아갈 수 있고 그러한 인생 경험은 다음 단계로 나아갈 수 있도록 통찰력과 지침으로 작용할 것이다.

나는 현재 배우는 일에만 연간 1억 원 이상을 쓰고 있다. 이 책을 지금까지 읽었다는 것은 당신도 나와 같은 생각을 하는 사람이라는 것을 말한다. 그렇다면 내가 앞서 말한 나쁜 충고에 대한 이야기를 다시 돌아보자. 무언가를 배우고 누군가의 가르침을 받을 때는 당신이 성취하고 싶은 것을 성공적으로 해낸 사람을 멘토나 코치로 두어야 한다. 요즘에는 인턴십을 해보는 것도 많이 배울 수 있는 계기가 된다. 당신이 바라는 성공으로 향한 길을 가고 있는 사람으로부터 지식과 교훈을 얻자.

주변 사람들에게 웃는 얼굴로 대하라

앞에서 말했다시피 나는 낙천적인 사람이다. 그러나 긍정적이고 친근한 태도를 유지하는 일이 쉽지만은 않다. 우리는 때때로 너무 바쁜 일상에 치여 자신에게 중요하지 않다고 생각하는 사람들을 무시한다. 이를테면 배달 트럭 운전사, 건물 관리인, 레스토랑 종업원에게 그다지 관심을 두지 않는다. 그러나 권력 있는 사람이 걸어오면 친근한 얼굴을 하고서 말을 걸고 관심을 표한다. 맹세컨대 나는 살면서 단 한 번도 종업원에게 나쁘게 대한 적이 없다. 항상 친절하고 예의 바르게 대했다. 10년 전에는 예의 바르기만 한 게 아니라 내가 만나는 모든 사람에게 미소를 짓고 눈을 맞추기로 마음먹었다. 이 결심은 단순히 친절하게 행동하겠다는 것이 아니었다. 긍정적이고 사람을 중시하는 태도를 통해 힘을 얻겠다고 선택한 것이다.

그러나 매 순간 이런 태도를 유지할 수는 없을 것이다. 그렇다고 얻은 것이 있는 사람에게만 잘하는 사람이 되고 싶지도 않을 것이다. 한 번 생각해보자. 다른 사람에게 감사하는 마음을 갖고 짧은 미소를 짓는 데 힘이 얼마나 들까? 별로 많이 들지 않는다. 그러니 매일 모든 이에게 감사하려고 노력하고 가능한 한 짧은 미소를 짓는 정도는 자주 할 수 있지 않을까? 이렇게만 해도 다른 사람의 기분을 좋게 만들면서 당신의 기분도 좋아지고 에너지를 얻게 될 것이다.

나쁜 일에서 좋은 점을 찾아라

하는 일이 잘못 되었을 때 좋은 점을 찾는 습관을 들인다면 당신의 인생이 바뀔 것이다. 많은 사람은 살면서 일이 잘못되면 몇 년 동안 그 생각에 빠져 있다. 하지만 지금부터는 "그 사람이랑 잘 안 된 게 오히려 좋은 일이었어. 인생의 배필을 만났거든." 또는 "그게 말이지. 내 첫 번째 사업이 실패한 게 잘된 일이었어. 그때 실패하면서 많은 걸 배웠고 그 경험으로 다음번 사업을 성공시키는 데 도움이 되었어."라고 말해보자.

당신이 아는 사람 중에 과거에 연인과 헤어진 상처 때문에 더 이상 이성을 사귀지 않으려는 이들이 몇 명이나 있는가? 또는 과거에 창업을 한 번 실패한 이후로 포기한 사람을 아는가? 나는 우리의 인생에 일어나는 모든 일은 우리를 위해서 일어난다고 믿는다. 그리고 그 모든 일에는 배울 점이 있고 좋은 점이 있다. 안 좋은 일에서도 빨리 좋은 점을 찾는 긍정적인 습관을 들일 수 있다면 당신의 인생은 바뀔 것이다.

넘어져도 다시 일어나라

내가 성공할 수 있었던 데에는 여러 가지 이유가 있다. 그중에 가장 좋은 습관은 넘어졌을 때 빨리 일어나는 능력이다. 동료나 직원, 그 누구보다도 빨리 실패를 털고 일어나는 사람이 되는 건 어떨까? 나는 실패에 좌절하지 않고 빨리 회복하는 습관을 스스로 터득했다. 상당히 효과가 있었다. 당신은 일이 잘못되면 얼마나 오랫동안 그 상황에서 벗어나지 못하는가? 머릿속에서 얼마나 오랫동안 그 상황을 생각하고 또 생각하는가? 나는 실패를 성공의 초석이라고 말했다. 감정을 추스르고 그 경험과 함께 앞으로 나아가자. 가장 빨리 실패하는 사람이 해결책도 가장 빨리 찾는다.

문제를 따지지 말고 빠른 해결책을 찾아라

일이 잘못되면 사람들은 원인이 무엇인지, 누구 잘못인지에 집착하며 '하필이면 나야?'라는 생각만 하게 된다. 그런 생각을 한다고 좋아질 게 있는가? 그럴 때는 벌어진 문제를 곱씹지 말고 해결방안을 중심으로 생각하는 훈련을 하자. 세상에서 가장 간단한 예를 들어보자. 우유를 쏟으면 어떻게 하는가? 보통은 '우유 잔이 왜 쓰러졌지? 누가 쏟았지? 바닥에 얼룩 생기는 것 아냐? 냄새나는 거 아냐?' 아니면 '난 항상 왜 이럴까? 지금 바쁜데 이럴 시간이 없어.' 그러나 해결방안을 중심으로 생각하는 사람은 그냥 수건을 가져와서 쏟아진 우유를 닦아내고 컵을 들어 올려 우유를 새로 한 잔 따른다. 자신의 에너지를 현명하게 사용하자. 해결방안을 가지고 빠르게 움직이자. 일이 잘못되면 즉시 이렇게 물어보는 습관을 지니자. '어떻게 해결하면 좋을까? 피해를 줄이려면 지금 어떻게 하면 될까?' 왜 그 일이 일어났는지 또는 누구 탓인지가 뭐가 중요한가? 그보다 문제를 해결하는 데 모든 에너지를 집중하는 습관을 들이자.

일상에서 행복을 찾아라

항상 기분이 좋고, 항상 웃고 다니고, 모든 일에서 좋은 점을 찾으려는 사람들을 보면 나는 꼭 그들과 대화한다. '행복해지기 위해 어떻게 하세요?'라고 먼저 말을 건넨다. 지금쯤이면 눈치 챘겠지만 나는 사람들에게 무엇이 그들을 행복하게 만드는지 물어보는 것을 좋아한다. 때로는 한 줄짜리 짤막한 대답을 듣고 껄껄 웃으면서 지나간다. 어떨 때는 깊이 있는 대답을 듣기도 한다. 당신도 행복한 사람을 보면 말을 걸어 그들이 계속 행복하기 위해 어떻게 노력하는지 알아보자.

　나의 좋은 친구 존은 내가 아는 그 어떤 사람보다도 많이 웃는다. 그는 수백만 달러 가치의 회사를 운영하고 있고, 할 일도 아주 많고, 어린 자녀가 세 명이나 있어서 책임감에 대한 압박을 많이 받고 있다. 그럼에도 불구하고 그는 가장 단순한 것에서도 웃음을 찾는다. 그의 웃음은 전염성이 있다. 내가 그에게 무엇 때문에 행복한지 물었더니 그가 말했다. "나는 내가 이 시대에 태어나서, 이곳에 살고 있고, 현재 내 가족을 만나게 되어 정말 운이 좋다고 매일 생각해." 그가 행복한 이유는 특별히 남다른 이유가 있어서가 아니다. 존은 마법의 행복 버튼을 가지고 있는 것이 아니다. 단지 일상에서 감사하는 마음을 가지며 행복해지는 방법을 찾은 것이다.

행복했던 추억을 떠올려라

10장 행복 습관의 핵심은 행복한 장소나 행복한 생각이다. 우리는 때때로 우울하고 부정적인 기분을 떨쳐버리고, 마음과 정신을 바로잡을 수 있는 빠른 전략이 필요하다. 나의 경우에는 어린 시절 할머니와 함께 있었던 생각을 한다. 할머니는 내 인생에 따뜻하고 편안한 등불이었고, 같이 있으면 할머니가 나를 따뜻하게 감싸 안아주는 듯한 느낌을 받았다. 할머니는 나에게 이탈리아 음식 요리법을 가르쳐주셨고 일요일에 시간을 함께 보내며 최고로 맛있는 이탈리아 음식을 만들어주셨다. 이런 것이 나의 행복이다. 당신도 힘든 하루를 보내고 있다면 행복한 장소를 찾아서 그 장소를 상상하는 습관을 갖자. 우울한 기분에서 벗어나면 다시 건설적인 생각을 또렷하게 할 수 있다.

건강을 위해 운동을 꾸준히 하라

'장수와 번영을' 스타트렉에 나온 이 명대사는 당신의 인생에도 적용해볼 만하다. 몸이 건강하지 않다면 건강한 인생과 건강한 생각을 하기 어려울 것이다. 인도 격언에 따르면 '건강한 사람은 천 가지의 소원이 있지만 병든 사람은 한 가지 소원밖에 없다.'라는 말이 있다. 정말 그렇지 않은가? 이 책은 건강에 관련된 책도 아니고 나는 건강 전문가도 아니다. 그러나 요즘 건강한 라이프 스타일에 관한 정보는 그 어느 때보다도 정말 쉽게 찾을 수 있다. 인터넷에 검색해보자. 그리고 건강을 최적의 상태로 유지할 수 있는 습관을 들이자. 당신이 바라는 부모나 조부모, 리더나 배우자가 될 수 없다면 돈, 성취, 풍요로운 삶이 무슨 소용인가?

오랫동안 건강하게 살려면 운동을 해야 한다. 처음에는 운동 습관을 들이기 어려울 수 있다. 하지만 일단 습관만 들이면 그 효과를 보고 느낄 수 있고, 심지어 운동의 매력에 빠질지도 모른다. 자신의 몸에 맞고 자신이 원하는 체형에 맞는 좋은 운동법을 온라인에서 찾을 수 있다. 당신을 책임져줄 트레이너를 고용해서 일상적으로 도움을 받자. 어떤 방식이 되었든지 반드시 하자.

나는 내가 계속 운동하게 되는 이유를 몇 가지 찾았다. 먼저 아이들에게 모범이 되고 싶다. 아이들이 나를 보면서 운동을 삶의 일부로 생각하길 바란다. 하기 싫은 일처럼 생각하지 않기 바란다. 아이들은 부모의 행동을 따라 하는 것이지 부모가 말만 하는 것을 하지 않는다. 그리고 활동적인 아빠가, 나중에는 활동적인 할아버지가 되고 싶다.

운동을 습관으로 만들 수 있는 몇 가지 방법이 있다. 첫째, 체중 감량이든, 허리 사이즈이든, 5킬로미터 달리기든, 전후 사진 비교든 친구와 피트니스 대결을 하는 것이다. 이렇게 대결을 하면 지속적으로 운동하게 될 확률이 높다. 둘째, 다양한 운동을 혼합해서 하는 것이다. 매일 같은 것만 하지 말자! 산책하고, 달리기하고, 스키를 타고, 수영하고, 자전거를 타고, 웨이트 운동을 하고, 조정을 하고, 테니스를 치고, 단거리 달리기를 하자. 매일 다른 운동을 하는 습관을 들이자.

운동하면 다른 것도 모두 좋아진다. 건강한 음식을 고르고, 술을 자제하게 되고, 숙면을 취하게 된다. 게다가 외모도 보기 좋아진다. 그러니까 오늘부터 운동하는 습관을 기르는 게 어떨까?

혼자 추측하지 말고 함께 알아가라

누군가 당신을 무시하거나 당신에게 무례한 행동을 하면 화가 난다. 물론 겉으로 화를 내지 않고 그냥 넘어갈 수 있다. 그러나 그들을 진심으로 이해하려고 하지는 않고 나쁜 의도만 멋대로 짐작한다. 이렇게 되면 우리는 에너지, 시간, 집중력을 낭비하게 된다. 자신도 모르게 이런 일이 벌어지기도 한다. 우리의 에너지와 시간을 낭비하게 하는 사람들에게서 떨어져 지내야 한다. 누군가 우리에게 잘못하고 있다는 생각에 자신의 시간을 낭비하지 않는 것이 훨씬 좋다.

나는 딸 친구의 아빠와 이런 경험을 한 적이 있다. 그를 볼 때마다 그는 나를 무시하는 것 같았다. '나를 싫어하는 게 분명해.'라고 생각했던 기억이 난다. 그는 결코 나에게 미소를 짓지 않았고, 내가 먼저 몇 번 인사를 했을 때 그는 거의 인사하지 않았다. 그가 거만한 사람이거나 나에 대해 편견이 있다는 확신이 들었다. 그리고 어리석게도 나는 이 문제를 그에게 말하지 않았다. 그러던 어느 날, 그와 함께 앉아서 이야기를 해보기로 했다. 그와 진지하게 대화를 했더니 그 사람에 대해 내가 완전히 잘못 생각했다는 사실을 알게 되었다! 그는 수줍음이 많고 자신감이 약간 부족했던 것이다. 알고 보니 그는 결코 잘난 척하는 사람이 아니라 겸손한 사람이었다. 단지 잘 모르는 사람들과 대화하는 것을 어려워했다.

먼저 상황을 이해해보려고 노력을 하자 내 삶이 바뀌었다. 당신의 기분을 상하게 하는 상황이라면 기분이 나쁘더라도 잠시 멈추고 생각하는 습관을 들이자. 사람들이 왜 그런 행동을 하는지 이해하려 한다면 에너지를 많이 낭비하거나 스트레스 받는 일을 피할 수 있다. 또는 어떠한 상황이라도 우리의 기분에 영향을 미치지 못하게 하겠다고 결심하자. 그러면 쓸데없는 에너지 낭비를 피할 수 있다. 만약 당신의 배우자가 당신에게 거짓말을 한 사실을 알게 된다면, 헬스장에서 누군가 당신을 놀렸다는 걸 알았다면, 누군가 당신을 배신했다면, 잠시 생각을 멈추고 숨을 들이쉬자. 인생에서 기분 나쁜 상황이 벌어진 다음에는 차분하게 숨을 쉬고, 즉각적으로 행동하지 않는다면 스트레스를 낮출 수 있다. 그 사람이 왜 그런 행동을 하는지 이해하려고 노력하자. 그들의 눈을 보면서 그들을 파악해보자. 추측이 꼬리에 꼬리를 물면 가장 많은 에너지를 갉아먹는 원인이 된다. 마음대로 추측하지 않는 습관을 들이자.

함부로 판단하고 단정 짓지 마라

인생에서 가장 큰 변화를 경험했을 때가 언제냐고 사람들이 물어보면, 나는 항상 남을 평가하는 습관을 완전히 버렸을 때라고 말한다. 사람이 완벽할 수 있을까? 아니다, 당연히 완벽할 수 없다. 그렇다면 완벽함에 정말 가까워질 수 있을까? 가까워질 수는 있다!

우리와 상관없는 일 또는 지식이 충분하지 않은 일에 에너지와 시간을 허비하게 된다. 어린 시절 우리 주변에는 남을 재단하는 사람들이 있었다. 청년기 때의 나는 그들에게 물 들었다고 생각한다. 당시 나는 남을 판단하지 않는다고 생각했는데도 말이다. 그리고 어느 날 문득 내가 사람들을 판단하고 있다는 생각이 스쳤다. 사람들이 왜 그런 행동을 하는지 배경은 전혀 모르는 채로 말이다.

우리는 대부분 뚱뚱한 사람들을 보는 즉시 게으르거나, 식단 관리를 전혀 하지 않는 사람이라고 생각한다. 알코올 중독자를 보면 자기 절제력이 없다고 생각하며 술을 그만 마셔야 한다고 생각한다. 불평이 많거나 무례한 사람을 보면 그 사람들은 나쁜 사람들이라고 생각한다. 이런 기본적인 생각이 우리 안에 있다. 그런 판단을 없애면 당신의 마음속에는 새롭게 시도하고 성장할 기회의 문이 열릴 것이다.

잘 알겠지만 나는 베푸는 것을 좋아한다. 그리고 나는 아이들에게 어릴 적부터 이 점을 강조했다. 그래서 아이들이 평생 남을 판단하지 않길 원했다. 지난 5년 동안 크리스마스에 아이들이 선물을 개봉하고 나면 아침마다 하는 일이 있었다. 가족이 다 함께 100달러 지폐를 같이 넣은 도시락을 차에 싣고 피닉스 도심으로 간다. 크리스마스 아침에 거리와 골목을 돌면서 노숙자들을 찾아서 한 사람 한 사람에게 도시락을 전달한다. 그다음 "메리 크리스마스!"라고 말하고 차를 타고 떠난다. 많은 경우 그들은 감동 받아 울거나 '하나님, 감사합니다. 감사합니다.'와 같은 반응을 보인다. 이 봉사는 음식과 돈 이상의 의미가 있다. 노숙자들은 도시락을 통해 누군가의 관심을 받았다고 느낀다. "왜 노숙자에게 돈을 줘요? 그 사람들은 일해야 해요. 그 사람들은 게을러요. 돈을 주면 마약을 사거나 술을 사는데 쓸 거예요."라고 말하는 사람도 있을 것이다. 실제로 일부 그런 경우도 있을 수 있다. 그러나 우리가 무슨 자격으로 남을 판단하는가?

나는 헐벗고, 더럽고, 냄새가 나는 사람들을 피하지 않고 아이들에게 남을 마음대로 판단하지 않는 습관을 길러주고 싶었다. 노숙자 가족이 그들을 쫓아낸 것인지, 그들이 학대를 당한 것인지, 폭력을 당한 것인지, 아무도 모르는 심각한 학습 장애가 있는지 모른다는 사실을 가르쳐야 했다. 노숙자가 지금처럼 노숙자가 된 데에는 백만 가지 이유가 있다고 말이다. 어떤 노숙자는 마약을 할 수도 있고, 술을 마실 수도 있지만, 어쩌면 그 방법이 그들 머릿속의 소음을 잠재울 수 있는 유일한 길일 수도 있다. 우리는 그들이 잘되길 기도할 수 있고, 그들에게 관심을 두고 있다는 사실을 알려주고, 우리가 누리는 축복에 감사한 마음을 가지면 그만이다. 그렇다. 아이들의 삶보다 훨씬 어려운 삶을 살아온 아버지가 아이들에게 들려주는 교훈이다. 이 일이 아이들을 남을 이해하고, 사랑하고, 판단하지 않고, 감사한 마음을 가진 어른으로 키우기 위한 교육일 수도 있다. 그러나 나는 아이들뿐 아니라 나의 인생과 마음속에도 이런 가치들을 다지기 위해 이런 일들을 계속한다. 더 이상 남을 함부로 판단하고 그들이 어떠할 것이라고 단정 짓지 말자.

내가 힘들 때 나보다 더 힘든 사람을 도와라

몇 년 전에 내 친구가 나를 조엘 오스틴에게 소개해주었다. 그를 처음 만났을 때, 그는 예배 참석 차 조엘과 같이 비행기를 타고 휴스턴에 가자며 나를 초대했다. 나는 그때 교회가 생각보다 훨씬 크고 아름다워서 놀랐고, 예배에 참석한 많은 사람들이 미소가 가득한 얼굴로 행복해하는 모습에 또 한 번 놀랐다. 나는 조엘의 아내와 어머니 곁에 앉아서 즐겁게 예배를 드렸다. 조엘이 한 이야기 중 하나는 정말 내 마음과도 통하는 이야기가 있었다. 시간이 꽤 지난 이야기라 내가 기억하는 한 최대한 비슷하게 이야기해보겠다. 조엘은 이렇게 말했다. "여러분 인생에서 정말 나쁜 일들을 생각할 때, 돈, 사랑, 건강, 기쁨이 충분하지 않다는 생각이 들 때, 여러분보다 훨씬 처지가 나쁜 사람을 도와주세요. 부부 사이가 좋지 않다고 생각할 때, 가정폭력을 당해서 도움이 필요한 여성들이 모인 곳으로 가서, 시간과 돈을 기부하세요. 임금 인상 문제로 우울할 때 노숙자 쉼터를 방문해보세요. 우리는 자신의 문제에 대해서 혼자 끙끙 앓고 고통스러워하죠. 기분이 우울할 때 자신보다 못한 사람들을 도우려고 해보세요. 자신의 삶에 감사하는 마음이 커지면서 스트레스가 풀릴 거예요. 이는 모든 사람에게 도움이 되는 일이에요."

도움이 필요한 사람에게 손을 내미는 것도 중요하지만, 이는 자기 자신도 도움을 받을 수 있는 일이라는 사실을 기억하자.

110퍼센트의 노력으로 최선을 다하라

생계를 위해 싫어하는 일을 어쩔 수 없이 하는 사람들을 많이 알고 있다. 그들은 자기가 좋아할 것 같은 일이나 비즈니스를 찾기 위해 최선을 다해 꿈을 꾸고, 희망하고, 노력한다. 그러나 정말 좋아하는 일을 찾기 전까지는 그 일이 싫을지라도 최선을 다하자. 어떤 일을 하는지는

백만장자의 아주 작은 성공 습관

중요하지 않다. 항상 110퍼센트의 노력을 기울이자. 억만장자 존 폴 디조리아는 세탁소 주인이 보지 않는 곳까지 깨끗하게 청소했고, 그때의 경험이 그의 성공 습관을 만들었다는 이야기를 기억하자. 어떤 업무나 일을 좋아하지 않을 수 있지만 그래도 정말 잘해내려고 노력하자. 그 경험을 통해 배운 습관은 값으로 매길 수 없을 테니 말이다.

나는 고등학생 시절부터 몇 년간 아버지와 함께 고장 난 차량을 수리했다. 그 일은 더럽고 냄새나는 일이었으며, 화학물질 때문에 며칠씩 두통에 시달리기도 했다. 내 손톱은 항상 지저분했고, 옷은 형편없었고, 무엇보다도 나는 그 일이 싫었다. 그러나 내가 일하는 모습을 보면 전혀 싫은 일을 하는 사람처럼 보이지 않았다. 가게에 들어오는 사람마다 '세상에, 이 청년은 정말 자기 일을 좋아하는군!'이라고 생각했다. 그들은 내가 매일같이 미소 지으며 최선을 다해 일하는 모습을 봤기 때문이다.

내 첫 번째 부동산 거래는 우리 자동차 수리 센터를 자주 방문하던 손님이 도움을 줬다. 그는 나의 열정을 정말 좋아했다. 어느 날 나는 그에게 내가 진행 중인 어떤 부동산 거래 건에 관해 이야기했다. 자금 조달에 어려움이 있지만 계속 노력 중이라고 말했다. 그는 나의 열정을 보고 8만 달러가 넘는 돈을 빌려주었다. 만일 그가 우리 가게에 들어왔을 때, 내가 형편없고 부정적인 태도를 보였다면 나에게 투자를 했을까? 아마 나와 말도 섞지 않았을 것이다! 맞다. 나는 인생의 다음 단계로 올라설 때까지 주어진 일에 최선을 다하는 습관을 지니고 있었다. 그 결과 인생의 방향이 바뀌었다. 그리고 그 부동산 거래는 백만 달러가 넘는 금액에 이루어졌다. 실제 있었던 이야기다!

　나는 일상이 된 올바른 성공 습관의 힘을 보여주는 나의 사례를 공유할 수 있어서 기쁘다. 그러나 이런 전략과 습관이 나만의 것은 아니다. 세상에서 가장 성공한 사람들의 공통적인 습관이기도 하다.

무일푼으로 세계적인 브랜드를 만든 파산가

하와이에서 열린 마스터마인드 주말 강의에서 9년 전쯤 조시 베코니를 만났다. 당시 그는 꽤 큰 규모의 기업을 운영하고 있었고, 식품영양 업계에서 꽤 잘나가고 있었다. 우리는 만나는 순간 서로 마음이 통했고 즐겁게 대화를 나누었다. 그 후로 친구가 되어 꾸준히 연락하고 지냈다. 언젠가 조시의 회사가 힘든 시기를 겪다가 결국 파산하게 되었다. 약 6년 전쯤에 그를 만나러 비행기를 타고 콜로라도에 있는 그의 오래된 사무실을 방문했던 기억이 난다. 그곳은 마치 유령도시 같았다. 빈 책상이 여기저기 흩어져 있는 것을 보아하니 정말 슬픈 광경이었다. 친구는 애써 담담한 척하려 했지만 나는 그가 슬퍼하는 것을 느낄 수 있었다.

　1년쯤 지나서 조시는 텍사스 오스틴에서 열린 작은 행사에 나를 초대했다. 일종의 그의 재기 무대였다. 그는 비록 다시 시작할 수 있는 돈은 없었지만 과거의 실패를 통해 교훈을 얻었다. 자신의 머릿속에 들어 있는 부정적인 스토리와 내적 의심을 극복하기 위해 많은 시간을 들여 노력했다. 다시 기업가의 세계로 뛰어들 준비가 되어 있었다.

현재 그는 어떻게 되었을까? 세계에서 가장 유명한 건강보조식품 브랜드 중 하나인 바이오 트러스트 뉴트리션(Bio Trust Nutrition)의 창업주이자 CEO가 되었다. 그의 회사는 매출만 수억 달러를 기록하고 있으며 수많은 훌륭한 직원들과 뛰어난 제품을 생산하고 있다. 그중에는 내가 매일 사용하는 제품도 있다.

그에게 무슨 일이 있었던 것일까? 조시는 어떻게 폐업이라는 엄청난 실패를 겪고, 세계적인 브랜드를 시작할 종잣돈도 없이 성공할 수 있었을까? 그의 대답은 "내가 시행착오를 겪으면서 나의 습관을 바꿔야 한다는 사실을 깨달았어."였다.

그동안 그는 기업가, 영양사, 자선사업가로 여러 방면에서 놀라운 성공을 거두었다. 그래서 내가 이 책의 10장을 쓸 때 그에게 전화해 새로운 성공 습관을 알려줄 수 있냐고 물었다. 그는 자신의 인생을 바꾸어준 일상을 공유할 수 있어서 매우 기쁘다며 관련 내용을 녹음해서 보내주었다.

그가 보내준 내용을 전부 다 쓰기에는 공간이 턱없이 부족했다. 그중 맛보기로 일부만 정리했다.

- **조시의 성공 습관**

1 | **자신이 원하는 일의 경험자를 고용하자.**

▶ 내가 바이오 트러스트 뉴트리션을 시작했을 때 처음 터득한 습관이

다. 대부분은 교육을 통해 사람들에게 일을 가르칠 수 있다고 생각한다. 하지만 경험을 대체할 수 있는 것은 아무것도 없다. 특히 "훌륭한 군사를 고용하지 마라. 당신이 훈련을 받아서 그들의 역할을 할 수 있다. 대신 장군을 고용하라. 당신의 역할을 당신보다 더 잘 알고 있다. 그들이 자신 아래에서 일할 군사들을 고용하게 하여라." 라고 조시는 말했다.

2 | 잘 못하는 일은 반드시 잘하는 사람에게 맡기자.

▶ 왜 이것이 중요한 전략인지 조시의 설명을 들어보자. "10년간 나는 내가 소유한 회사에 박혀 있었고, 거의 감옥 같았죠. 내가 모든 일을 했어요. 수익은 높았지만 내 삶은 완전히 불행했죠. 매주 80시간씩 일을 했어요. 내가 수익의 일부를 사용해서 사람을 더 많이 고용하고 일을 맡길 수도 있었어요. 그런데 나는 모든 일을 내가 하지 않으면 제대로 일이 안 될 것이라고 생각했어요. 회사가 처음 문을 닫자 문제가 무엇이고, 미래에 어떻게 제대로 할 수 있을지 생각할 시간이 생겼어요. 그때 이것부터 바뀌어야 한다는 걸 알았죠. 그래서 바이오 트러스트를 처음 시작했을 때, 내 능력이 없는 분야는 처음부터 전부 다른 사람에게 위임했어요. 그러자 눈앞에서 마법이 펼쳐지기 시작했어요. 전보다 더 행복해지니까 더 크게 성공하게 되었죠. 못하던 회계 업무와 HTML 프로그래밍 등 과거에 시도했던 모든 것들을 이제는 직접 하지 않아요. 각각의 일을 더 잘하는 사람들에게 맡겼어요.

적임자를 고용하고, 회사를 위한 큰 비전을 만들고, 좋은 팀을 꾸려서 나만의 고유한 능력에만 집중하니, 최대한의 효과를 발휘할 수 있었어요. 그리고 마침내 내 사업과 개인적인 영역까지 삶 전체가 다음 단계로 올라섰죠."

3 │ 당신이 건강을 위해 음식을 섭취하듯이 매일 동기부여를 위한 일을 하자.

▶ 매일 자신에게 지금 하는 일을 왜 하고 있는지 상기시키기 위해 의식적으로 무언가를 해야 한다는 뜻이다. 이 습관을 어떻게 적용하는지 조시가 설명한다. "때로는 제가 직접 영감을 주는 오디오를 만들어요. 글을 읽을 때도 있죠. 때로는 토니 로빈스 또는 영감을 주는 다른 리더들의 이야기를 들어요. 매일 긍정의 에너지와 긍정적인 정보를 머릿속에 주입해요. 그리고 내 목표가 무엇인지 다시 되새기죠.

인생이 가끔 힘들 수 있어요. 아무도 그런 고난에서 완전히 벗어날 수는 없어요. 성공한 사람에게도 고난은 평등하게 찾아오죠. 힘든 순간에 당신은 잘못한 부분에 집중하겠다고 마음을 먹을 수 있어요. 아니면 매일 동기부여 받아서 당신의 생각을 더 나은 자신을 만드는 데 집중할 수 있어요. 둘 중 하나를 선택한다면 왜 더 많은 것을 원하는지, 어떻게 하면 목표에 도달할지에 대해 긍정적인 생각을 하는 편이 좋아요."

나는 조시가 습관을 바꾸어서 어떻게 재기에 성공할 수 있었고, 정말 풍요롭고 영감을 주는 사업과 인생을 만드는지 멀리서 지켜본 산증인이다. 조시는 실패를 했고, 다른 사람에게 실망감을 안겨주었다고 느꼈고, 자신이 훌륭하지 못하다고 생각했다. 그의 감정이 당신과 내가 지금까지 느껴온 또는 현재 느끼는 감정과 다른가? 아니다. 그러나 어떤 사람들은 절망의 장소를 벗어나지 않고 계속 머물려고 하며, 같은 일상을 반복하며, 매일, 매년 같은 패턴을 반복하려 한다. 안타깝게도 인생은 어느 날 갑자기 우연한 기회에 놀라운 인생으로 바뀌지 않는다. 놀라운 인생을 만들겠다고 당신이 결심해야 한다. 조시는 자신이 원하는 것을 알고, 실패의 늪에서 헤어나왔고, 자신의 실수에서 교훈을 얻고, 자신의 습관을 바꾸어, 마침내 놀라운 결과를 성취한 좋은 예다.

4 │ 단 한 가지에만 열정을 쏟아붓자.

▶ 이것이 내가 진심으로 믿는 성공 전략이다. 조시가 설명한 것을 진지하게 들었다면 당신도 믿을 것이라고 생각한다.

"나는 일종의 주의력결핍증(ADD)이었기 때문에 한 가지만 한다는 규칙을 세웠어요. 그것만 아니었다면 아마 백 가지의 사업을 시작했을 거예요. 다른 것에 집중하지 않고 하나에 강제로 집중하기(나는 이렇게 부른다) 때문에 나에게는 특별한 능력이 있어요. 일이 제대로 흘러가고 있는지 결실을 맺을 수 있는지 성공 여부를 판단할 수 있어요. 기업가들이 여기저기 문어발식으로 사업을 벌여서 백 가지의 프로젝트를 진행하다가 결국 하나도 성공하지 못하는 이유죠."

조시의 성공 습관과 앞서 내가 설명한 성공 습관들을 그대로 사용해도 좋다. 아니면 이 습관들을 자신에게 맞게 변형해서 자신만의 성공 습관을 만들어보자. 작지만 영향력 있는 습관을 지금 당장 인생의 습관으로 만들 수 있다. 앞에서도 말했지만, 당신의 일상에 습관을 새롭게 추가하는 것이 아니라 당신의 미래에 도움이 되지 않는 현재 습관을 바꾸면 된다. 하루에 하나씩 우리의 습관을 바꾸기 위해 노력하면 인생은 절대 예전과 같지 않을 것이다.

변화는
이미 시작되었다

11장

'말이 쉽지' 또는 '불가능해'라는 생각이 들면,
당장 그 일을 한다.
스스로에게 그 일이 가능하다는 것을 보여줌으로써
두려움을 극복할 수 있는 방법이다.

-딘 그라지오시

원하는 것이 모두 이루어지는 90일이 주어진다면

준비는 생각으로, 출발은 행동으로

당신은 세상에서 가장 잘 살고 가장 많은 것들을 이룬 사람들의 성공 습관을 배웠다. 이제는 당신이 높은 곳을 향해 나아갈 시간이다. 그동안 꿈꿔온 부, 훌륭한 직업, 승승장구하는 사업, 행복한 부부관계 등 모든 것을 가질 수 있다. 더는 상상에 그칠 필요가 없다. 당신의 현실이 될 수 있다. 무엇을 망설이는가?

많은 사람들이 그러했듯 당신도 이 책을 읽고 가능한 것들을 꿈꾸기 시작했을 것이다. 그리고 이제 어디로 나아갈 수 있을지 살짝 보았다. 가능하다면 명확하고 강력한 비전까지 세웠을 것이다.

자신의 생각을 내면의 악마가 파괴하게 내버려 두지 않는다면, 자신을 속박하는 스토리에서 무한한 가능성이 있는 스토리로 바꾼다면, 긍정적인 모든 것들을 받아들일 수 있다. 당신은 이러한 변화가 자신의 인생에 어떤 영향을 미치는지 그려볼 수 있다. 당신이 지금껏 들은 이야기들은 인생을 변화시킨 사람들의 이야기들이었다. 이제 곧 당신의 이야기가 될 것이다. '이 사람이 할 수 있다면 당연히 나도 할 수 있어!'

라는 생각을 가지자.

왜 항상 시작하기가 어려울까? 인생에서 변화를 만든다는 생각이 너무 두렵기 때문이다. 여러분의 무의식은 안전한 공간을 찾았고 그곳을 벗어나고 싶어 하지 않는다. 그러나 안전하다고 해서 행복하거나, 성취했거나, 경제적으로 부유한 것은 아니다. 안전한 공간은 무의식에서만 존재한다. 반면 의식의 세계에서는 많은 일이 일어나고 있다. 청구서도 내야 하고, 일도 해야 하고, 하기 싫은 일들도 처리해야 한다. 성공 습관을 인생의 일부분으로 만들고 싶다면 행동해야 한다. 할 일을 하자.

나도 생각과 행동 사이에 갇혀본 적이 있다. 좋은 소식은 나는 빠져나가는 길을 안다는 점이다. 지금 그 길을 여러분과 공유하려고 한다. 이 책은 단지 좋은 영감을 얻기 위한 책이 아니라 행동으로 이어질 수 있는 성공 로드맵이 될 것이다.

90일간의 경주

자신의 의지만으로 또는 격려의 말을 통해 자신을 바꾸려고 시도한 적이 있는가? 그 방법은 한동안은 효과가 있지만 그것만으로는 충분하지 않다. 한번에 하나씩 작은 단계에 집중하고 지금 할 수 있는 일에 집중해야 한다. 그러면 당신이 상상하는 변화를 느끼게 될 것이다. 그때 확실한 동기부여가 될 것이다. 이 방법을 통해 행동으로 옮겨보자.

당신이 할 수 있는 짧고 작은 연습 방법을 설명하겠다. 나는 당신이 90일 동안 어떠한 일이든 지속할 수 있다고 확신한다. 90일은 여러분의 인생에서 아주 짧은 시간이다. 결과를 확인할 수 있는 일종의 시험 기간으로 생각하면 된다. 만족스러운 결과를 한번 경험하고 나면 보람을 느끼게 되어 다시 도전하는 중독성이 생긴다. 그러니까 일단 90일로 좁혀보자. 나는 이것을 '단거리 달리기'라 부른다. 앞으로 12개월, 그리고 12년이 어떤 모습으로 바뀔지 당신의 인생을 그리는 데 아주 중요한 과정이 될 것이다. 지금 변화의 의지를 다지기 위해서 단거리 경주가 필요하다. 당신이 해야 할 일의 목록을 한번에 하나씩 할 수 있는 크기로 작게 나누어보자.

지금으로부터 90일이 지났다고 상상해보자. 인생에 놀라운 변화가 생겼다. 1장에서 내가 말한 최고의 1년 프로세스를 따르자. 앞으로 펼쳐질 90일이 당신의 인생에서 최고의 90일이 될 것이라 가정하자. 어떤 모습인가? 무엇을 허락했고 무엇을 거절했는가? 월급이 인상되었는가? 일을 그만두었는가? 당신의 새 회사의 이름을 등록하고, 첫 직원을 고용했는가? 마케팅 활동을 시작했거나 CFO를 고용했는가? 당신에게 인생 최고의 90일은 어떤 모습인가?

인생 최고의 90일을 자신의 소득이나 경력에 집중할 수도 있지만 인생의 다른 분야에도 적용할 수 있다. 단거리 달리기 방법을 더 명확하게 설명하기 위해 앞으로 90일이 지난 시점에서 그동안의 90일을 회상한다고 생각하면서 다음 질문에 답하자.

- 지난 90일 동안 정확히 어떤 일들이 있었는가? 당신의 직장, 사업, 관계, 커뮤니티에서 무엇이 바뀌었나?

- 당신의 삶에 어떤 성공 습관을 적용했나? 당신에게 도움이 안 되는 어떤 습관을 바꾸었나?
- 새로운 성공 습관을 어떻게 삶에 적용했는가? 어떤 행동을 취했나? 이러한 변화를 만들기 위해 무엇을 말하고 어떻게 행동했는가?
- 모든 긍정적인 변화와 성과에 대해 어떻게 느끼는가? 현재 자신감은 어느 정도인가? 행복도는 어느 정도인가? 당신이 거울을 들여다봤을 때 어떤 모습이 보이는가?
- 누구와 시간을 더 많이 보내고 누구와 시간을 더 적게 보내는가?
- 당신의 마음 상태는 어떠한가? 무엇에 감사하는가?

미래에 가서 과거를 돌려본다고 상상하자. 그런 다음 펜이나 컴퓨터의 키패드를 사용해 이 가상 시나리오를 현실로 만들기 위해서 당신이 해야 할 구체적인 행동들을 적어보자.

지금은 이 단계가 향후 90일만을 위한 것이라는 점을 기억하자. 당신의 최종 목표를 달성하기 위해 만들어진 것이 아니다. 당신이 올바른 방향으로 나아갈 수 있도록 잠시 도와줄 뿐이다. 멋진 일을 하기 위해서, 승진하기 위해서, 또는 창업에 성공하기 위해서 무엇이 필요한지 생각해보자. 무엇이 당신을 올바른 방향으로 나아가게 할까? 이 질문에 답해보자. 그러면 당신이 원하는 곳에 도달하기 위한 지도와 이동 수단을 갖게 되는 것이다.

여기에 90일 단거리 달리기를 실현하기 위해 지켜야 할 것이 있다. 너무 바쁜 일은 그만하고 일상 활동의 50퍼센트 이상을 당신의 90일 목표를 달성하기 위한 과정에 집중하자. 그렇다. 이렇게 아주 간단하다. 다음 예시에서 볼 수 있듯이 이제는 러닝머신에서 내려와 성공의 사다리를 오르자.

부동산 거물이 된 어느 기계 정비공

매트 라슨(Matt Larson)은 20대 초반에 우울증에 시달리면서 기계 수리 센터에서 일했다. 성실하게 일하고 똑똑했지만 돈을 많이 벌지는 못했다. 그는 어느 날 자신보다 월급을 겨우 10퍼센트 더 받는 70대의 동료를 발견했다. 그 노인이 자신의 미래처럼 보였다.

그는 내 책을 한 권 읽고 영감을 얻어 부동산에 투자하기로 했다. 매트는 친구들과 가족들 그리고 여자친구의 비난을 받았지만 자신의 결정을 밀고 나갔다. 여자친구는 매트에게 허황된 꿈을 꾼다고 말하면서 그와 헤어졌다. 많은 기업가들처럼 힘겹고 버거울 때도 있었지만 그는 끝까지 대세를 거스르고 자신의 직감을 따랐다.

나는 그를 만나 개인 멘토링을 했다. 그리고 그에게 90일 단거리 달리기처럼 내가 당신에게 공유한 내용을 똑같이 가르쳤다. 나는 그에게 그가 너무 많은 것을 너무 짧은 기간에 하려고 한다고 말했다. 그렇게 하면 힘에 부쳐서 예전의 일상으로 돌아갈 위험이 있다고 지적했다. 나는 그에게 지금으로부터 90일이 지났고 지난 90일은 매트의 인생에서 최고의 시간이었다고 가정했다. 그리고 어떤 것들이 보이는지 물었다.

매트는 한 달에 다섯 건의 부동산 거래를 성사시키고 매달 7만 달러

(약 8천 3백만 원)씩 벌고 있다고 대답했다. 자신감이 생겼고 이제는 불안하지 않다고 말했다. 청구서는 제때 내서 더 이상 걱정하지 않는다고 덧붙였고, 부모님이 은퇴하실 수 있도록 도왔다고 말했다. 나이 드신 부모님이 계속 일하는 것이 그에게 걱정거리였다. 질문에 답을 마친 그는 이렇게 덧붙였다. "친구들에게 내가 이 정도로 똑똑하다는 걸 보여주고 싶어요. 거울을 보면서 나의 운명을 내가 통제하고 있다는 것을 알고 싶어요." 그래서 내가 말했다. "좋아요. 그럼 이제 소원을 현실로 만들려면 어떻게 하면 될까요?"

그는 많은 시간을 나쁜 일과로 소모시키고 있었다. 그래서 그가 작성한 할 일 목록 중 한 가지가 돈을 버는 것과 상관없는 모든 일을 대신 처리해줄 개인 비서를 고용하는 것이었다. 그는 또한 자신이 건강하다고 느낄 수 있고 그 날을 버텨낼 에너지를 갖기 위해 아침에 한 시간 일찍 일어나 헬스장에서 운동한다고 적었다.

그는 스트레스 받았을 때 칵테일을 마시지 않고, 그의 삶에 부정적인 사람들은 피하겠다고 결심했다. 개인 비서를 고용하려고 결심했기 때문에 남는 시간에는 인스타그램 DM(Direct Message), 페이스북, 미국 최대 중고 거래 사이트 크레이그리스트(Craigslist)를 사용해 부동산 고객들을 대상으로 독특한 마케팅 전략을 수립한다고 적었다.

매트는 90일 단거리 달리기 동안 자신이 계획한 활동에 시간을 집중했다. 특히, 몸만 바쁘게 하고 시간만 잡아먹는 모든 것들을 무시했다. 90일 프로젝트가 끝났을 때, 그는 자신이 세운 목표를 모두 달성했다. 부모님은 은퇴했고, 그가 세운 야심 찬 계획보다 더 많은 거래를 성사시켰다. 또한 뛰어난 개인 비서를 찾아 회사 관리를 맡겼다.

매트는 그 이후 3천 건 이상의 부동산 거래를 성사시켰고, 그는 내가 알고 있는 가장 대단한 부동산 투자자 중 한 명이 되었다. 그는 자신의 계획에 대한 사람들의 부정적인 반응 때문에 인생을 바꾸기 어렵다는 생각에 압도되어서 아무런 시도도 하지 않고 손 놓고 있을 수도 있었다. 그의 가족 중에 돈을 벌거나, 대학에 가거나, 집을 소유한 사람은 없었다. 그럼에도 불구하고 성공적으로 해낼 수 있었던 것은 자신이 원하는 길로 나서기 전에 90일 단거리 달리기 프로젝트라는 실현 가능한 단기 프로세스를 거쳤기 때문이다.

타이거 우즈가
전설적인 선수가 되기 위해 한 일

'딘은 저를 몰라서 하는 말이에요. 나는 매트처럼 특별하지 않아요. 다른 사람은 될지 몰라도 나 같은 사람도 할 수 있을지 모르겠어요.'라고 생각할지도 모르겠다. 당신에게는 믿기 힘든 잠재력이 있다. 당신을 한 번도 만난 적 없이 이 책을 쓰고 있지만 경험을 통해 나는 확실히 안다. 모든 사람은 커다란 성공으로 이어질 수 있는 인생에서 작은 변화를 만들어낼 능력이 있다. 그렇다면 문제는 이것이다. 과연 우리는 자신의 잠재력을 깨달을 수 있을까?

나는 당신이 깨닫게 될 것이라고 믿는다. 그러기 위해서는 먼저 사람들 대부분이 가진 가장 큰 환상을 뛰어넘어야 한다. 우리는 성공을 향한 길을 만드는 다른 사람에게는 특별한 재능과 장점이 있다고 생각한다. 물론 정말 키가 커서 농구 경기를 할 때 이점이 있는 사람들이 있다. 그리고 우리는 오랜 시간이 걸려도 못 푸는 복잡한 계산을 태어날 때부터 수학을 잘하는 사람들은 몇 분 만에 뚝딱 풀어버린다.

우리는 '재능'이라는 말과 '운'이라는 말을 자주 듣는다. 그러나 선천적으로 뛰어난 사람들과 자신의 잠재력을 완전히 발휘해 다음 단계로 올라간 사람들에 대해 조사를 해보면, 두 가지 중요한 공통점을 발견한다. 그들은 자기 자신과 자신의 비전을 믿으며 열심히 연습한다. 그저 재능이 있기를 바라면서 방관자처럼 서 있지 않고 원하는 결과를 얻기 위해 끈기를 갖고 노력했다.

타이거 우즈가 전성기였던 시절 골프 역사상 그보다 뛰어난 경기를 펼친 선수는 아무도 없었다. 타이거 우즈는 재능을 타고난 운동선수일 뿐인가? 그저 운이 좋았던 것인가? 그렇지 않다. 그의 성공은 그가 다섯 살 때부터 매일 연습했기 때문이다. 많은 NFL 선수들이 훈련캠프를 가기 전 여름휴가를 떠날 때, 페이턴 매닝은 여러 시즌 동안 집에서 경기 테이프를 보면서 연습했다.

끊임없는 연습은 부와 번영을 창출한 모든 사람의 공통점이다. 그들이 특별하거나 재능이 있거나 운이 좋아서 성공했을까? 아니면 팔을 걷어붙이고 열심히 노력하고 올바르게 행동했기 때문에 성공한 것일까?

이 얘기를 왜 하는지 아는가? 내가 알려준 성공 습관은 노력하지 않으면 소용없기 때문이다. 성공 습관으로 성공한 사람은 끈기를 보여주었다. 난관에 부닥쳐도 도전하고 또 도전하고 계속해서 반복한다. 하지만 그렇지 못한 사람은 늘 생각만 한다는 것이 둘의 차이다. 나에게 끈기란 끝까지 놓지 않고 하는 것을 말한다. 집요하게 원하는 것을 얻게 될 때까지 필요 이상의 노력을 쏟겠다는 의지다.

당신은 얼마나 열렬히 인생의 다음 단계로 나아가고 싶은가? 더 많이 갖고 싶은데 아직 이루지 못했다는 생각에 우울한가? 당신은 현재에 단 하루도 안주할 필요 없다. 지금까지 실현되지 않은 잠재력에 대해 불안해하거나 화를 낼 필요가 없다. 당신이 원하고 충분히 가질 권리가 있는 모든 것을 가질 수 있다. 그러나 잠재력을 발휘하려면, 부정적인 말을 하는 사람들에게 굴복해서는 안 된다. 소망한다고 해서 그냥 일어나지는 않는다. 나이키의 광고 문구 '저스트 두 잇(Just do it)!' 처럼 행동할 때 비로소 내 것이 될 수 있다.

당신의 꿈을 응원하지 않는 사람들에 맞서라

가장 크게 성공한 사람들은 아무도 그들을 믿지 않을 때도 난관을 극복해냈다. 그들은 성공 습관을 실천하는 데 필요한 일을 꾸준히 한다. 계획한 대로 안 되더라도 결코 낙담하거나 포기하지 않는다. 크게 성장한 기업가들은 파산까지는 아니지만 어느 순간 실패의 문턱에 있었던 경험이 있다. 그리고 대부분의 창업주는 그들의 아이디어가 실패할 것이라는 이야기를 들었다.

성공한 사람들은 비평을 무시하는 습관을 갖고 있다. 비평가들은 남을 판단하는 유형의 사람들이자 자신들의 꿈을 포기하는 회의주의자들이다. 그들은 신랄해서 다른 사람에게 왜 할 수 없는지, 왜 가질 수 없는지, 왜 아무것도 될 수 없는지 말한다. 만일 당신이 더 풍요로운 삶을 원한다면 누구보다 자기 자신을 믿어야만 한다. 용기나 지지를 받기 위해 다른 사람에게 의존해서는 안 된다. 너무 가혹하게 들릴지라도 그것이 삶의 자유를 얻을 수 있는 당신의 길이다. 그들을 넘어서면 자신을 지지하는 새로운 부류의 사람들을 만날 수 있다.

주변에서 부정적인 말을 하는 사람들을 싫어하라는 말을 하는 것이 아니다. 당신이 할 수 없다고 주장하는 동료들에 맞서야 한다는 것이다. 그들은 당신의 능력 때문이 아니라 자신들의 판단력으로 당신이 성공할 수 없다고 말한다. 그들은 당신의 친구, 가족, 직장 동료이거나 혹은 낯선 사람들일 수 있다. '말씀은 고마운데요, 어떤 일을 할 수 없다고 저한테 말하지 마세요.'라고 동료에게 맞서서 이야기해야 한다. 마음만 먹으면 어떤 일이라도 할 수 있다는 자신에 대한 믿음의 끈을 놓지 말자. 1장에서 말한 것처럼 자신의 인생에서 삶의 진정한 이유를 찾자. 중간에 어떠한 장애물이 생겨나도, 누군가 멍청한 짓이라고 말해도 목표를 버리지 말자. 자신이 가고 싶은 목적지를 알면 다른 사람들이 어떤 말을 해도 그곳에 도달하기 위해 모든 것을 해야 한다.

어쩌면 주변 사람들이 하는 것과 반대로 해야 할 수도 있다. 그들이 하는 것을 계속해서 하면 당신은 그들이 원하는 결과를 얻게 될 것이다. 그들의 삶이 당신이 바라고 누려야 할 삶이 아니라면 당신은 그들과 반대로 행동해야 한다. 자신을 동료와 차별화시켜야 한다.

1만 시간 법칙의 함정

잘하고 있던 운동 기술을 바꾼 선수

역사상 최고의 농구 선수 마이클 조던은 이런 말을 한 적이 있다. "하루에 8시간씩 공을 던지는 연습을 할 수 있지만, 테크닉이 틀렸다면 결국 잘못된 방식으로 공을 던지는 데 완벽해진다. 대신 기본에 충실하면 당신이 하는 모든 것에서 잘하게 된다."

인내와 끈기의 가치, 자신의 일부가 될 때까지 새로운 기술을 연습하고 사용하는 것의 가치에 대해 많이 이야기했다. 내가 강조했듯이, 내가 알고 있는 메가톤급으로 성공한 사람 중 일부는 불굴의 의지로 성공을 거두었다. 그들은 성공 습관이 DNA의 일부가 될 때까지 사용하고 또 사용했다. 단, 마이클 조던이 말한 것처럼 반드시 올바른 것들을 연습해야 의미가 있다.

일곱 살짜리 내 아들은 세 살 때부터 야구를 했다. 체구는 작지만 정말 잘하는 야구선수이다. 직전 시즌에는 스물아홉 번 중 스물다섯 번의 공을 쳤고, 필드에서 공을 거의 놓치지 않는다. 동생이 발전하고 칭찬을 듣는 것을 보면서 내 딸 브레나는 소프트볼을 하겠다고 결심했다. 1년 반 전에 팀에 들어갔을 때는 소프트볼 경기에 대해 전혀 몰랐다. 그렇지만 팀에 합류해서 연습하면서 정말 열정적인 첫해를 보냈다. 두 번째 해에는 코치가 피칭을 하지 않고 아이들이 피칭을 했다. 여자아이들의 소프트볼 경기를 본 적이 없다면 피칭 동작이 얼마나 복잡한지 모를 것이다. 와인드업, 푸쉬오프, 힙에서 볼을 던지기까지 매우 복잡하다. 두 번째 시즌에서 3번째 경기를 치르던 브레나가 말했다. "우리 팀에 정말 잘하는 투수가 한 명도 없어요." 그 때문에 경기가 지루해졌다. 그 나이에 여자아이들이 스트라이크를 던질 수 없다면, 팀은 파이브 런 룰(five run rule)을 적용한 다음 이닝으로 진출한다. 어떨 때는 페인트가 마르기를 기다리거나 풀밭이 자라기를 기다리는 것 같은 느낌이다.

경기가 재미없어지는 것을 막기 위해서인지, 주목받고 싶어서인지는 몰라도 딸아이가 말했다. "아빠, 저 투수하고 싶어요." 딸아이는 전에도 피칭을 한 적이 없다는 점을 기억하자. "그걸 할 수 있는 한 가지 방법은 네가 정말 하고 싶다는 것을 나한테 증명하면 돼. 네가 열심히 연습하는 모습이랑 끈기를 보여주면 돼."라고 나는 말했다. 우리는 유튜브 영상을 보며 피칭의 올바른 포맷과 형태를 배웠다. 우리 집 뒤뜰에 플레이트를 설치했다. 그곳에서 딸은 매일 나와 같이 피칭 연습을 했다.

마침내 내가 다른 코치에게 "브레나가 2이닝을 할 준비가 된 것 같은데요."라고 말할 정도가 되었다. 경기 중에 우리 쪽 타자가 제대로 못하는 일이 벌어졌다. 그래서 딸이 투입되었고 브레나가 첫 번째 투수가 친 공을 스트라이크 아웃시켰다. 그 경기에서 브레나는 놀라울 정도로 잘했고 브레나의 팀이 경기에서 이겼다. 그 이후로 이어서 몇 경기도 잘했다.

그러나 유튜브 교육 영상에서 보지 못한 몇 가지 이상한 습관을 브레나가 가지고 있음을 눈치 챘다. 그래서 나는 코치를 고용했다. 그는 브레나의 흐름을 바꾸었다. 브레나가 볼을 쥐는 방식과 스텝을 바꾸었다.

아마 당신은 이런 생각을 할 것이다. '잘하고 있는데 왜 바꿔?' 그 질문은 좋은 질문이다! 내가 고용한 코치의 설명에 따르면, 브레나의 방법으로 브레나가 몇 번 스트라이크를 칠 수 있지만 잘하는 아홉 살 투수 이상의 수준을 넘어설 수 없기 때문이다.

그는 브레나가 그런 투수 방식을 가진 열두 살 선수가 되면 반드시 완패한다고 설명했다. 브레나는 투수 방식을 바꾸는 데 좌절감이 들었지만 열심히 연습했고 이왕 할 것이라면 제대로 하는 게 좋았다. 나는 딸을 응원했다. 그런데 브레나가 새로운 방법으로 피칭을 한 다음 경기에서 무슨 일이 벌어졌는지 아는가? 지금까지 한 경기 중 최악의 경기를 펼쳤다. 바른 폼으로 피칭을 했지만 스트라이크조차 던지지 못했다. 경기가 끝나고 나서 브레나는 울었다. 그리고 피칭 스타일을 바꾸게 한 나를 원망했다.

나는 브레나에게 말했다. "네가 잘못된 방식으로 연습해도 여전히 문제가 안 될 수 있어. 하지만 올바른 방식으로 연습해야지만 너의 완전한 잠재력에 도달할 수 있어." 그렇다. 아홉 살짜리 여자아이가 이 진실을 받아들이기 쉽지 않다(당신은 쉽게 받아들이길 바란다). 하지만 브레나가 잘못된 방식을 연습하는 데 시간과 노력 그리고 에너지를 쏟아 붓게 내버려 뒀다면 나중에 잘못된 습관을 버리는 데 더 많은 시간이 걸렸을 것이다. 마침내 브레나는 올바르게 연습해야 하는 이유를 이해했다. 이제는 매일 올바른 자세로 연습하고 있다. 그리고 자신이 원하는 모든 레벨에서 경쟁할 수 있는 투수의 일상적인 흐름에 젖어들고 있다.

기억하자. 과거에 무언가를 성취하는 데 도움이 되었던 습관이 지금은 도움이 안 될 수 있다. 내 딸아이의 경기를 바꾼 것처럼 내 코칭을 통해 당신의 경기가 바뀌길 바란다. 당신이 새로운 성공 습관을 사용하기 시작하면 과거의 습관과 새로운 습관의 차이를 보게 될 것이다. 마치 불편한 골프 스윙처럼 처음에는 새로운 습관이 불편하게 느껴질 수 있다. 그러나 당신이 경험하는 불편함에서 벗어나 여생이 점차 풍요와 즐거움, 부유함으로 가득하게 될 것이다.

일상의 변화와 끈기로 완성되는 습관

말콤 글래드웰(Malcolm Gladwell)은 '1만 시간을 들이지 않고는 아무 것도 숙달할 수 없다.'라는 유명한 글을 썼다. 이것은 진정한 숙련을 의미한다. 그러나 이것을 돌려서 질문을 해보자. 당신은 10년간 어떤 것을 숙련했는가? 어쩌면 자기 불안감을 숙련했을 수 있다. 후회하기 또는 자신 앞에 놓인 기회를 이용하지 못하는 걸 숙련했을 수 있다. 안전하게 안주하는 법을 숙련했고, 새로운 것을 시도하지 않는 법을 숙련했고, 다른 사람들에게 지시하지만 그들의 생각을 듣지 않는 습관을 숙련했을 수 있다.

무엇이 되었든 자신을 제약하는 어떠한 습관들을 숙련했는지는 중요하지 않다. 우리는 모두 이미 그렇게 해왔다. 그러나 운 좋게도 이 습관들을 없애기 위해 변화하는 데 10년이 걸리지는 않을 것이다. 행동력과 약간의 끈기만 있으면 된다. 나는 토니 로빈스의 말을 좋아한다. "사람들은 자신이 1년 안에 할 수 있는 일을 과대평가 한다. 그러나 5년 안에 할 수 있는 일은 과소평가 한다. 변화하려면 5년이 걸린다는 말을 하는 것이 아니다. 내일 눈을 뜨자마자 성공 습관을 시작해야 한다는 것이다. 침대에서 일어나 하루를 시작하는 순간 인생의 경로를 하루에 조금씩이라도 바꿀 수 있는 습관을 적용하자."

조금씩 조금씩 더해져서 나중에는 당신에게 도움이 되지 않는 것들로부터 멀어지고, 당신이 바라는 목적과 목표에 더 가까워질 것이다. 다시 말하지만, 이 성공 습관들은 마법의 돈 자판기가 아니다. 버튼을 누르면 돈이 쏟아져 나오지 않는다. 그러나 이 성공 습관들을 적용하고, 변화를 정착시켜서, 끈기를 가지고 연습하면 세상에 존재하는 돈 자판기에 가장 근접한 것을 얻게 될 것이다.

처음에 습관을 바꾸면 새로운 행동이 이상하게 보일 수 있다. 그럴 때 머릿속에서 이 말을 기억하자. "내 동료들에게 보여 주려고 하는 게 아니야. 이게 내 길이고 내 운명이라서 하는 거야." 이미 입증된 성공 습관을 실천할 때마다 불편한 느낌이 점점 더 사라지면서 점차 더 익숙하게 느껴지고 곧이어 무의식적인 습관으로 자리 잡을 것이다.

30일 도전으로 워밍업하기

당신은 더 많은 것을 원하고 목적을 달성하기 위해 더 많은 시간을 투자할 의지가 있다는 것을 안다. 그 증거가 이 책의 마지막 장까지 읽었다는 것이다. 책을 끝까지 읽는다는 것은 당신의 미래에 대해 많은 것을 말해준다. 당신은 포기하는 부류의 사람이 아니다.

나는 당신에게 생각하고 행동할 많은 것을 제시했다. 그러나 때로는 여러분이 이 책에서 얻어가야 할 '한 가지'가 필요하다. 이것이 모든 차이를 낳는다. 인생에서 수많은 변화를 겪기까지 단 한 번의 변화가 필요했다. 오늘의 미세한 방향 수정은 내일, 그리고 일 년 뒤, 그리고 십 년 뒤에 큰 차이를 낳는다.

그러니 지금, 그 변화를 시작할 일을 하기 바란다. 그리고 과거의 습관과 현재의 상태로 되돌아가지 않길 바란다. 나는 사람들이 새로운 경로를 탐색하여 바꾸고 지속시킬 수 있는 최고의 방법을 연구하는 데 수많은 날을 보냈다. 그중 한 가지 방법이 90일 단거리 달리기다. 이 방법은 변화라는 크고 무거운 일을 없애고 매일 하나씩 달성할 수 있는 목표로 작게 쪼갠다. 그러나 나는 당신이 90일 단거리 달리기 외에도 하루에 몇 분 만에 할 수 있는 쉬운 일을 했으면 한다. 이는 당신이 만든 변화의 닻을 내리게 하는 일이다.

당신이 새로운 인생에 안착하는 데 도움을 주기 위해 30일간 매일 할 구체적이고 간단한 행동을 계획했다. 하루에 몇 분만 할애해도 손쉽게 습관을 바꾸게 될 것이다. 당신의 정신적 에너지와 자신감은 매일 크게 성장할 것이다. 그리고 마침내 불가능하리라 생각했던 인생으로 나아가는 길에 올라서게 될 것이다. 이 30일 도전은 여러분이 쉽게 습관을 들여서 크게 바꾸거나 희생한다는 느낌 없이 실천할 수 있도록 만들었다.

- **30일 도전**

5일차 | 아무에게나 친절함을 베푸는 날

오늘의 도전은 낯선 사람에게 친절 베풀기이다. 마음대로 아무에게나 점심을 사주거나, 차고를 청소하거나, 식료품 운반을 돕거나, 노숙자를 돕거나, 누군가 자신의 말을 들어줬으면 하는 사람의 말을 5분 동안 들어주자.

15일차 | 하지 말아야 할 일 목록 작성의 날

우리가 하지 말아야 할 일을 함으로써 프로젝트에 필요한 시간을 낭비하고, 다음 단계로 올라서는 데 필요한 노력을 빼앗긴다. 당신은 없애야 할 일들을 어떻게 하고 있는가? 오늘 우리는 '하지 말아야 할 일 5'를 정한다.

17일차 | 진정한 당신을 발견하는 날

아무도 당신을 평가하지 않고 돈과 시간도 문제가 안 된다면, 소득을 창출하기 위해 무엇을 할 것인가? 당신에게 꿈의 직업이나 사업은 무엇인가? 매일 아침 눈을 뜨고 어떤 일을 하고 싶은가?

20일차 | 용기의 날

오늘은 용감하게 몇 년째 생각만 하던 한 가지 일을 행동에 옮길 시간
이다. 더는 주저하지 말자.

더 나은 삶에 대해 그만 생각하고 그 삶을 살아갈 준비가 되었다면
지금 30일 도전에 참여하자.

성공을 위한 최적의 타이밍

우리가 사는 시대가 윤택한 삶에 적합하지 않다는 것을 나도 안다. 그
러나 실제로는 역사상 지금이 당신을 위해 성공 습관을 사용하기 최적
의 시간이다. 기억하자. 불확실성, 전쟁, 우울증, 탄압, 전염병 등 어두
운 시대적 배경은 수천 년 동안 우리와 함께 해왔다. 그러나 어느 시대
에서든 올바른 성공 습관을 가진 사람들은 번영했다는 점을 기억해야
한다. 그러므로 지금이 곧 최고의 시대이다. 왜냐하면 당신은 지금 시
대를 살아가고 있고 이 책을 읽고 있기 때문이다. 내일, 1시간 후, 1분
후로 성공 습관을 미룰 수 없다. 지금이 좋을 때가 아니라고 말한다면
평생에 좋을 때란 없을 것이다.

1달은 금방 지나갈 수 있다. 1년도, 10년도 마찬가지다. 미래에 또다

시 당신을 구해주거나 인생의 다음 단계로 데려가줄 다른 책을 찾으려고 하지 말자. 10년을 기다렸다가 영감을 주는 라이브 이벤트에 참석해서 새롭게 시작하려 하지 말자. 누군가 당신의 사업 아이디어를 가져가게 내버려 두지 말자. 누군가 당신의 일을 차지하게 두지 말자. 지금이 그 시간이고, 여러분의 시간이다.

나의 할머니가 나에게 해주신 최고의 조언은 "네가 바꿀 수 없는 것에 스트레스 받지 마라!"라는 말씀이다. 내가 시험을 망쳤을 때 할머니는 말씀하셨다. "재시험을 칠 수 있니?" 나는 대답했다. "아니요." 그러자 할머니가 말씀하셨다. "그러면 잊어버리렴. 다음번에 점수를 더 잘 받으면 평균 성적은 괜찮을 거야."

당신이 바꿀 수 없는 과거의 일에 스트레스 받지 말자. 과거는 연구하고 개발하는 과정일 뿐이며, 현재 놓인 삶을 위한 연료이다. 과거의 것은 대부분 죽게 놔두고 큰 미래에 도움이 되는 것만 가져가자. 바꿀 수 있는 것에만 집중하고 지금 더 나은 삶을 만들 수 있는 방법에만 집중하는 것이 중요하다. 원하는 곳으로 데려다줄 전략과 습관을 사용할 로드맵이 이제 당신의 손안에 있다.

하루아침에 모든 것들을 적용할 수 있을까? 절대로 아니다. 하지만 한번에 작은 변화를 한 가지씩 이루면 인생이 정말 빠르게 바뀌어서 놀라게 될 것이다. 더 좋은 삶을 향해 지금 시작하자. 인생의 바퀴를 오늘 1인치만 돌리자. 그리고 내일 또 1인치를 돌리자. 그러면 당신이 항상 바라던 인생으로 바뀌는 것을 보게 될 것이다!

풍요와 번영, 그리고 행복과 함께 여러분의 다음 단계로 향하는 길을 걷는 첫걸음을 오늘 시작할 수 있다. 나를 포함해 전 세계에서 제일 성공한 사람들을 다음 단계로 올려준 가장 빠른 성공 전략들이다. 그 전략들이 당신의 손 안에 있다. 이제 세상에 당신의 능력을 보여주자.

경험과 실패 그리고 성공을 통해 정보를 습득하고 지식을 축적하면 최대한의 잠재력을 발휘하고 우리가 바라는 인생의 단계에 도달할 수 있다고 생각한다. 우리가 행동하면 놀라울 정도로 발전하게 되며, 모든 지식과 정보는 지혜와 본능에 깊숙이 자리 잡게 된다.

이 책의 서두에서 나는 나의 친구들 토니 로빈스, 조 폴리시, 댄 설리번에게 이 책을 바쳤다. 왜냐하면 그들이 나에게 긍정적인 영향을 미쳤고 성공을 향한 지름길을 알려주었기 때문이다. 그리고 나는 그들의 여정에 감사한다. 그들은 습득한 지식을 용감하게 사용했고, 그 이면에서 지혜를 발견했다. 이를 혼자 간직하지 않고 세상과 함께 나눈 점에 감사한다. 그들과 더불어 나는 데일 카네기, 얼 나이팅게일, 나폴레옹 힐과 같은 훌륭한 선생님으로부터도 배웠다. 여기에 에크하르트 톨레, 웨인 다이어, 마이클 싱어, 브렌든 버처드, 데이비드 바크도 추가해야 한다. 더 많은 분이 있지만 지면 관계상 모든 분의 이름을 언급할 수 없음을 이해해주기 바란다.

변화를 이끄는 그들의 말을 당신의 영혼에 받아들이면 어디까지가 그들의 아이디어고 어디서부터가 당신의 아이디어인지 분간하기 어려울 것이다. 나는 이 책을 쓰면서 그 지혜가 어디에서 나온 지혜냐는 질문을 던졌다. 나의 시행착오와 실패, 그리고 성공을 통해서 발견한 것인가? 또는 나보다 먼저 성공의 사다리를 올라간 선배들로부터 빌려온 것인가?

이 의문은 진정한 지혜의 전달자가 원하는 일이라는 사실을 깨달았다. 지혜의 전달자들은 자신들의 가르침을 우리가 삶에 적용만 하면 빨리 나아갈 수 있는 로드맵을 제공한다. 나는 그들처럼 여러분도 누릴 수 있길 바란다. 이 책에서 나는 최선을 다해 내가 아는 지혜와 연습의 출처를 밝히려고 했지만 분명 출처를 빠뜨린 개념도 일부 있을 것이다. 성공을 빨리 이룰 수 있게 해준 나의 예전 사업 동업자에서부터 작가들과 친구들, 사랑하는 사람들, 거리에서 좋은 생각을 나눠준 사람들에 이르기까지 나에게 멘토링을 해준 모든 분의 공동 노력이 있었다고 말하고 싶다.

이 책을 만드는 데 도움을 주신 분들에게도 감사의 말을 전한다. 여러 개의 회사를 경영하면서 세상에서 최고의 아빠가 되려고 노력하고, 부동산 거래를 성사시키면서 마스터마인드에서 강연과 운영을 맡아 전국을 돌아다니고, 계속해서 리틀 리그와 소프트볼 코치를 하는 사람으로서 나는 늘 시간이 부족했다. 이 책을 만들고 여러 부분을 조율해준 나의 조카 태너 쉘던(Tanner Sheldon), 각 장의 내용을 명확하게 만들고 전체 내용이 유기적으로 연결되도록 도움을 준 브루스 웨슬러(Bruce Wexler)와 애리조나 스콧스데일에 있는 나의 팀, 그리고 내 오른팔인 제레미 개벌트(Jeremy Gabbert)의 도움이 없었다면, 이처럼 좋은 책을 만들지 못했을 것이다. 나를 빛나게 만들어주고, 내가 가진 고유한 능력을 발휘할 수 있게 해주고, 나의 잠재력을 최대한 발휘하면서 성공 습관을 실천할 수 있게 해준 친구이자 CFO 닉 사보챠(Nick Savocchia)와 더불어 매일 함께 일한 모든 분께 감사의 마음을 전한다. 여러분이 없었다면 나는 이 책을 쓰지 못했으리라.

내가 예전에 쓴 책에서는 '아이 한 명을 키우는 데 마을 전체가 필요하다.'라는 문구를 인용했다. 비슷한 맥락에서 베스트셀러 도서를 쓰고, 마케팅과 홍보를 해서 이 책이 가장 필요한 사람들에게 전달하는 일은 마을 전체와 가족 전체의 도움이 필요했다. 끝으로 가장 중요한 나의 아내 조넬과 딸 브레나 그리고 아들 브로디에게 감사의 마음을 전한다. 내 가족이야말로 내가 성공하고, 사랑하고, 더 훌륭한 사람이 되기 위해 항상 발전하려고 노력하는 이유가 된다. 어떠한 사랑도 자식에 대한 부모의 사랑을 따라갈 수 없을 것이다. 나의 아이들로 내 곁에 와준 너희들이 나에게 큰 선물이고 너희들에게 감사한다.

권은현

서울외국어대학교를 졸업하였으며, 다년간 통역사로 활동하였다. 현재 번역에이전시 엔터
스코리아에서 번역가로 활동하고 있다. 역서로는『착한사람을 그만두면 인생이 편해진다:
남에게 휘둘리지 않고 내 삶을 지키는 자기주장의 심리학』이 있다.

백만장자의 아주 작은 성공 습관

초판 1쇄 발행 2020년 9월 28일
초판 6쇄 발행 2024년 2월 26일

지은이 딘 그라지오시
옮긴이 권은현

발행인 이봉주 **단행본사업본부장** 신동해
편집장 김경림 **디자인** 석운디자인
마케팅 최혜진 이인국 **홍보** 반여진 허지호 정지연 송임선
국제업무 김은정 김지민 **제작** 정석훈

브랜드 갤리온 **주소** 경기도 파주시 회동길 20
문의전화 031-956-7350(편집) 031-956-7089(마케팅)
홈페이지 www.wjbooks.co.kr
인스타그램 www.instagram.com/woongjin_readers
페이스북 www.facebook.com/woongjinreaders
블로그 blog.naver.com/wj_booking

발행처 ㈜웅진씽크빅
출판신고 1980년 3월 29일 제406-2007-000046호

한국어판 출판권© 웅진씽크빅, 2020
ISBN 978-89-01-24482-2 (03190)

• 갤리온은 ㈜웅진씽크빅 단행본사업본부의 브랜드입니다.

• 책값은 뒤표지에 있습니다.
• 잘못된 책은 구입하신 곳에서 바꾸어 드립니다.